新编21世纪职业教育精品教材
电子商务类

实战型教材

跨境电商基础与实务

主　审　刘　逸
主　编　凌雪莹　陈帅嘉　黄　岚
副主编　农丽燕　陈婷婷　刘　婷　王　玲
参　编　周勇燕　申惠敏　宾壹杰　王兰兰

Kuajing Dianshang
Jichu yu Shiwu

PPT课件　电子教案　课程标准　习题试卷

中国人民大学出版社
·北京·

图书在版编目（CIP）数据

跨境电商基础与实务 / 凌雪莹，陈帅嘉，黄岚主编
. -- 北京：中国人民大学出版社，2024.1
新编 21 世纪职业教育精品教材. 电子商务类
ISBN 978-7-300-31721-2

Ⅰ. ①跨… Ⅱ. ①凌… ②陈… ③黄… Ⅲ. ①电子商务－职业教育－教材 Ⅳ. ① F713.36

中国国家版本馆 CIP 数据核字（2023）第 090202 号

新编 21 世纪职业教育精品教材 · 电子商务类
跨境电商基础与实务
主　审　刘　逸
主　编　凌雪莹　陈帅嘉　黄　岚
副主编　农丽燕　陈婷婷　刘　婷　王　玲
参　编　周勇燕　申惠敏　宾壹杰　王兰兰
Kuajing Dianshang Jichu yu Shiwu

出版发行	中国人民大学出版社		
社　　址	北京中关村大街 31 号	邮政编码	100080
电　　话	010－62511242（总编室）		010－62511770（质管部）
	010－82501766（邮购部）		010－62514148（门市部）
	010－62515195（发行公司）		010－62515275（盗版举报）
网　　址	http://www.crup.com.cn		
经　　销	新华书店		
印　　刷	鑫艺佳利（天津）印刷有限公司		
开　　本	787 mm × 1092 mm　1/16	版　　次	2024 年 1 月第 1 版
印　　张	17.25	印　　次	2024 年 1 月第 1 次印刷
字　　数	340 000	定　　价	49.00 元

前言

近年来，随着经济社会的发展，人们对跨境电子商务行业的发展提出了新的要求，这对职业院校教学改革以及教材建设也产生了一定的影响。就教材建设而言，最主要的就是根据企业对有实战经验的跨境电子商务人才的需求，对教材进行体系、架构、形式等方面的创新，以适应目前职业院校对“跨境电商基础与实务”课程的教学需要。

本教材以习近平新时代中国特色社会主义思想为指引，深入贯彻落实党的二十大精神，依据“以应用为中心、以有用为标准、以实用为落脚点”的原则，以专业性、实用性为立足点，按知识技能项目化的编写模式，对跨境电商基础知识进行了详细介绍。通过本教材的学习，学生不仅可以掌握跨境电商的基础理论知识，而且具备进行跨境电商基本操作的能力。本教材可以作为高职高专财经商贸类专业教材，也可以作为相关从业人员的自学用书。

本教材具有以下特色：

1. 本教材是基于跨境电商企业的实际需求和高校跨境电子商务人才培养的现状编写而成。本教材以培养学生的实际操作能力为核心，同时注重对学生综合素质的培养。教材内容以任务为导向，精选跨境电子商务基础理论，重点突出实践。

2. 本教材每个项目开篇设有“学习目标”“思维导图”“项目导入”等栏目，方便读者课前预习，把握重点；“学而思”栏目的启发思考题目引导进行课堂互动教学；“思而行”栏目提供更多的实例或实用的知识拓宽学生视野；“行而悟”栏目指引学生在学习实践中探索规律、创新与前行，不断提升学生的素质与修养。任务后设置实训任务。另外还提供“微学习”等拓展知识，方便学生展开课堂内外的实践、实训。

3. 项目与任务从真实企业一线岗位中提取，书中操作部分结合跨境电商实训展开过程教学，以亚马逊（Amazon），东南亚热门跨境电商平台虾皮（Shopee）、来赞达（Lazada）为例，帮助学生提高实际操作能力。

4. 教学资源丰富。本教材配有课程标准、教学 PPT、模拟试卷等教学资源，方便教学。

5. 本书编写成员均为全国优质大专院校、国家“双高”院校双师型专业教师，来自跨境电子商务、物流、国际贸易等专业，每位教师都具有丰富的教学经验及跨境电子商务企业一线工作经历。同时，院校合作企业人员也参与了编写工作并提供了真实项目相关素材；产教融合共同实现“提炼典型工作任务、转化教学知识点、培养职业岗位技能”。

本书由凌雪莹、陈帅嘉、黄岚担任主编，农丽燕、陈婷婷、刘婷、王玲担任副主编，周勇燕、申惠敏、宾壹杰、王兰兰参与编写。具体分工如下：项目一由凌雪莹、王玲编写，项目二和项目三由陈婷婷编写，项目四由陈帅嘉编写，项目五和项目十一由黄岚编写，项目六和项目七由农丽燕编写，项目八和项目九由刘婷、申惠敏编写，项目十由宾壹杰、王兰兰、周勇燕编写。

本书在策划与编写过程中得到了刘逸、全细玲、张亚玲、王莉、徐文芽、曾羽、郭翔、季冰楠等教师的大力支持和帮助，在此向他们表示衷心的感谢！

编者

目 录

项目一

探知跨境电商的世界

学习目标

- 了解跨境电商的定义及模式分类；
- 了解跨境电商的发展规模以及相关政策；
- 掌握跨境电子商务的分类、跨境电子商务与传统国际贸易的区别；
- 掌握跨境电子商务的主要运营模式及特点；
- 掌握跨境电子商务各岗位设置与岗位技能需求。

思维导图

- 探知跨境电商的世界
  - 知识点
    - 跨境电子商务的定义
    - 跨境电子商务的特点
    - 跨境电子商务的分类
  - 技能点
    - 掌握跨境电子商务的发展历程
    - 熟悉跨境电子商务的各类典型平台
    - 掌握跨境电子商务与传统国际贸易的区别

项目导入

近几年来，受传统外贸渠道的束缚，许多企业的订单数和订货数有所下降，出现了产能过剩、利润空间被压缩的现象。与此形成鲜明对比的是我国的出口跨境电子商务。由于我国制造业在成本及规模上具有较大优势，同时受“一带一路”倡议及资本市场的推动，出口跨境电子商务行业发展迅速，越来越多的传统外贸企业加大“触网”力度，拓展国际市场。

项目任务书

表 1－1　项目任务书

任务编号	分项任务	职业能力目标	知识目标	参考课时
任务一	定义与分类	能利用网络工具开展跨境电商调研	1. 了解跨境电商的定义及模式分类； 2. 跨境电商的发展规模以及相关政策； 3. 掌握跨境电商的分类以及它与传统国际贸易的区别	1
任务二	发展方向	能根据跨境电商的特征选择适当的分类依据，并对跨境电商运营模式进行合理细分	掌握跨境电商的主要运营模式及特点	1～2
任务三	跨境电商岗位及职业能力分析	能根据企业用人需求归纳跨境电商岗位类型及其职业能力要求	掌握跨境电商各岗位设置与岗位技能需求	1～2
职业素养目标	1. 利用互联网不断学习新知识、新技术，有一定的创新意识； 2. 注重信息的传播和交流，同时具有跨境电子商务行业的敏感度，善于捕捉相关行业、企业的最新信息； 3. 有一定的团队合作精神与应变能力			

任务一　定义与分类

任务描述

小白是某学校跨境电子商务专业的应届毕业生，即将面临就业的他了解到，中国自主品牌产品是最近几年来跨境电子商务最畅销的产品，自主品牌的海外崛起让很多人感到不可思议。小白决定查找资料并对中国跨境电子商务的发展情况进行调研，分析中国跨境电子商务的主要运营平台模式以及影响跨境电子商务发展的重要因素。

相关知识

2015 年，由于国际市场不景气，世界贸易深度下滑，中国进出口总额同比下降了 7%。在此大背景下，企业要想继续存活、发展，就必须主动适应环境的新变化。跨境电子商务的出现，为企业开辟了新的生存之道，带动外贸领域向新的模式“进化”。

一、跨境电子商务的定义

跨境电子商务（Cross-border E-commerce）是指分属不同关境的交易主体，通过电子商务平台达成交易，进行支付结算，并通过跨境物流及异地仓储送达商品、完成交易的一种国际商业活动。该定义包含三层内容：交易主体属于不同关境、需要通过跨境物流运送商品、跨境电商有多种分类，具体如图 1－1 所示。

交易主体属于不同关境

关境又称海关境域，是指实施同一海关法的地域，是一个国家或地区行使海关主权的执法空间。一般情况下，关境等于国境，但这不是绝对的。因此，交易主体属于不同关境，通俗来说就是商品的销售需要“过海关”。

需要通过跨境物流运送商品

跨境电商的商品过海关需要借助跨境物流才能完成最终交易，因此它属于国际商业活动。

跨境电商有多种分类

从进出口方向来看，它分为进口跨境电商和出口跨境电商；从交易模式来看，它分为B2B、B2C、C2C三类。跨境电商还可以按照平台服务类型和平台运营方等分类。

图 1－1　跨境电子商务定义包含的内容

跨境电子商务有狭义与广义之分。狭义上，跨境电子商务特指跨境电子商务零售业务。广义上，跨境电子商务是指外贸电商，泛指电子商务在跨境贸易领域的应用。因此，从广义上来说，在国际贸易中，只要涉及电子商务的应用，都可以被纳入跨境电子商务的范畴。

二、跨境电子商务的特点

跨境电子商务是基于互联网发展起来的新型国际贸易形态，它不同于传统的贸易方式，具有自身的特点。

微学习

传统国际贸易状况

（一）全球性（Global Forum）

互联网是一个没有边界的媒介。依托互联网产生的跨境电子商务，能够帮助消费者购买全球各地的商品和服务，企业也可以把商品和服务向全球销售。

（二）无形性（Intangible）

传统交易以实物交易为主，而在跨境电子商务中，消费者整个交易过程都是在网络上完成的，交易数据都是以数字化形式传输的无形信息。

（三）匿名性（Anonymous）

跨境电子商务的非中心化和全球性的特性，导致人们很难识别电子商务用户的身份和其所处的地理位置。

（四）即时性（Instantaneously）

在跨境电子商务环境中，人们不再像过去那样局限于地域、时间。通过互联网，企业能够快速实现商品和服务信息的发布，消费者能够随时随地购买商品和服务。

（五）无纸化（Paperless）

跨境电子商务主要采取无纸化操作的方式，电子计算机通信记录取代了一系列的纸质交易文件。由于电子信息以比特（Bit）的形式存在和传送，整个信息发送和接收过程实现了无纸化。

（六）快速演进（Rapidly Evolving）

跨境电子商务活动处于瞬息万变的过程中，短短的几年就经历了从数字交换（EDI）到电子商务零售业崛起的过程，数字化产品和服务更是花样翻新，不断地改变着人们的生活。

三、跨境电子商务的分类

（一）按交易主体进行分类

跨境电子商务主要的交易主体是企业商户（Business）和个人消费者（Customer）。按交易主体进行分类，跨境电子商务可以分为企业对企业（Business to Business，B2B）跨境电子商务、企业对个人（Business to Customer，B2C）跨境电子商务和个人对个人（Customer to Customer，C2C）跨境电子商务三种类型，其中后两者属于跨境网络零售的范畴。

微学习

跨境电子商务的分类

1. B2B 跨境电子商务

B2B 跨境电子商务是指企业与企业之间通过跨境电子商务的方式进行交易的模式。目前，B2B 跨境电子商务的市场交易额占跨境电子商务总额的 78% 以上。其代表平台有中国供应商、阿里巴巴国际站、环球华品网等。

2. B2C 跨境电子商务

B2C 跨境电子商务的卖方是企业，买方是个人消费者，是企业以电子商务手段将商品跨境零售给消费者的模式。目前 B2C 跨境电子商务模式在跨境电子商务市场中的占比并不高，但有不断上升的趋势，未来发展空间巨大。其代表平台有速卖通、亚马逊、Shopee 等。

3. C2C 跨境电子商务

C2C 跨境电子商务的买卖双方都是个人，即经营主体是个人，面向的也是个人消费者。简单来说，就是一个消费者使用电脑，通过电子商务的方式将商品出售给境外另一个消费者。

（二）按服务类型进行分类

1. 信息服务平台

信息服务平台主要是指通过为供应商及采购者提供信息服务，让双方能够完成交易的平台。信息服务模式是 B2B 跨境电子商务的主流模式，代表性平台有阿里巴巴国际站、环球华品网、中国供应网等。环球华品网的首页如图 1 - 2 所示。

图 1 - 2 环球华品网首页

2. 在线交易平台

在线交易平台通过产品、服务等多方面信息的展示，让消费者在平台即可完成搜索、咨询、下单、支付结算、确认收货、评价等各个购物环节。在线交易模式是零售跨境电子商务（B2C 和 C2C）的主流模式，代表性平台有亚马逊、易贝（eBay）、敦煌网、速卖通等。速卖通网站的首页如图 1－3 所示。

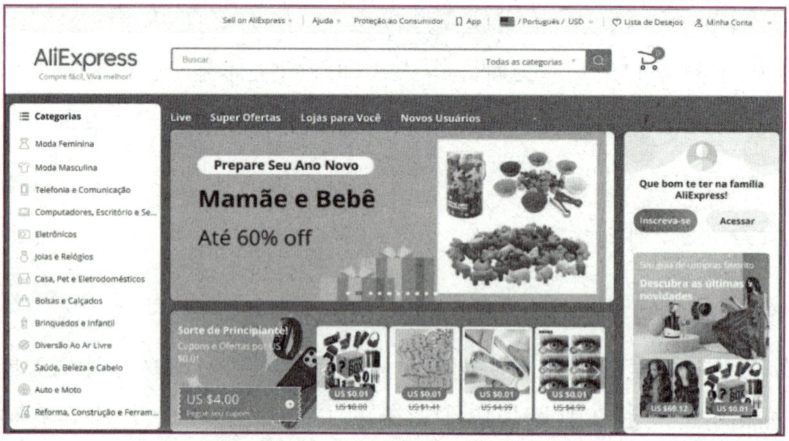

图 1－3　速卖通网站首页

3. 综合服务平台

综合服务平台主要是为企业提供境外商标注册代理、通关、物流、海外仓、结算、退税、保险、融资等一系列服务，帮助企业高效便捷地完成商品进口或出口的流通环节。其代表性平台有阿里巴巴一达通，如图 1－4 所示。

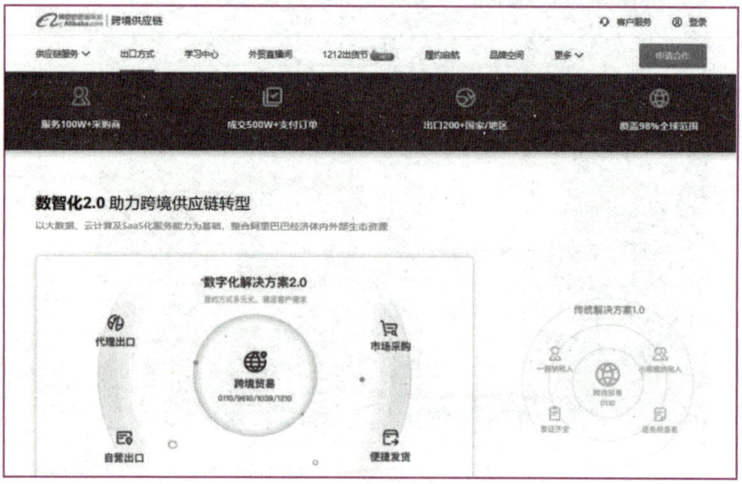

图 1－4　阿里巴巴一达通

（三）按进出口方向进行分类

1. 出口跨境电子商务（Export Cross-border E-commerce）

出口跨境电子商务又称出境电子商务，是指境内生产或加工的商品通过电子商务平台达成交易，并通过跨境物流输往境外市场销售的一种国际商业活动。其代表性平台有速卖通、阿里巴巴国际站、购物趣（Wish）、eBay、敦煌网、兰亭集势等。

微学习

跨境电商出口平台出海创新模式

2. 进口跨境电子商务（Import Cross-border E-commerce）

进口跨境电子商务又称入境电子商务，是指将境外的商品通过电子商务平台达成交易，并通过跨境物流输入境内市场销售的一种国际商业活动。其代表性平台有洋码头、网易考拉海购、天猫国际、亚马逊海外购等。

学而思

活动讨论 1：我国跨境电子商务有哪些特点？

活动讨论 2：查找并观看首届世界海关跨境电子商务大会演讲嘉宾的精彩演讲，并谈谈自己对全球跨境电子商务的认识。

延伸阅读

速卖通发布 2020“双 11”商家物流白皮书

一、跨境出口物流新举措

为了让 2020 年“双 11”大促（美国西部时间：2020 年 11 月 11 日 0：00：00 至 2020 年 11 月 12 日 23：59：59）期间产生的订单包裹可以顺利地抵达全球消费者的手中，菜鸟在以下几方面保障物流资源的投入。

1. 增加覆盖全球主要国家 / 地区的包机

在常态包机的基础上，进一步加大运力投入，“双 11”期间飞往全球 20 个口岸的包机超 150 架次，确保大促包裹及时签收。

2. 新跨境快速通关

菜鸟加快智慧通关网络建设，提升通关智能化和信息化水平，在重点口岸协同海关推行跨境电商包裹快速通关举措，实现快查快放，最快 5 分钟即可完成跨境电商包裹通关手续。与此同时，海关在部分重点口岸开通全天候通关服务，拓宽清关作业时段，为订单履行全链路物流时效提速提供通关保障。

3. 全球速卖通无忧物流——标准赔付升级

菜鸟推出无忧物流——标准线路高货值物流订单货值赔付升级服务。商家向菜鸟购买了货值保障升级服务后，根据交易订单的实际损失（如货物丢失、货物破损），单笔物流订单的货值赔付上限可以升级至3000元。

4. 主动退运费

为降低大促期间商家的运营成本，平台推出无忧退服务。针对交航失败从而退回商家的包裹，平台将自动退还运费，商家无须再发起投诉理赔。

二、重点国家相关情况介绍

1. 韩国

菜鸟将在威海设立备货仓，鼓励商家入驻备货，通过优化韩向物流路径，缩短首千米时间，全面提升韩向物流的服务和时效。

2. 以色列

上线以色列经济专线，通过和标准类包裹共享干线 / 清关 / 末端CP，进一步提升以色列经济类商品的物流时效。

3. 土耳其

10月份全面上线DDP预付税金的物流服务，买家在下单时直接预付关税和增值税，提高税金透明度，有效提升目的国的清关和派送效率，进一步提高消费者的满意度。

4. 波兰

设立海外仓（位于波兰西部）。鼓励商家入驻备货，全面提升波兰的物流服务水平和时效。

5. 荷兰、捷克

超级经济global——干线切换到空运，时效提升30天——目前的平均时效为10～29天。

6. 西班牙及法国

推出“10日达”项目，目前绝大部分无忧服务标准的包裹在10个工作日之内被妥投，西班牙同时开通直飞马德里的航班。

7. 俄罗斯

（1）包机保证运力和时效（无忧服务不降级），优先保证AE Plus的包裹。

（2）在常态包机基础上再投入多架包机飞往俄罗斯，保证大促商品及时签收。

（3）与目的国邮政提前规划末端派送运力。

资料来源：速卖通训练营．速卖通发布2020“双11”商家物流白皮书．(2020-10-19)［2023-12-14］. https://www.cifnews.com/article/80333/.

思而行

实训任务：认识跨境电子商务平台

【实训目的】

了解不同的跨境电子商务平台，能够正确区分跨境电子商务平台的不同类型，掌握其特点，为更好地开展跨境电子商务打下坚实的基础。

【实训内容】

根据跨境电子商务的不同模式，选取各模式下的典型平台（网站），浏览平台，了解其特点，并归纳总结其优势和劣势，填写完成表 1－2。

表 1－2　跨境电子商务典型平台

跨境电子商务类型		平台（网站）名称	优势	劣势
按交易主体分类	B2B 跨境电子商务平台			
	B2C 跨境电子商务平台			
	C2C 跨境电子商务平台			
按服务类型分类	信息服务平台			
	在线交易平台			
	综合服务平台			
按进出口方向分类	进口跨境电子商务平台			
	出口跨境电子商务平台			

【实训提示】

同一平台按不同的分类方式所属的类别不同，如 Wish 按服务类型进行分类，属于“在线交易平台”，按平台运营方式进行分类，属于“第三方开放平台”，在填写表格时注意不要重复。

【实训步骤】

（1）打开百度搜索引擎，逐一输入代表跨境电子商务类型的关键词，如“B2B 跨境电子商务平台”，如图 1－5 所示，根据搜索结果选出代表性平台（网站），并将其名称填入表 1－2。

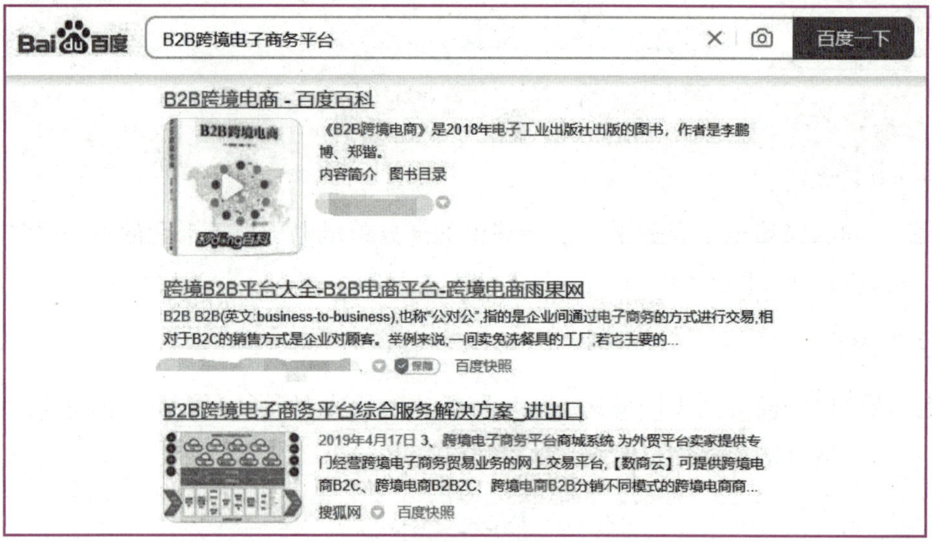

图 1－5　搜索跨境电商关键词

（2）单击进入平台（网站）并浏览。亚马逊（美国站）平台首页如图 1－6 所示。

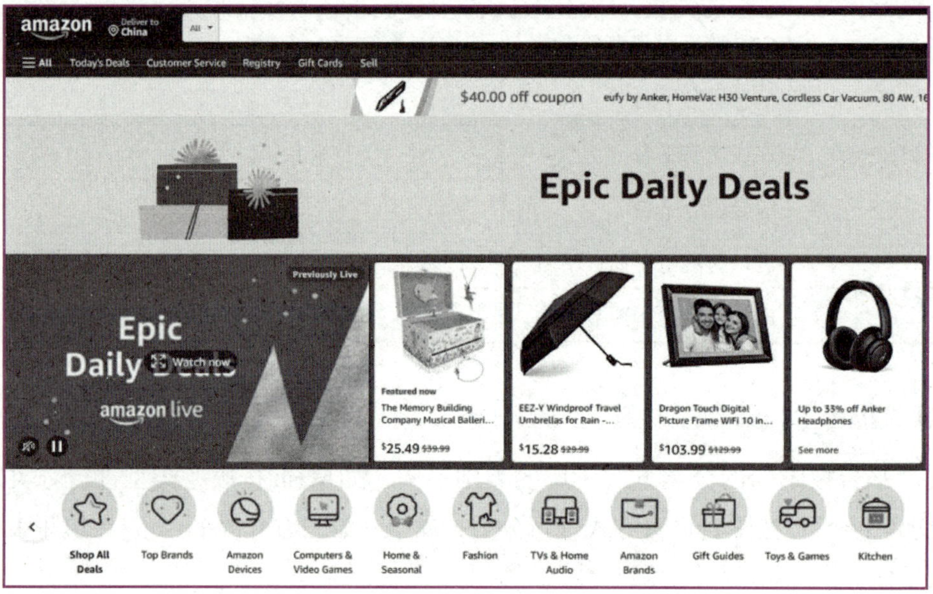

图 1－6　亚马逊（美国站）平台首页

（3）了解平台特色，并总结不同跨境电子商务平台的优势及劣势，填入表 1－2。

亚马逊平台的一大特点是：不以历史销量来引导客户消费，给新卖家和新产品更多公平竞争的机会。亚马逊奉行“以产品为王”的原则，重视产品本身，以便更好地提升用户体验。例如，在亚马逊（美国站）搜索框内输入关键词“ Wallet Lady”（女士钱包），可以看到按价格、评论、上架日期等进行排序的产品，但该平台并不支持按销量进行排序。亚马逊搜索页如图 1－7 所示。

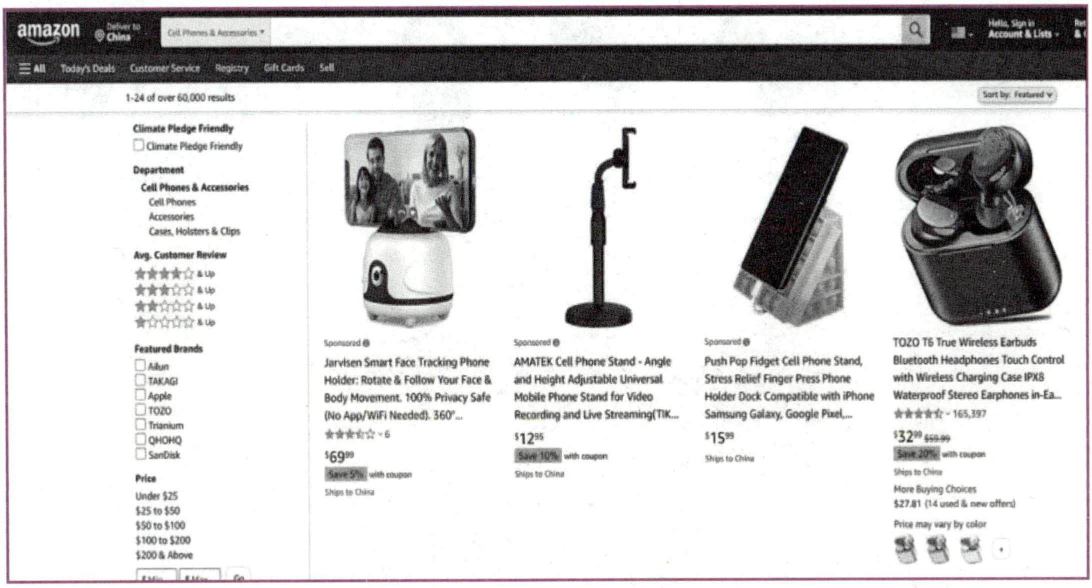

图 1－7　亚马逊搜索页

通过对亚马逊商品详情页的浏览，买家可以看到商品是由谁销售和配送的，如亚马逊自营和第三方卖家。此外，并不是所有的商品都有图文描述，部分卖家只能以文字的形式对产品进行描述。亚马逊详情页如图 1－8 所示。

图 1－8　亚马逊详情页

2017 年，亚马逊（美国站）推出了图文版品牌描述（Enhanced Brand Content，EBC），即在亚马逊完成品牌备案的商家，可以在其产品描述页面添加图片和文字信息。亚马逊型号参照表如图 1－9 所示。

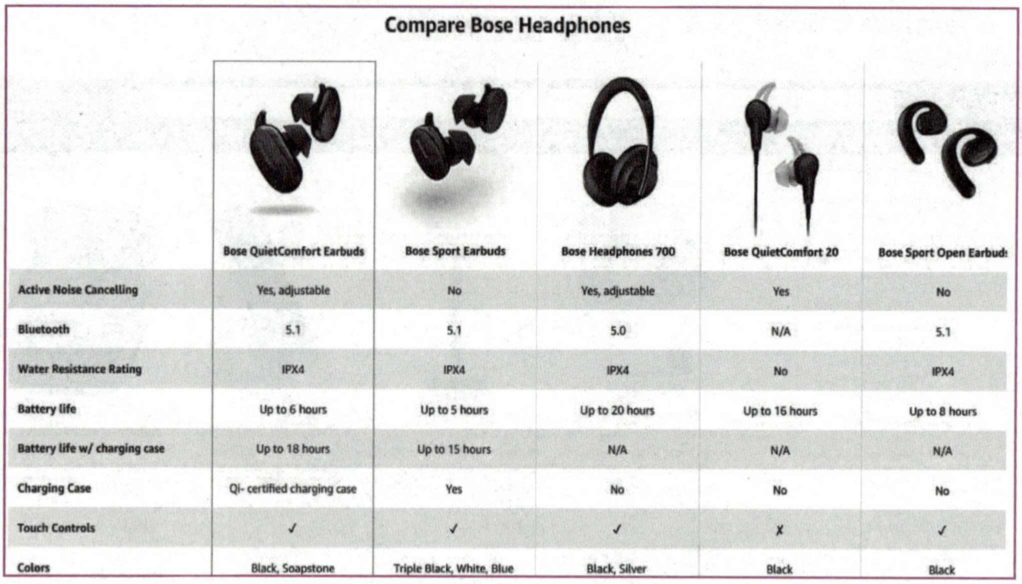

Compare Bose Headphones

	Bose QuietComfort Earbuds	Bose Sport Earbuds	Bose Headphones 700	Bose QuietComfort 20	Bose Sport Open Earbuds
Active Noise Cancelling	Yes, adjustable	No	Yes, adjustable	Yes	No
Bluetooth	5.1	5.1	5.0	N/A	5.1
Water Resistance Rating	IPX4	IPX4	IPX4	No	IPX4
Battery life	Up to 6 hours	Up to 5 hours	Up to 20 hours	Up to 16 hours	Up to 8 hours
Battery life w/ charging case	Up to 18 hours	Up to 15 hours	N/A	N/A	N/A
Charging Case	Qi- certified charging case	Yes	No	No	No
Touch Controls	✓	✓	✓	✗	✓
Colors	Black, Soapstone	Triple Black, White, Blue	Black, Silver	Black	Black

图 1－9　亚马逊型号参照表

【任务评价】

任务评价表如表 1－3 所示。

表 1－3　任务评价表

项目	学习态度（20%）	团队合作（20%）	步骤完成情况（50%）	其他表现（10%）	小计（100%）	综合评价
个人评分（20%）						
小组评分（30%）						
教师评分（50%）						
综合得分（100%）						

同步延伸

1. 跨境电商与国内电商有哪些差异？
2. 传统外贸企业与跨境电商企业有什么区别？
3. 当前跨境电商行业发展存在哪些问题？

任务二 发展方向

任务描述

小白通过在网上查阅资料，了解到跨境电子商务的定义与类型、中国跨境电子商务的特点。之后，小白又借助一些数据工具和行业报告，了解到跨境电子商务的主要模式、业务流程和未来的发展方向。这些信息，让小白对中国跨境电子商务的新趋势以及出海产品特性有了更进一步的认识。

相关知识

一、进口与出口模式

按贸易方向的不同，跨境电商可划分为两种模式：进口跨境电子商务和出口跨境电子商务。

（一）进口跨境电子商务

随着消费升级和国家利好政策的密集出台，进口跨境电商业务不断增长。经济双循环发展格局的一个落脚点是扩大国内需求，将消费留在国内，跨境进口电商无疑是推动经济双循环发展的重要推力。

以典型进口跨境平台上线时间为节点，我国进口跨境电子商务发展可划分为三个阶段：1.0 时代、2.0 时代、3.0 时代，具体如图 1－10 所示。

进口跨境电子商务 1.0 时代——“海代”时代

2005 年之前，大部分国内消费还未形成对海外商品的认知，只有少数消费者通过海外的亲朋好友代购或自行出国购买。这一时期尚未形成进口跨境电子商务行业，可以视为进口跨境电子商务发展的萌芽阶段。

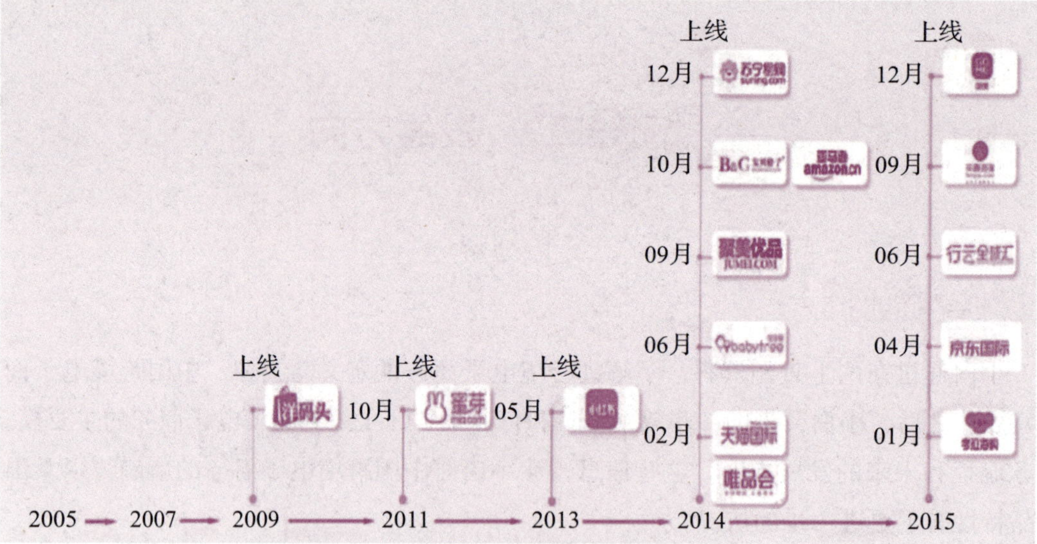

图 1－10　我国进口跨境电子商务发展历程

进口跨境电子商务 2.0 时代——“海淘”时代

微学习
中国进口跨境电商生态圈

2007 年，以淘宝全球购为代表的 C2C 海淘网站上线，意味着进口跨境电子商务步入了 2.0 时代——海淘时代。全球购平台的目标是帮助会员实现“足不出户，淘遍全球”。在这一时期，常规的卖方和消费群体逐渐形成。2009 年，洋码头及其旗下跨境物流体系——贝海国际速递上线，平台卖家包括 C（海外认证买手）和 B（海外商家）。

2010 年 9 月，我国调整了进出境个人邮递物品管理政策，取消了进出境个人邮递物品可享部分税额免征的规定，增加了免税限额规定。此项调整政策增加了“海代”和“海淘”的成本和风险。

进口跨境电子商务 3.0 时代——平台化、阳光化、常态化

2012 年，国家开放了第一批进口跨境电子商务试点城市。2013 年，政府出台了支持跨境电子商务便利通关的政策。2014 年，进口跨境电子商务开始合法化。在一系列利好政策的支持下，进口跨境电子商务进入 3.0 时代。

进口跨境电子商务自 2005 年至 2017 年，历经多年，顺应了消费者消费习惯的转变和对商品品质的追求。

进口跨境电子商务的基本业务流程如图 1－11 所示。

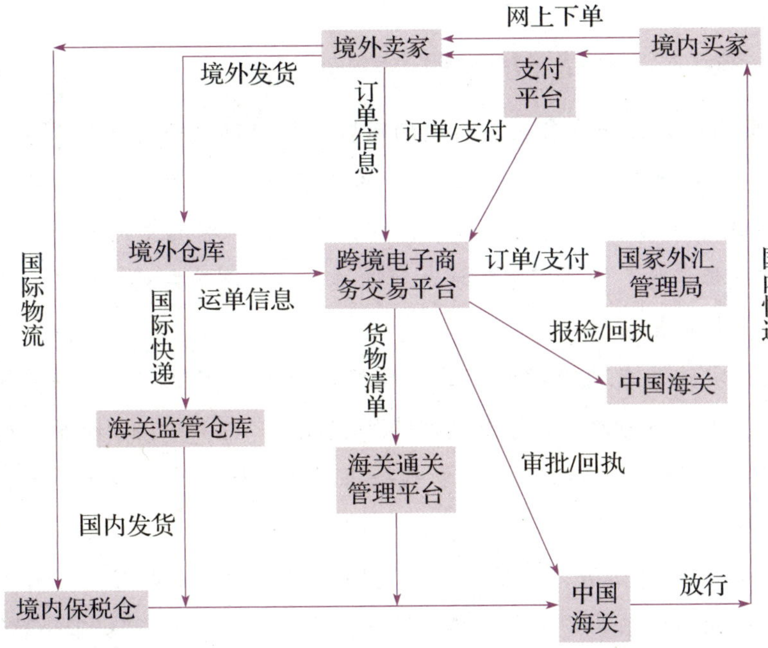

图 1－11 进口跨境电子商务的基本业务流程

微学习

贸易进口报关流程

（二）出口跨境电子商务

1. 出口跨境电商现状

出口跨境电商，是国内卖家将商品直销给境外的买家。我国是世界上重要的产品出口大国，在出口总体相对稳定的情况下，出口跨境电商取代了一般贸易。电子商务研究中心监测数据显示，2022 年我国出口跨境电商卖家主要集中在广东、浙江和江苏三省，占全国的 50%。2022 年跨境电商零售进出口总额综合试验区排名前 5 的城市如图 1－12 所示。

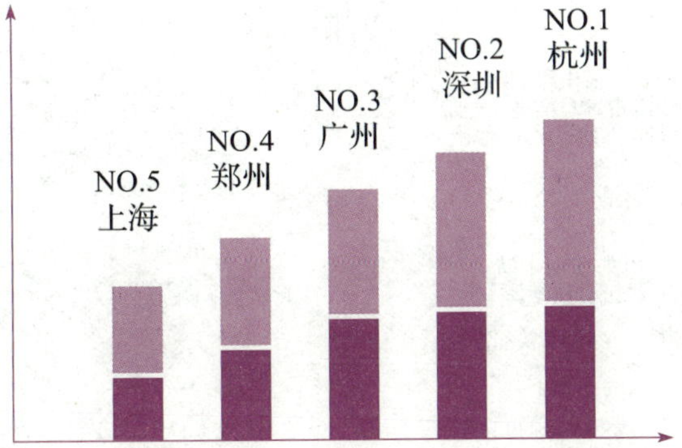

庞大的经济基础、高度集中的生产制造基础、丰富的外贸人才储备，是广东成为出口电商卖家集聚地的主要因素，品类丰富及完善的产业链是其显著特征。
长三角地区拥有发达的轻工业基础，产业集群在长三角地区表现突出。同时，中西部地区正在快速发展，出口跨境电商向中西部转移是未来的趋势。

图 1－12 2022 年跨境电商零售进出口总额综合试验区排名前 5 的城市

延伸阅读

"一带一路"背景下的中国跨境电子商务

"一带一路"倡议提出以来，沿线各国与我国的商贸往来变得更为密切。根据全球速卖通大数据，2010 年至今，成交总额进入前 10 的国家中，"一带一路"沿线国家占比 38%，并且这些国家大多属于最近四五年的新晋市场。根据阿里巴巴跨境电子商务大数据编制的"一带一路"沿线国家跨境电商连接指数显示：东欧、西亚、东盟国家与我国跨境电商连接最紧密。

"一带一路"倡议的实施为我国跨境电商的发展提供了有利契机。在"一带一路"数字经济建设扶持下着重打造的"数字丝绸之路"（见图 1－13）中，中小企业通过跨境电商参与线上零售的模式，不仅会逐渐影响全球零售业格局，更将成长为我国未来经贸合作的新引擎，进一步带动我国对外贸易的发展。

未来我国企业通过跨境电商出海，在俄罗斯、美国、西班牙等国家有望保持增长势头，在东南亚、中东欧、中东等"一带一路"沿线区域发展潜力大。"一带一路"倡议提出以来，我国与"一带一路"沿线国家贸易规模持续扩大，已成为沿线国家最大的贸易伙伴。从海关统计数据来看，2019 年，我国与"一带一路"沿线国家进出口总额 9.27 万亿元，增长了 10.8%，这个数字高出外贸整体增速 7.4 个百分点，占进出口总额将近 30%。不过，"一带一路"沿线国家互联网渗透率还较低，沿线电商市场有待挖掘，跨境电商在沿线国家将有较大增量空间。

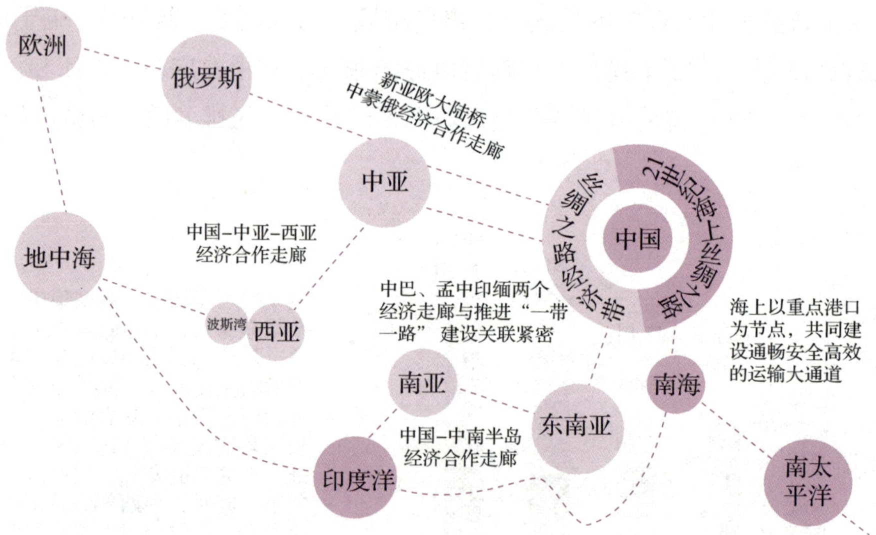

图 1－13　数字丝绸之路

2. 出口跨境电商的主体地位

我国制造业在成本及规模上具有较大优势，同时受到“一带一路”倡议及资本市场推动，我国目前跨境电子商务以出口为主。2020 年我国跨境电商出口额占跨境电商进出口总额的 66.27%，2017—2020 年我国海关跨境电商零售进出口交易规模占比如图 1－14 所示。

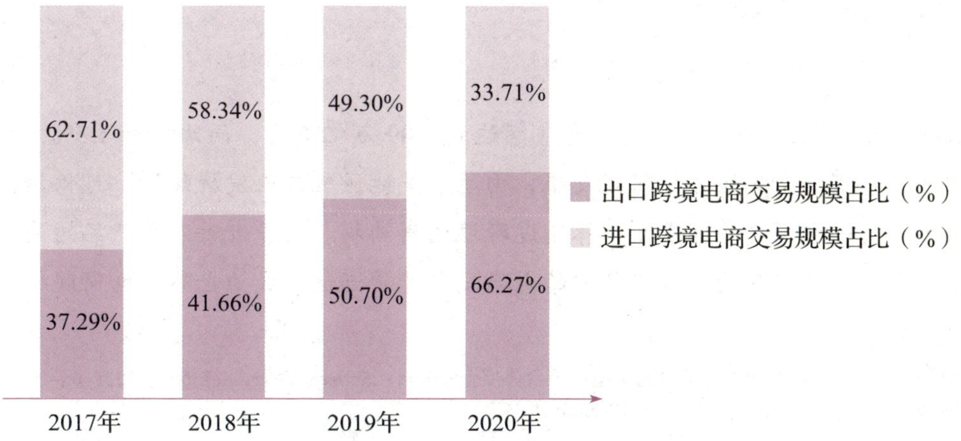

图 1－14　我国海关跨境电商零售进出口交易规模占比（2017—2020 年）

3. 出口电商的运营模式

目前跨境出口电商主要有两种运营模式：一种是常见的第三方平台，卖家通过入驻平台来搭建自己的店铺，如亚马逊、速卖通等；另一种是近几年较为火爆的独立站模式，卖家独立搭建自身官网，独立完成设计和运营。

第三方平台是为跨境出口电商企业及卖家自主交易提供信息流、资金流和物流服务的中间平台。按交易主体的不同，第三方平台可分为 B2B、B2C、C2C 三种模式。

微学习

出口跨境电商的三大特征

案例分析

跨境电商发展简况

2020 年跨境电商行业继续保持增长，特别是出口总值增幅明显。

东南亚地区六国互联网人均每天在线时长

数据显示，2020 年东南亚六国中，菲律宾的互联网人均每日在线时间最长，越南的最短。受疫情影响，各国人均每天在线时长都有了显著增长，其中印度尼西亚的增长幅度最快，达到了 27%。即使受疫情的影响，东南亚六国的人均每日在线时长也没有大幅回落至封城前的水平，80% 的东南亚民众认为网络技术在疫情期间对他们的帮助很大。

2021 年 3 月东南亚地区五国 Shopee 月增长情况

数据显示，2021 年 3 月，在东南亚五国中，Shopee 店铺月增长率最高的为菲律宾（7.49%），产品数月增长率最高的为马来西亚（4.40%），累计销量月增长率最高的为菲律宾（14.12%），累计销售额月增长率最高的为马来西亚（9.58%）。可见，菲律宾和马来西亚的电商发展有较强的后劲。

2021 年拉美地区零售额及增长情况

数据显示，2021 年拉丁美洲的零售额达到 2.09 万亿美元，同比增长 5.3%，成为全球第四大零售市场。艾媒咨询研究发现，由于拉美地区轻工业发展缓慢，可供消费者选择的商品品类较少，许多消费者选择通过跨境电商购物。消费者对外国产品的高度需求和互联网普及率的提升使得拉丁美洲的电商发展非常迅速，成为世界上电商规模增长最快的地区之一。

资料来源：艾媒咨询 .2021 年全球跨境电商平台典型企业分析：Shopee、MercadoLibre.（2021-05-21）［2022-12-14］.https://t.10jqka.com.cn/pid_158531197.shtml.

二、B2C 出口跨境电商的基本业务流程

微学习

Shopee 知多少

如图 1－15 所示，从 B2C 出口跨境电商的基本业务流程来看，生产商 / 制造商将生产的商品交付跨境电商企业销售，消费者下单并完成支付后，跨境电商企业将商品交付给物流企业进行投递，经过出口地及进口地两次海关商检后，商品才能送达消费者手中，从而完成整个跨境交易流程。

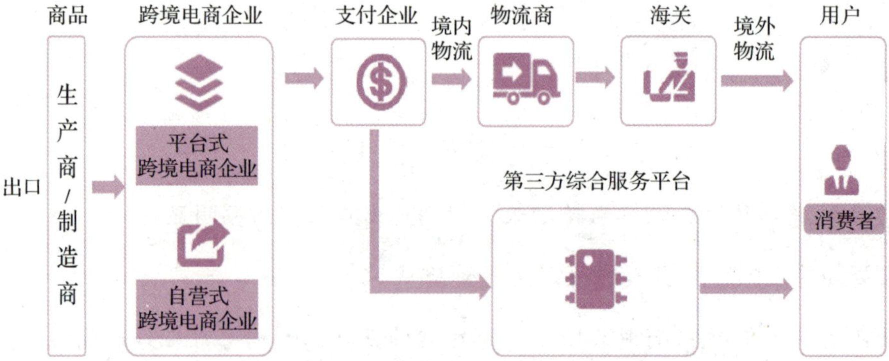

图 1－15　B2C 出口跨境电商的基本业务流程

B2C 出口跨境电商的优势在于：（1）跨境电商交易压缩了贸易链路，降低了企业交易成本；（2）跨境电商平台为中小企业提供轻资产“出海”机会；（3）B2C 跨境电商平台为产品营销提供了更多便利；（4）跨境电商 B2C 出口平台正在改变人们的生活习惯和贸易格局。

三、“自营加平台”独立站未来发展方向

随着流量红利的消失，跨境出口电商进入品牌红利期。作为与第三方平台相辅相成的渠道和品牌化的展示窗口，独立站成为移动化、社交化和内容营销三大趋势下中小出口电商的新的增长渠道。

（一）优势

（1）打造私域流量：独立站相当于卖家的私域流量，可以将数据 100% 留存在自己手里，实现数据的二次开发，提高复购率，源源不断地挖掘数据价值。

（2）塑造品牌形象：卖家建立自己的独立站，可以完全控制并不断累积自己的品牌，可以采取灵活的方式进行营销活动的设计和宣传。

微学习

跨境电商商品流转模式

（3）运营方式灵活：卖家自建独立站可以不受第三方平台的规则约束，自主权高，营销活动的选择也更加灵活多样。

（二）劣势

（1）流量成本高，转换率低：独立站的流量只能依靠自主引流。流量成本持续支出是导致很多独立站无法生存的原因。除成本外，投资回报率也是决定流量价值的一大因素，如果投资回报率高，那么流量成本就相对下降。

（2）运营难度大：独立站从建站到运营维护，再到产品交付，整个过程都需要卖家自己设计和决策，企业既要运营平台还要运营商品，这对企业的运营提出了非常高的要求。

学而思

随着流量红利的消失，跨境出口电商进入品牌红利期，独立站作为与第三方平台相辅相成的渠道和品牌化的展示出口，你怎么看？

分析：第三方平台的优势在于有自己的品牌，不需要担心流量来源；独立站的

微学习

跨境电商自营品牌分析

优势则在于可以更自由地做个性化运营，不用遵守平台的条款和限制。独立站非常重要的一点在于，可以用自身的积累实现二次营销、二次转化，并且卖家可以随进随出。

现在市场上的建站工具越来越多，比如：FunPinPin 是 Papaya 孵化的一个建站产品，可以帮助不懂代码的卖家快速上手，建站已经不再受到以往技术门槛的限制。

思而行

实训任务 1：上网搜集有关跨境电商企业的案例

【实训目的】

利用搜索引擎、各大信息类网站搜寻跨境电商企业案例。

【实训内容】

搜集表 1－4 中跨境电商企业的案例，总结其发展历程并分析其成功或失败的原因。

表 1－4　跨境电商典型平台的发展历程与成败原因

跨境电商企业	发展历程	成功 / 失败	成功 / 失败原因
阿里巴巴速卖通			
Shopee			
Wish			
eBay			

【实训步骤】

（1）登录搜索引擎，搜索相关跨境电商企业案例。

（2）了解相关跨境电商企业发展历程与现状。

（3）分析相关跨境电商企业成功或失败的原因。

【任务评价】

任务评价表如表 1－5 所示。

表 1-5 任务评价表

项目	学习态度（20%）	团队合作情况（20%）	步骤完成情况（50%）	其他表现（10%）	小计（100%）	综合评价
个人评分（20%）						
小组评分（30%）						
教师评分（50%）						
综合得分（100%）						

实训任务 2：传统外贸企业向跨境电商企业转型路径设计

【实训目的】

以 DSing 童装为例，设计其从传统外贸企业向跨境电商企业转型的路径。

【实训内容】

DSing 童装创立于 1987 年，目前涉及的品类有婴幼儿服装、婴幼儿服饰、节日活动装饰等 12 个大类近 1 000 个品种。2000 年已通过 ISO 9001 国际质量体系认证，2006 年通过 ISO 14000 环境管理体系认证。产品主要出口欧美市场，其中美国占比 47%，欧洲占比 20%，日本占比 9%，国内市场占比 24%。多年来，公司一直在给史泰博（Staples）、沃尔玛等海外大型销售公司做代工。然而，近几年传统外贸市场逐渐缩小，利润空间不断被压缩，企业发展瓶颈日益凸显。

【实训步骤】

（1）查阅类似企业的跨境电商发展路径，如 Patpat 童装、TYMO 个护小家电等。

（2）分析 DSing 童装传统外贸与跨境电商的区别。

（3）设计 DSing 童装跨境电商发展路径。

【任务评价】

任务评价表如表 1-6 所示。

表 1-6　任务评价表

项目	学习态度（20%）	团队合作情况（20%）	步骤完成情况（50%）	其他表现（10%）	小计（100%）	综合评价
个人评分（20%）						
小组评分（30%）						
教师评分（50%）						
综合得分（100%）						

任务三　跨境电商岗位及职业能力分析

任务描述

小白发现跨境电子商务企业的用人需求很大，招聘岗位也不同，自己适合什么核心岗位呢？他给自己定下了一个小目标：先从宏观方面了解跨境电子商务企业的岗位需求，再从微观方面调查核心岗位的主要职责与能力要求。

相关知识

一、跨境电商岗位分析

跨境电商企业的工作岗位较多，主要有：跨境电商客服；跨境电商销售 / 推广；跨境电商产品开发专员；跨境电商外语编辑 / 翻译 / 文案 / 文案策划；仓储物流员、报关员；网页设计师 / 美工；财务；秘书；技术人员（网络维护等）；跨境电商业务经理、副总经理；跨境电商运营总监等。

以上岗位主要分为三类人才：管理人才、专业人才和商务人才。

管理人才要具有对整个网站的宏观把控能力，如网站的整体框架建设、网络营销、数据库营销及客户管理等，还应具备高度的市场敏感度和平台规划、建设、运营、管理经验。

专业人才包括：跨境电商英语（德语等）编辑 / 翻译 / 文案 / 文案策划岗位，招聘专业是英语、德语等语言类专业；网页设计师美工岗位，招聘专业是美术设计或艺术类、设计类相关专业；技术人员（或网络维护）等岗位。

商务人才既要懂产品、运营、营销、策划、推广、客服，还要熟悉平台运作规则，语言沟通无障碍，需要整合国际贸易、电子商务、商务英语三个专业的复合型人才。

（一）B2B 跨境电商企业核心岗位

跨境电商企业的核心岗位包括建站与后台维护、询盘转换订单、订单操作与单证、生产安排与跟单管理四类，各个岗位的主要职责如表 1－7 所示。

表 1－7　B2B 跨境电商企业核心岗位及其主要职责

岗位名称	主要职责
建站与后台维护	搭建网站框架：搭建网站主页面和自定义页面、滚动页面以及增加栏目页面； 熟悉后台功能：熟练地上传商品，熟练地使用网站后台的各项功能； 掌握关键词的使用：熟悉买家的搜索习惯，能够提炼关键词，并在后台对关键词的热搜度进行验证； 编辑图片：熟练地上传橱窗图片，用图片完美地展示商品； 商品描述：清晰、简洁地描述商品的特征、功能、技术参数、价格、竞争优势等
询盘转换订单	分析买家信息，清楚地了解询盘内容； 判断买家询盘的目的以及对商品价格的态度； 策划合理的活动，积极促使询盘转化为订单； 对买家的询盘给出积极回复，以良好的沟通、优质的服务与买家建立信任
订单操作与单证	包括确认样品、物流方式、支付方式、交易时间、交货地点等，并做好后期对买家的跟进与服务工作
生产安排与跟单管理	在商品生产前核对原材料； 跟踪商品的生产过程以及每个时间段的进度； 确保商品的生产技术以及商品质量符合要求； 保证商品正常包装出运

（二）B2C 跨境电商企业主要岗位

根据对人才能力要求的不同，B2C 跨境电商企业主要岗位可以分为以下三个层次。

1. 初级岗位

初级岗位的人员需要掌握跨境电商行业的基本技能，对跨境电商的业务流程有所了解，并能处理相关事务，是“懂得跨境电商如何做”的基础型人才。具体来说，初级岗位主要包括客户服务、视觉设计、网络推广、跨境物流、报关等，各个岗位的主要职能如表 1－8 所示。

表 1－8　B2C 跨境电商企业初级岗位的主要职能

岗位名称	主要职能
客户服务	能够利用电话、邮件等方式熟练地运用英语、德语、法语或其他小语种与买家进行有效的沟通交流。其中，售后客服人员要对不同国家或地区的相关法律法规有所了解，能够灵活地处理知识产权纠纷
视觉设计	精通视觉美学和视觉营销，能够拍摄合适的商品图片，并能设计美观的商品详情页；能够设计并装修出精美的店铺主页
网络推广	能够熟练地运用计算机技术对商品进行编辑、上传和发布，掌握搜索引擎优化技术、网站检测技术与基本的数据分析方法，并能运用这些技术进行商品推广
跨境物流	了解国际订单处理、电子商务通关、检验检疫的规则和流程，协助本部门处理好海关、商检等环节的工作
报关	全面负责企业进出口商品报关方面的日常事务和管理工作，组织实施并监督报关业务的全过程，追踪并掌握商品在报关和查验环节的情况，出现问题及时解决

2. 中级岗位

中级岗位的人员是熟悉跨境电商运营业务的商务型人才，其对现代商务活动有一定的了解，掌握跨境电商的基础知识，是“懂得跨境电商能做什么”的新型专业人才，各个岗位的主要职责如表 1－9 所示。

表 1－9　B2C 跨境电商企业中级岗位的主要职责

岗位名称	主要职责
市场运营管理	不仅要精通互联网技术，还要精通网络营销推广，能够运用网络营销手段开展商品推广工作，如商品信息编辑、活动策划、商业大数据分析等
采购与供应链管理	负责企业整个供应链的运作，保证商品采购、生产、仓储、配送等环节的正常进行，能根据不同国家（地区）买家的文化心理、生活习俗、消费习惯、消费特点等采购合适的商品，并且能与商品供应商保持稳定的合作关系
国际结算管理	掌握并能灵活地运用国际结算中的各项规则，有效控制企业的国际结算风险，提高企业在贸易、出口、商品及金融等领域的综合管理能力和运用法律法规的水准

微学习

跨境电商职业能力分析

3. 高级岗位

高级岗位的人才要对跨境电商前沿理论有清楚的认识，具有前瞻性思维，能将跨境电商的经营上升至战略层次，是“懂得为什么要做跨境电商”的战略型人才。因此，岗位所需人才是高级职业经理人，以及能够促进跨境电商产业发展的领导型人物。

学而思

活动讨论：根据跨境电商岗位分类，讨论跨境电商企业各部门的主要工作任务。

延伸阅读

步入职场

根据跨境电子商务相关行业的发展现状与趋势，以及行业企业对跨境电子商务技术技能人才的需求，在明确高职高专跨境电子商务人才所面向的职业岗位或岗位群的基础上，选择该职业岗位或岗位群对于完成产品或服务项目起重要作用、具有代表性和完整性的典型职业活动进行系统分析，从而明确学生就业岗位的工作内容与要求。通过典型职业活动分析，按照由易到难、由简单到复杂的原则，对典型职业活动顺序进行梳理，如表 1－10 所示。

表 1－10　跨境电子商务典型职业活动表

典型职业活动		工作任务					
		1	2	3	4	5	6
A	跨境营销产品与活动策划	设定目标	确定内容	核算成本	撰写方案	跟踪实施	反馈修订
B	选品分析	海外市场分析	产品定价分析	产品销售周期分析			
C	采购管理	产品规划	供应商评估与选择	供应商管理与维护	采购成本管理	货品周转管理	
D	文案策划	信息采集与分析	市场分析与卖点提炼	文案选题	形成各语种文案		
E	视觉设计	视觉设计	图文编排	视频拍摄与编辑	视觉展示		
F	平台运营	产品上架	文案优化	站外引流	支付结算		
G	跨境客户服务	售前咨询	交易促成	订单跟踪	纠纷处理	客户维护	
H	国际物流供应链管理	物流方案设计	物流模板设置	国内直发	海外仓发货		
I	国际市场推广（出口）	推广方案制订	推广方案实施	推广方案优化			
J	B2B 销售	客户需求分析	竞争对手分析	谈判策略制定	交易磋商	签订合同	

案例分析

2021 全球速卖通“双 11”玩法大公开

随着海外陆续恢复正常生活，部分商品销量迎来增长。如何借助“双 11”抓住后疫情时代的红利呢？对此，全球速卖通 2021“双 11”战略线上发布会给出了答案。

全球速卖通 2021“双 11”战略线上发布会现场

对于第 4 季度，速卖通营销相关负责人的判断是：过去两三个月部分商品销量及品类都迎来增长，例如服装、饰品、汽配用品等，因此接下来的购物旺季，提前备货应向常态化方向发展。速卖通在重点国家俄罗斯、西班牙、法国以及巴西会做更多的投入，包括拉新方面以及整体市场传播的投入方面。

紧抓“乐趣”，整合站内外资源

2021 年速卖通“双 11”的两大关键词是“乐趣”和“发现”。乐趣，即通过社交游戏、互动玩法让海外用户参与其中，并且联动目标市场的电视媒体与游戏渠道进行全面整合，通过各种场景令用户更多地购买，平台活动会进行大量的红包卡券满减、购物补贴，给用户以更大的折扣。“双 11”共分三个阶段，即预热阶段、正式阶段、返场阶段。

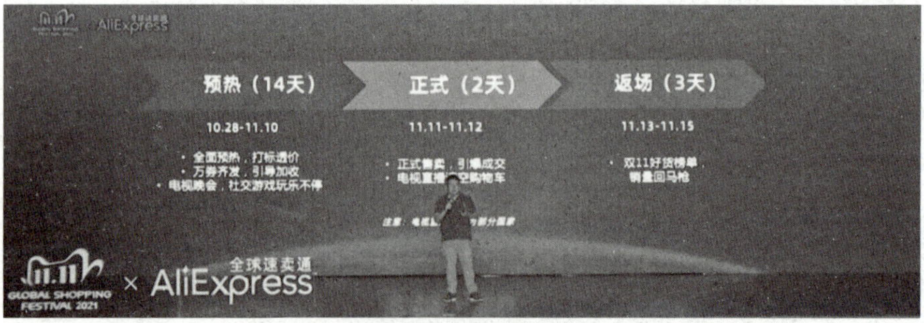

“双 11”的三个阶段

据悉，除了站内营销，速卖通还通过全方位整合电视媒体、联盟、社交达人等资源，保证“双 11”的主题、好货以及优惠价格触达全球消费者。

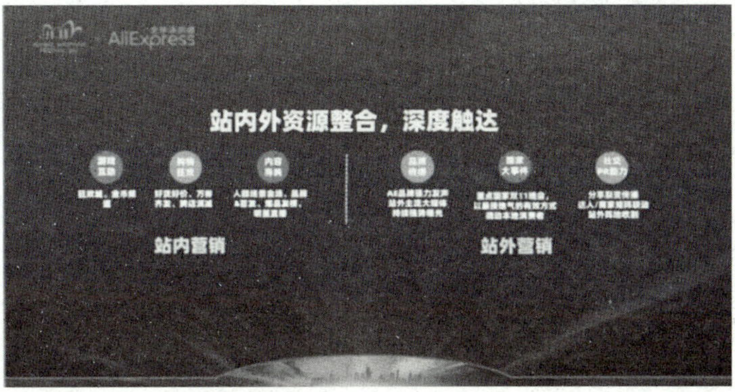

速卖通站内外资源整合

物流时效再次提升，保障基础体验

在“双 11”期间，速卖通在西班牙、法国当地的海外仓设置了“发晚必赔”，既保障用户在预定时间能收到货品，又保障商家商品在本地物流的时效性，给用户更好的物流体验。

在俄罗斯，从品牌宣传到线下互动，从跨界 IP 合作到话题制造等超热“双 11”的狂欢气氛，都通过媒体的渠道传递到用户。西班牙将举办第一届“双 11”晚会，同时还与传统电视媒体深度结合做直播抽奖开奖活动，做全媒体联动，将热情和购物的欢快感觉传递给目标用户。

强化场景导购，提升转化效率

速卖通通过商品的聚合，用场景化的方式让用户发现更多更好的商品。速卖通也十分重视视频和短视频的导购，指导卖家在日常的店铺装修中用短视频介绍自己商品的特色。

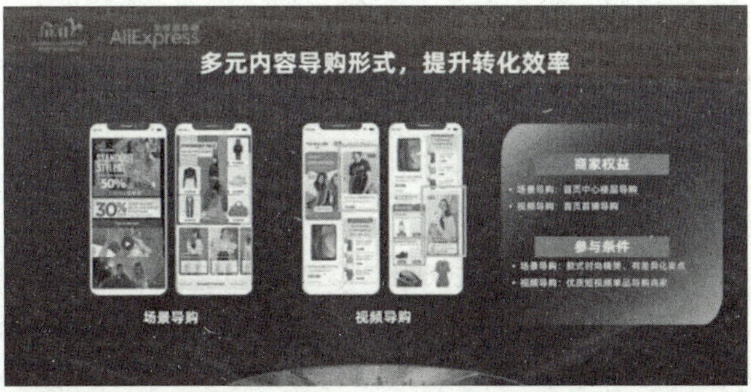

速卖通的视频会场与场景会场导购

资料来源：速卖通 .2021 速卖通“双 11”玩法大公开 [EB/OL] .（2021-09-14）[2022-12-14] .https://www.cifnews.com/article/106530.

思而行

实训任务：制作个人规划书

【任务目的】

（1）利用搜索引擎、各大信息类网站搜寻跨境电商企业的岗位需求。

（2）了解跨境电商企业岗位的主要职责、能力要求、素质要求。

（3）结合专业职业岗位综合要求，思考个人的职业三年或五年目标、在校学习目标与行动计划。

【任务实施】

制作一份个人规划书，以自己的职业生涯规划或自己的学习目标与行动计划为主题展开。

【任务评价】

任务评价表如表 1－11 所示。

表 1－11　任务评价表

项目	学习态度（20%）	团队合作情况（20%）	步骤完成情况（50%）	其他表现（10%）	小计（100%）	综合评价
个人评分（20%）						
小组评分（30%）						
教师评分（50%）						
综合得分（100%）						

行而悟

素养园地

首部跨境电商战疫系列纪录片《逆风出列》上线，乒乓智能携手多地联合打造

春节越来越近。疫情深刻改变了我们生活的方方面面，包括这样的一个行业——跨境电商。

2020 年受疫情的影响，海外大量商超破产、关停，倒逼传统零售消费加速网络化、数字化转型。贸易遭受疫情冲击的同时，跨境电商发挥出新模式、新业态所具有的独特优势，成为连接中国制造与全球消费的重要渠道。据海关总署统计，2020 年通过海关跨

境电子商务管理平台验放进出口清单24.5亿票，同比增长63.3%。因此，跨境电商已经成为我国外贸发展的新引擎。

对于跨境电商及从业者来说，这场疫情影响之深远，足以载入史册。

在战疫周年之际，为致敬了不起的跨境人，国内领先的跨境基础服务商乒乓智能（PingPong）携手武汉、成都、西安等多地，联合打造了国内首部跨境战疫周年系列纪录片《逆风出列》，2月5日起已在全国上线。

这样的一部纪录片，在特殊的背景、特殊的节点，不仅展现多地跨境电商发展的恢宏叙事，更聚焦跨境电商人，展现跨境电商人的家国情怀。同时希望通过这部纪录片给跨境电商人以鼓舞，给留守在工作地的跨境人一份情感寄托。

据了解，首集“武汉篇”已在2月5日正式播出。片中主人公——武汉跨境电商卖家赵欣然，特别在意今年的团年饭，因为一年前的情景她历历在目。

“去年的团年饭我们就没吃上。据我所知，很多家都是这样。”疫情肆虐时，赵欣然被困在外地，想家、想孩子只是一方面，自己的生意彻底瘫痪，人员、物流等一切都停滞了，这意味着他完全没有了收入。但危中有机，转变也在悄然发生……

《逆风出列》“西安篇”描述了跑出“加速度”的一群人：致力“陕品出海”，把家乡产品卖到全球的赵松；摸爬滚打多年，2020年总算迎来扭亏为盈的老刘……

走进《逆风出列》“成都篇”，“成”风破浪，快步向前发展的机会之“都”则徐徐展开。

希望，由内而生。

近年来，随着跨境电商行业的快速发展，多地不断出台支持跨境电商发展的优惠政策，抢抓跨境电商跨越发展的“新风口”。

为什么要推出这样的系列纪录片呢？

可以说，跨境电商卖家不少都是在外打拼的年轻人，他们做着外人眼里的“小生意”，但在全球局势动荡、疫情蔓延的年份，他们又是与国家命运最息息相关的一群人，他们在为国家创汇、助力中国品牌出海、提高国民在世界的声量等等方面的贡献不可小觑。

在项目发起方——PingPong看来，《逆风出列》不仅是记录，更是致敬。

据了解，PingPong成立于2015年，其围绕跨境商户和中小企业出海的综合需求，建立了跨境收款、跨境收单、全球分发、保理服务、VAT税务缴纳、SAAS企业服务等多元化的产品体系。目前，PingPong在全球有8个运营中心，业务覆盖全球100多个国家和地区，为众多中国出口商户店铺提供覆盖全球主要市场的支付服务，有力地支持和促进了跨境出口电商和中小企业的发展，为企业“走出去”保驾护航。

资料来源：辛文.首部跨境电商战疫系列纪录片《逆风出列》上线，PingPong携手多地联合打造［EB/OL］.（2021-02-07）［2022-12-14］.https://baijiahao.baidu.com/s?id=1691023015397647413&wfr=spider&for=pc.

项目二

跨境电子商务进出口业务

学习目标

- 了解跨境电商进口的定义及模式分类；
- 了解跨境电商进口业务流程和通关流程；
- 掌握“三单比对”原则；
- 掌握跨境电商的关税计算；
- 了解跨境电商出口的定义及模式分类；
- 了解跨境电商出口业务流程和通关流程。

思维导图

- 跨境电子商务进出口业务
  - 知识点
    - 跨境电子商务进口的定义
    - 跨境电子商务进口经营的模式及其特点
    - 跨境电子商务进口业务流程和通关流程
    - 跨境电子商务“三单比对”原则
    - 跨境电子商务出口的定义
    - 跨境电子商务出口经营的模式
    - 跨境电子商务出口通关流程
  - 技能点
    - 掌握直邮进口和保税进口的概念与区别
    - 掌握跨境电子商务进口单据的填写
    - 掌握跨境电子商务进口关税的计算方法

项目导入

珠海一淘宝店主 A 女士因进口代购被判刑 10 年，罚款 550 万元，现正在广州女子监狱服刑。

A 女士自 2013 年起在香港地区向多家服装公司通过刷卡支付的方式大量采购各种服装，然后通过快递邮寄、以雇请“水客”偷带或自行携带等方式走私进境，并在其网点销售。经统计，A 女士在香港地区购买并走私进境的服饰金额共计 11 400 558.93 元，偷逃税款共计 3 005 187.33 元。A 女士被九州海关缉私分局抓获后，珠海市中级人民法院判决 A 女士走私普通货物罪，判处有期徒刑 10 年，并处罚金 550 万元。

2019 年 1 月 1 日开始实施的《电子商务法》第 26 条对跨境电商交易进行了更明确的规定："电子商务经营者从事跨境电子商务，应当遵守进出口监督管理的法律、行政法规和国家有关规定。"此外，该法第 12 条还规定："电子商务经营者从事经营活动，依法需要取得相关行政许可的，应当依法取得行政许可。"代购活动必须在法律许可范围内进行。

项目任务书

表 2－1　项目任务书

任务编号	分项任务	职业能力目标	知识目标	参考课时
任务一	跨境电商进口业务	1. 具备根据业务填写跨境电商进口单据的能力； 2. 能准确计算跨境电商进口关税	1. 了解跨境电商进口的定义； 2. 掌握跨境电商进口经营模式及其特点； 3. 掌握跨境电商进口业务流程和通关流程； 4. 掌握跨境电商进口关税的计算	1～2
任务二	跨境电商出口业务	1. 能正确区别不同跨境电商出口的通关流程； 2. 具备根据业务填写跨境电商出口的单据申报的能力	1. 了解跨境电商出口的定义； 2. 掌握跨境电商出口经营模式； 3. 掌握跨境电商出口业务流程和通关流程	1～2
职业素养目标	1. 掌握不同跨境进出口经营模式，建立科学发展观； 2. 强调跨境电商进出口合法合规经营，养成诚信经营、遵纪守法的良好习惯； 3. 分析最新政策，树立大国自信，培养家国情怀			

任务一　跨境电商进口业务

任务描述

小白早上从天猫国际平台上下单了一件产自美国的某品牌修护洁面乳 300mL，物流信息显示从上海洋山保税仓发货，今天 16：00 前下单，预计第二天可以送达。小白很疑惑：国外的产品为什么第二天就能送到？

相关知识

如今跨境电商购物越来越流行，一件跨境商品从消费者下单到国内消费者收到货只需要 2 ～ 3 天的时间，在“智慧海关、高效通关”趋势下，海关的监管系统信息模块与众多电商和物流实现了数据同步，订单信息第一时间进行传递，商品通关更加便捷。

一、跨境电子商务进口的定义

跨境电子商务进口，是指从事商品进口业务的跨境电商企业将境外商品通过跨境电子商务平台渠道销售到境内市场，完成商品交易的全过程。

二、跨境电子商务进口经营模式及其特点

我国从事跨境电商进口的平台有数十家，常见的有阿里巴巴国际站、敦煌网、速卖通、天猫国际、洋码头等。跨境电子商务进口经营模式分类及特点如下。

（一）根据经营主体类型的不同进行分类

根据跨境电子商务进口经营主体类型的不同，跨境电商进口经营模式可分为平台模式和自营模式。

1. 平台模式及其特点

目前，国内主要跨境电商平台均是以平台为基础，邀请国内外商家入驻的运营模式。平台类电商运作的重点在于售前的引流、招商、平台管理，售后方面在一定程度上介入物流和服务，以弥补商家在这些方面的不足。流量是平台类电商的立身之本，内贸电商巨头拥有为跨境频道引流的优势，并通过大量市场活动提升知名度、打造品牌形象。平台通过把控商家资质（对位海外的零售商或卖家进行商家资质或买手信息的审核），间接把控商品品质。直邮是平台较多采用的物流方式。同时，平台通过物流信息的快速对接，利用自建物流从海外集货回国，在国内自建保税仓，为商家提供服务。此外，针对卖家的不足，平台可补充售后服务，监督卖家的服务质量，并提供退换货服务。

垂直平台类跨境电商主要集中在服饰、美妆等品类。其典型代表为海蜜全球购。

综合平台类跨境电商包括 B2B 和 B2C 两种模式，主要参与者为内贸电商巨头，这些电商巨头利用强大的流量优势为平台引流。其典型代表为京东国际、天猫国际。

2. 自营模式及其特点

自营模式需要企业全面介入整个流程的运作，通过自有的团队对售前、售后等环节

进行统一管理，实现服务标准化。采用自营模式的企业在运营过程中要把控供应商、选品、商品运营、跨境物流、售后和客服等环节，经营方面存在许多潜在的风险。

垂直自营型跨境电商主要围绕母婴、美妆等垂直品类开展业务，大部分采用 B2C 模式。其典型代表为蜜芽、聚美极速免税店。

综合自营型跨境电商一般拥有较为丰富的商品和资金资源。其典型代表为：亚马逊海外购、小红书等。

（二）根据业务运营模式的不同进行分类

根据跨境电子商务进口业务运营模式的不同，跨境电子商务进口模式可分为直邮进口模式、保税进口模式、集货进口模式等。

1. 直邮进口模式及其特点

直邮进口模式（业务简图见图 2－1）又称海外直购模式，是指符合条件的电商平台与海关联网，境内消费者跨境网购后，电子订单、支付凭证、电子运单等由企业实时传输给海关，商品通过海关跨境电商专业监管场所入境。简单来说就是，商品从国外以个人包裹形式直邮至国内消费者手中。

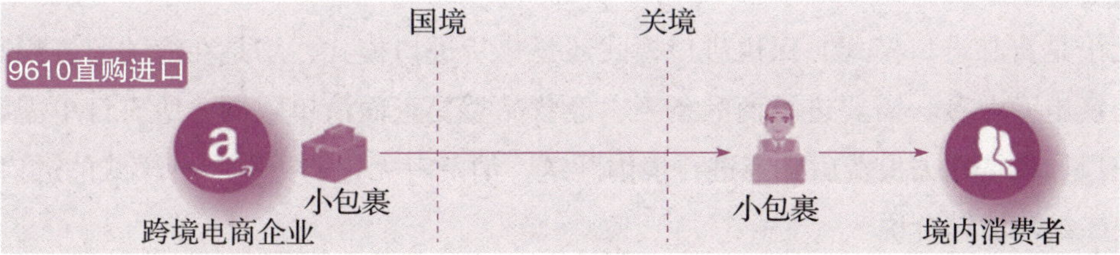

图 2－1 跨境电商直邮进口模式（9610）业务简图

直邮进口模式属于 B2C 模式，适用于代购、品类宽泛的跨境电商平台。直邮进口是先有订单再从海外发货，呈现批次多、货量小、碎片化等特点。

2. 保税进口模式

保税进口模式（业务简图见图 2－2）又称保税备货模式，是指跨境电商进口企业通过集中采购，先将商品批量运输至国内保税仓，待消费者下单后，再从保税仓进口清关出区，交付国内物流配送至消费者。保税进口模式适用于境内个人或电子商务企业在经海关认可的电子商务平台实现跨境交易，并通过海关特殊监管区域或保税监管场所进口的电子商务零售进境商品。

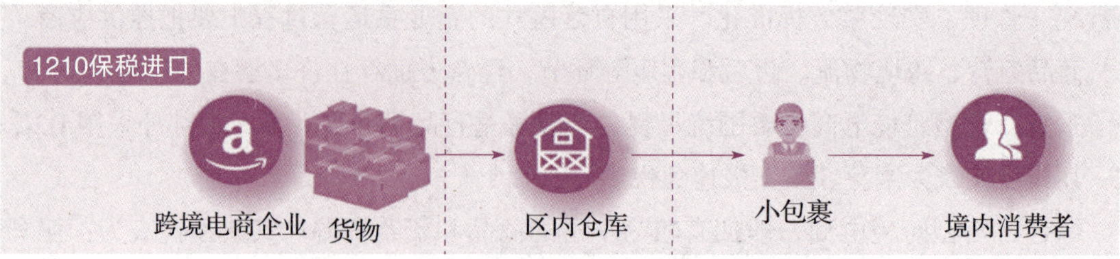

图 2－2　跨境电商保税进口模式（1210）业务简图

保税进口模式属于 B2B2C 模式，适用于品类单一、货量大的电商平台，其特点是先从海外发货到保税仓，再有订单。跨境电商企业利用大数据分析货物需求，在订单产生前备货。商品储存在海关监管的保税区内，可以实现快速通关。保税进口模式的优势是运费低，运达速度快，能提高境内消费者的体验感，但是企业要承担较高的库存成本。

3. 集货进口模式

集货进口模式是指跨境电商企业根据消费者在跨境电商平台上产生的订单，先在国外采购货物，统一打包，以集货方式入境，在保税物流中心，由物流企业根据消费者订单信息在包裹上分别贴上面单，由报关企业汇总申报，经海关清单核放，查验放行后配送到消费者手中。

无论是直邮进口模式、保税进口模式还是集货进口模式，均是在海关监管规则下进行的跨境电商业务，需要进行商品备案，经营品类受正面清单限制，所有订单需要进行主动申报、缴纳相关税费后才能进行境内配送，消费者无论购买哪一种模式的进口商品，都需要缴纳跨境综合税。

由于备货地的配置差异，直邮进口模式、保税进口模式和集货进口模式在物流时效、商品品类、销售风险等方面形成了各自的优劣势。消费者购买商品时，通常关心商品的种类、质量、价格、物流速度等因素，而卖家更关心运营的成本，因此直邮进口模式适合新产品的市场验证，在这种模式下，企业不需要囤货，资金周转压力相对较小，但是发货清关时间较长，而保税进口模式更适合成熟化的爆款，但是对企业的资金要求较高，需要支付一定的租仓、囤货、人工成本等。

表 2－2 是上述三种跨境电商进口模式的比较。

表 2－2　直邮进口模式、保税进口模式和集货进口模式比较

	直邮进口模式	保税进口模式	集货进口模式
备货地	境外	境内	境外
物流时效	国际物流，时效较长	物流时效较快，接近普通电商	国际物流，时效较长
适用品类	非标品、长尾商品	标品、大众商品（如奶粉、化妆品等）	标品、大众商品

续表

	直邮进口模式	保税进口模式	集货进口模式
优势	品类全，环节少，运营成本低，模式灵活	集中采购，运输成本较低	物流成本低、无须囤积货物，降低资金成本和销售风险
劣势	物流时效慢，费用高	占压资金，品类扩充有限，存在库存风险	物流时效较慢，海外仓运营成本较高

三、跨境电商进口业务流程

开展跨境电子商务业务的企业，需要在海关进行登记确认，方可开展业务。

（一）跨境电子商务进口企业资质办理

1. 企业注册登记

企业开展业务前需要在市场监督管理部门进行企业注册，注册流程包括企业名称核准、前置审批、提交申请材料、领取执照、刻章备案等。

2. 对外贸易经营者备案登记

开展跨境电子商务进口业务，需要向备案登记机关提交对外贸易经营备案登记表、营业执照复印件等备案登记材料，备案登记成功后才具备进出口贸易经营权。

3. 海关备案登记办理

跨境电子商务企业需前往注册地海关办理海关注册登记，申请企业的中国电子口岸 IC 卡。

4. 跨境电商企业类型备案

企业使用 IC 卡登录中国电子口岸网站，进入“海关企业进出口信用管理系统关企合作平台”，并选择“有卡用户”，在企业注册信息变更申请功能下完善跨境贸易电子商务企业信息。

5. 加密传输方式办理

企业可自主选择通过专业加密加签设备，用企业中国电子口岸 IC 卡对电子数据进行加签。

6. 申报传输 ID 办理

使用中国电子口岸 IC 卡登录中国电子口岸数据中心，点击跨境电子商务进口统一版系统对应的办事链接，如实登记填写信息即可。

7. 保证金账户开设

企业需要到海关现场开设保证金账户。保证金账户用于申报货物的关税预缴，当实际关税缴纳完成之后，预缴金额可退还至企业保证金账户。

（二）跨境电子商务进口订单流程

（1）直邮进口模式适合买家先下单，商家再从海外采购入境的代购商品交易。交易流程分为直购直邮交易流程和集货直邮交易流程。直购直邮交易流程和集货直邮交易流程分别如图 2－3 和图 2－4 所示。

图 2－3　直购直邮交易流程

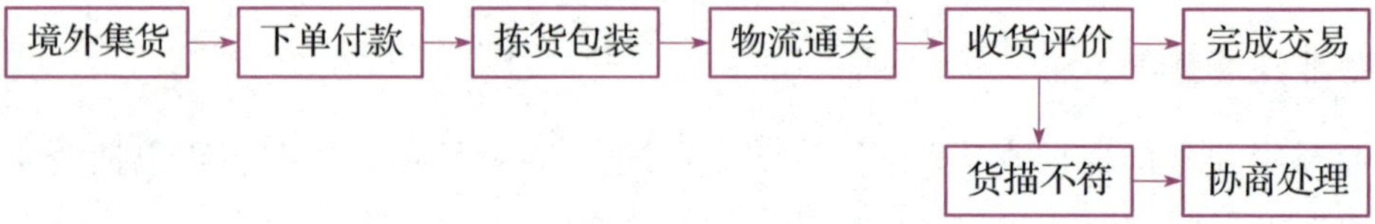

图 2－4　集货直邮交易流程

（2）保税进口跨境电子商务交易流程。保税进口模式借助保税区等特殊监管区域的政策优势，采取“整批入区，零散出区”的方式，商品进口后储存在海关监管场所，消费者下单后商品直接从监管区配送到个人，既降低了商品进口商品的成本，也缩短了消费者收货的时间。保税进口跨境电商交易流程如图 2－5 所示。

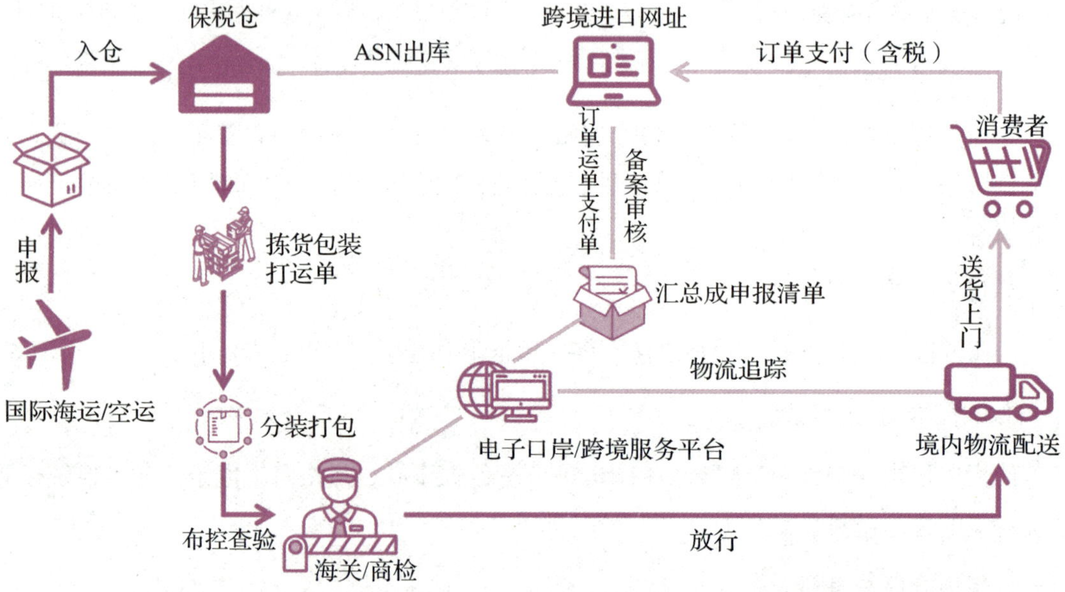

图 2－5　保税进口跨境电商交易流程

四、跨境电商进口通关流程

通关是指进出口货物和转运货物进入一国海关关境或国境必须向海关申报，办理海关规定的申报、查验、征税等手续后，货物得以放行的过程。我国海关监管模式采用四位代码表示，前两位是按海关监管要求和计算机管理需要划分的分类代码，后两位是海关统计代码，“96”代表“跨境”，“12”代表保税。

（一）跨境电子商务进口监管模式

针对跨境电商进口的不同方式，海关对跨境电商进口货物监管分为直邮进口（9610）模式、保税进口（1210）模式和保税进口（1239）模式

（1）直邮进口（9610）模式，是海关总署在2014年第12号公告中增列的一个海关监管方式代码，适用于境内个人或电子商务企业通过电子商务交易平台实现交易，并且采用“清单核放、汇总申报”的方式办理报关手续的电子商务零售进出口商品。

（2）保税进口模式是符合条件的电子商务企业与海关联网，电子商务企业将整批商品运入海关特殊监管区域或保税物流中心（B型）内，海关实施账册管理。境内个人网购区内商品后，电子商务企业或平台将电子订单、支付凭证、电子运单等传输给海关，电子商务企业或其代理人向海关提交清单，海关按照跨境电子商务零售进口征收税款，验放后账册自动核销。

保税进口分为保税进口（1210）模式和保税进口（1239）模式两种。保税进口（1239）模式的全称是“保税跨境贸易电子商务A”，简称“保税电商A”，适用于境内电子商务企业通过海关特殊监管区域或保税物流中心（B型）进境的跨境电子商务零售进口商品，只能在86个试点城市之外的特殊区域或物流中心开展，在清关时，须向海关提供通关单。

保税进口（1210）模式目前只适用于在全国86个试点城市及海南全岛的海关特殊监管区域（含综合保税区、保税港区、保税区等）或保税物流中心（B型）内试点（以下简称“特殊区域或物流中心”）开展。跨境电商网站可以将尚未销售的货物整批发至国内保税物流中心，再进行网上零售，卖一件，清关一件，没卖掉的就不能出保税中心，但也无须报关，卖不掉的还可以直接退回国外。

（二）跨境电子商务进口货物通关流程

跨境电子商务进口货物通关流程如图2-6所示。

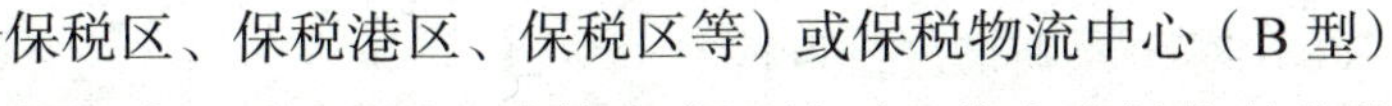

图2-6　跨境电子商务进口货物通关流程

1. 进口商向海关申报

微学习

海关的性质与任务

进口商向海关申报即报关，指的是进出口收发货人、进出口运输工具负责人、进出境物品所有人或其代理人向海关办理货物、物品、运输工具进出境及相关海关事务的过程。报关是履行海关进出境手续的必要环节之一，需要提交报关单、装箱单等单据进行申报。在跨境电商进口业务中，报关需要提交订单、支付单、运单、清单等单据进行申报进口。

2. 海关查验货物

海关收到进口货物申报后进行人工审验，看单货是否一致，如果不一致会要求报关人重新填报。

3. 海关向企业征收税费

海关对进口货物进行查验后，对需要缴纳进口关税的货物开出进口税费缴款书给进口申报人，进口申报人收到缴款书后到指定银行缴纳税费。

4. 海关通知放行，进口申请人提取货物

海关收到税费后发放放行单证，进口申请人可凭放行单证取货并安排物流配送。

五、跨境电商进口业务的单据

海关总署在 2014 年第 12 号、第 57 号公告中，提出开展跨境电商进口业务的企业应当按照规定向海关传输交易、支付、仓储和物流的信息，由海关校验每一笔交易订单信息和消费者信息的真实性。即在跨境电商进口业务的通关流程中，不管是直邮进口模式还是保税进口模式，在通关环节均需要向海关提交电子化的运单、支付单据、清单等单据，海关通过“三单比对”原则来进行审核。

跨境电商进口业务中的“三单”指的是由电商平台推送的订单、由支付企业推送的支付单、由仓储物流服务商推送的运单（也称物流单）。对应的信息分别是订单信息、支付单信息和运单信息。订单信息包括订购人信息、订单号、支付单号及商品信息等；支付单信息应包括支付人信息、支付金额、订单号、支付单号；运单信息包括物流单号、订单号、商品信息、收货人等。除了这“三单”之外，另一张重要的单据是由仓储物流企业推送的包含“三单”中订单、商品、支付、物流相关信息的清单。海关将订单、支付单、运单中的订购人信息、收件人信息、商品及价格信息和清单中的订购人信息、收件人信息、商品及价格信息进行数据校验比对。信息结果一致，则申报成功；结果不匹

配，则申报失败，需要修改申报信息，重新申报，否则需要做退单处理。“三单比对”流程如图 2－7 所示。

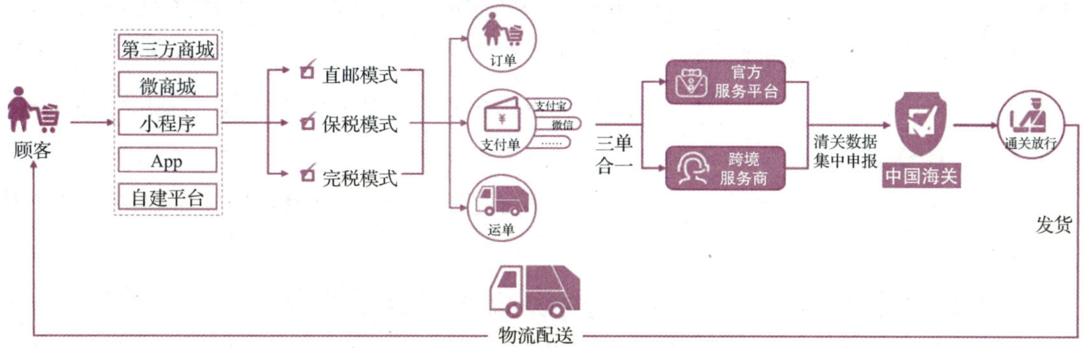

图 2－7 “三单比对”流程

“三单”比对一致的监管要求在国家层面有效提升了跨境电商监管力度，提升了跨境电商的通关效率，在征缴海关税费方面提供了有力的保障，同时也提高了跨境电商行业的进入门槛，由于需要和第三方支付、物流、保税仓和电子口岸进行系统对接，只有具备一定技术开发能力的企业才能开展相关业务。

六、跨境电商进口关税

（一）跨境电商进口关税政策

2016 年 3 月，我国财政部、海关总署、税务总局联合出台了《关于跨境电子商务零售进口税收政策的通知》（财关税〔2016〕18 号），对我国跨境电子商务 B2C 进口交易制定税收政策如下：

（1）跨境电子商务零售进口商品按照货物征收关税和进口环节增值税、消费税。购买跨境电子商务零售进口商品的个人作为纳税义务人，实际交易价格（包括货物零售价格、运费和保险费）作为完税价格，电子商务企业、电子商务交易平台企业或物流企业可作为代收代缴义务人。

（2）跨境电子商务零售进口税收政策适用于从其他国家或地区零售进口的、“跨境电子商务零售进口商品清单”范围内的以下商品：

1）所有通过与海关联网的电子商务交易平台交易，能够实现交易、支付、物流电子信息“三单”比对的跨境电子商务零售进口商品；

2）未通过与海关联网的电子商务交易平台交易，但快递、邮政企业能够统一提供交易、支付、物流等电子信息，并承诺承担相应法律责任进境的跨境电子商务零售进口商品。不属于跨境电子商务零售进口的个人物品以及无法提供交易、支付、物流等电子信息的跨境电子商务零售进口商品，按现行规定执行。

（3）跨境电子商务零售进口商品的单次交易限值为 2 000 元，个人年度交易限值为 20 000 元。在限值以内进口的跨境电子商务零售进口商品，关税税率暂设为 0；进口环节增值税、消费税取消免征税额，暂按法定应纳税额的 70% 征收。超过单次限值、累加后超过个人年度限值的单次交易，以及完税价格超过 2 000 元限值的单个不可分割商品，均按照一般贸易方式全额征税。

（4）跨境电子商务零售进口商品自海关放行之日起 30 日内退货的，可申请退税，并相应调整个人年度交易总额。

2018 年 11 月 30 日，财政部、海关总署、税务总局联合出台了《关于完善跨境电子商务零售进口税收政策的通知》（财关税〔2018〕49 号），对我国跨境电子商务零售进口关税税收政策作出调整，调整内容主要包括：第一，将年度交易限制由每人每年 20 000 元调整至 26 000 元，同时将单次交易限值由 2 000 元调整至 5 000 元；第二，明确完税价格超过单次交易限制但低于年度交易限额且订单仅一件商品时，可以通过跨境电商零售渠道进口，按照货物税率全额征收关税和进口环节增值税和消费税，交易额计入年度交易总额。

跨境电子商务进口税收政策的调整和实施，有利于促进跨境电商新业态的健康发展，有利于增加境外优质消费品的进口。

（二）跨境电商进口关税的计算

海关对商品的监管分为一般贸易、个人物品、跨境电商进口、特定减免税货物等，跨境电商进口一般使用个人物品和跨境电商两种清关方式，具体如表 2－3 所示。

表 2－3　跨境电子商务进口方式与关税税率

进口方式	税收内容	税率	免税额	适用范围
一般贸易	关税、消费税、增值税	由商品的商品编码决定	50 元	传统贸易
个人物品	行邮税	13%、20%、50%	50 元	代购、私人物品
跨境电商进口	跨境电商综合税	6.3%、9.1%、23.1% 等	无	直购进口、保税进口

根据跨境电子商务进口税收政策，个人单笔交易限值人民币 5 000 元，个人年度交易限值人民币 26 000 元。在限值以内进口的跨境电子商务零售进口商品，关税税率为 0。进口环节增值税、消费税按照法定应纳税额的 70% 征收。2019 年，进口环节增值税从 17% 调整至 13%，跨境综合税率为 9.1%，部分主流品类如奶粉、化妆品进口环节增值税调整至 16%，跨境综合税率为 11.2%。年度交易总额超过年度交易限值的，按一般贸易管理。常见商品跨境电子商务进口税率如表 2－4 所示。

表 2－4　常见商品跨境电子商务进口税率

类目	增值税（%）	消费税（%）	跨境电商综合税率（%）
婴儿奶粉	13	0	9.1
纸尿裤	13	0	9.1
葡萄酒	13	0	17.9
面膜（片装）≥ 15 元 / 片	13	15	23.1
化妆品 / 彩妆（片装）≥ 15 元 / 片	13	15	23.1
手机、平板电脑	13	0	9.1
键盘、鼠标	13	0	9.1

跨境电商综合税计算公式如下：

跨境电商综合税 = 购买单价 × 件数 × 跨境电商综合税率

跨境电商综合税率 =［（消费税率 + 增值税率）÷（1– 消费税率）］×70%

例如：当以个人物品进口（C2C）时，完税价格表中为 200 元 / 千克，税率为 13%，2 罐婴儿奶粉，每罐 900 克，售价 150 元，则奶粉的价格 =150 ÷ 0.9=167 元 / 千克，这时需要使用规定的完税价格 200 元 / 千克来计算税金，即税金 =0.9 × 200 × 13% × 2=46.8 元，因为税金低于 50 元，应缴税金为 0 元。

如果以跨境电商进口（B2C）时，税率为 9.1%，2 罐婴儿奶粉，每罐 900 克，售价 150 元，则税金 =150 × 9.1% × 2=27.3 元。

学而思

活动讨论 1：什么是跨境电子商务进口“三单比对”？

活动讨论 2：你是否尝试通过跨境电商方式购买进口商品？如果尝试过，请查看一下发货地点是哪里？请计算要交多少跨境电商综合税。

思而行

实训任务 1：跨境电商综合税的计算

【实训目的】

了解不同的跨境电商税费的计算，能够正确区分行邮税和跨境电商综合税。

【实训内容】

小白在京东海外旗舰店买了一罐婴儿奶粉，购买价格为 240 元，税率为 9.1%，请计算进口环节跨境电商综合税为多少。

【任务评价】

任务评价表如表 2－5 所示。

表 2－5　任务评价表

项目	学习态度（20%）	团队合作情况（20%）	步骤完成情况（50%）	其他表现（10%）	小计（100%）	综合评价
个人评分（20%）						
小组评分（30%）						
教师评分（50%）						
综合得分（100%）						

实训任务 2：填写直邮进口（9610）清关申报单据

【实训目的】

认识“三单”反映的信息，并能根据“三单”信息正确填写直邮进口（9610）的跨境电商零售进口商品申报单。

微学习

正面清单

【实训内容】

根据企业信息、订单、支付单、物流单等信息，填写跨境电商零售进口商品申报单。

电子订单信息

订单编号	202207023324271525655		
业务状态	未申报	入库时间	2022-06-30 08:18:25
电商平台代码	91320000608950987L	电商平台名称	苏宁易购
电商企业代码	91320000608950987L	电商企业名称	苏宁易购集团股份有限公司
支付企业代码	91310115768225450T	支付企业名称	支付宝（中国）网络技术有限公司
交易号	420000026520220725625149	订购人姓名	郑 ××
订购人证件类型	身份证	订购人证件号码	350211198811253×××
收货人姓名	郑××	收货人电话	13850258×××
收货人地址	福建省厦门市集美区锦园西路501-×××	收货人行政区域代码	
商品批次号	845260025-2/20	货款金额	2000.00
运杂费	210（费用按数量均摊）	优惠减免税金额	
订单商品税款		实际支付金额	2210.00

订单商品信息

商品序号	商品编码	商品名称及规格型号	单位	数量	单价	总价	币制	原产国
1	3307900000	森田保湿面膜10片/盒 20r	盒	5	80.00	400.00	人民币	日本
2	3307900000	SK-II护肤面膜10片/盒 2(	盒	2	800.00	1600.00	人民币	日本

物流运单信息			
物流运单编号	KD1925337KL		
备注	日本待发	入库时间	2022-06-30 08:18:25
物流企业代码	911100007109207250	物流企业名称	联邦快递中国有限公司
运费	140	保价费	70
币制	人民币	毛重（KG）	2.00
包装种类	纸箱	净重（KG）	1.40
包装件数	2	数量	1
收货人姓名	郑××	收货人地址	福建省厦门市集美区锦园西路501-×××号
收货人电话	13850258×××	主要货物信息	片装面膜7盒
订单编号	202207023324271525655		

支付单信息			
支付单编号	420000026520190725625149		
业务状态	未申报	入库时间	2022-06-30 08:18:25
电商平台代码	91320000608950987L	电商平台名称	苏宁易购
支付企业代码	91310115768225450T	支付企业名称	支付宝（中国）网络技术有限公司
订单编号	202207023324271525655	支付金额	¥2210.00
支付人	郑××	支付人证件类型	身份证
支付人证件号码	350211198811253×××	支付人电话	13850258×××
币制	人民币	备注	

跨境电子商务零售进口商品申报清单

预录入编号：370120220705145521　　海关清单编号：370120220705145521　　（3701 厦门海关　　海关）申报日期：20220705

订单编号									
账册编号			电商平台代码		电商平台名称				
物流运单编号			物流企业代码		物流企业名称				
进口口岸	厦门海关		电商企业代码		电商企业名称				
进口日期	20220702		订购人证件类型		订购人证件号码				
订购人姓名		订购人电话		收件人地址					
申报企业代码	9135020679	申报企业名称	厦门万通物流有限公司			监管方式			
区内企业代码		区内企业名称				运输方式			
运输工具编号	57R0725	航班航次号	7-002	提运单号		监管场所代码			
许可证号		启运国（地区）		运费		保费			
包装种类		件数		毛重（千克）		净重（千克）			
商品项号	账册备案料号	商品编码	商品名称及规格型号	条码	数量及单位	单价	总价	币制	原产国（地区）
			森田保湿面膜10片,						
			SK-II护肤面膜10片						

【任务评价】

任务评价表如表2－6所示。

表 2-6 任务评价表

项目	学习态度（20%）	团队合作（20%）	步骤完成情况（50%）	其他表现（10%）	小计（100%）	综合评价
个人评分（20%）						
小组评分（30%）						
教师评分（50%）						
综合得分（100%）						

任务二 跨境电商出口业务

任务描述

小白新入职一家主要从事跨境电商出口的电子商务企业，企业近期需要为一批销往泰国的商品向海关申报，初入职的小白需要了解跨境电商出口的业务流程和通关流程。

相关知识

2021 年 12 月 30 日，商务部相关人士在国务院政策例行吹风会上表示，海外仓是跨境电商重要的境外节点，是新型外贸基础设施，也是带动外贸高质量发展的重要平台。截至 2021 年底，我国海外仓的数量已经超过 2 000 个，总面积 16 000 万平方米，主要分布在俄罗斯、日本、韩国、美国等国家和地区。对于跨境电商卖家来说，使用海外仓有着诸多便利：避免了物流旺季排仓爆仓，降低了成本，提高了利润；在加快物流时效的同时提升了海外买家的购物体验，也增加了自身的曝光率。

一、跨境电子商务出口的定义

跨境电商零售出口，是指从事商品出口业务的跨境电子商务，具体指本国商品通过电子商务渠道销售到国外市场，通过电子商务平台完成商品的展示、交易、支付，并通过线下的跨境物流送达商品，完成商品交易。

二、跨境电子商务出口的模式分类

按照交易主体的不同，跨境电商出口可以分为 B2B 跨境电子商务出口、B2C 跨境电子商务出口、C2C 跨境电子商务出口等。按照海关监管角度的不同，跨境电商出口可以分为跨境电商 B2C/C2C（9610）出口模式、跨境电商 B2B（9710）出口模式、跨境出口海外仓（9810）三种模式。按照交易主体和服务类型的不同进行的分类，前面的章节中已经详细介绍过了，不再赘述，这里主要从监管角度阐述跨境电子商务的出口模式。

（一）跨境电子商务 B2C/C2C 出口模式

跨境电商 B2C/C2C 出口模式，监管代码 9610，是海关在 2014 年第 12 号公告中，专门针对跨境电商进出口增设的监管代码，指的是中国境内跨境电商卖家直接将境外消费者所购买的商品以小包裹的形式发送至境外，按“清单放行，汇总申报”的模式进行监管。其业务简图如图 2－8 所示。

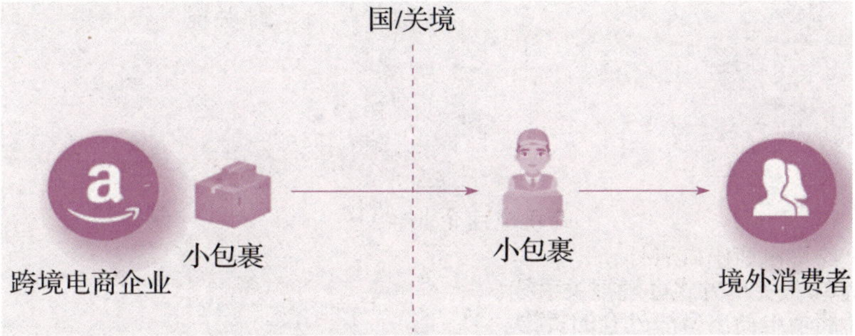

图 2－8　跨境电商直邮出口（9610）业务简图

（二）跨境电子商务 B2B 出口模式

跨境电商 B2B 出口是海关总署在 2020 年第 75 号公告增设的，是指境内企业通过跨境物流将货物运送至境外企业或海外仓，并通过跨境电商平台完成交易的贸易形式。跨境电商 B2B 出口分为企业对企业直接出口、出口海外仓。

1. 企业对企业直接出口

企业对企业直接出口简称“跨境电商 B2B 直接出口”，海关监管代码为“9710”，是境内企业通过跨境电商平台与境外企业达成交易，通过跨境物流将货物直接出口至境外企业。其业务简图如图 2－9 所示。

2. 出口海外仓

出口海外仓简称“跨境出口海外仓”，海关监管代码为“9810”，是境内企业通过跨境物流将商品出口至海外仓，通过跨境电商平台实现交易后从海外仓送达境外购买者。其业务简图如图 2－10 所示。

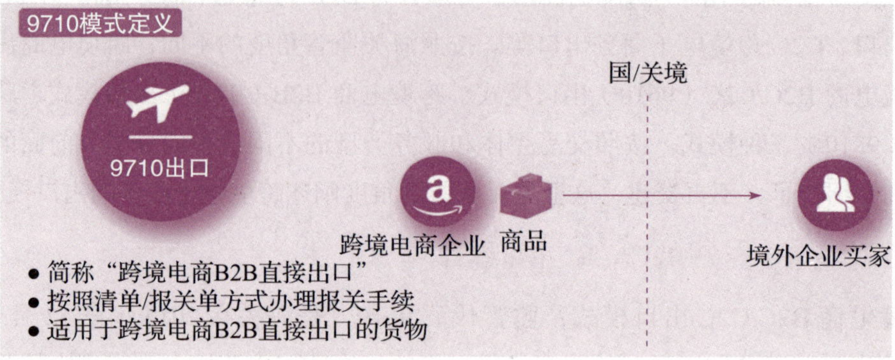

图 2－9　跨境电商直接出口（9710）业务简图

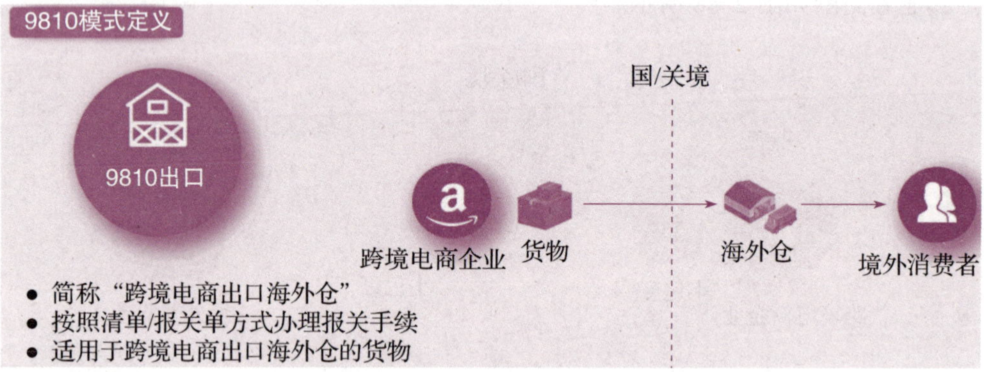

图 2－10　跨境电商直接出口（9810）业务简图

（三）跨境电商出口模式的比较

不管是跨境电商 B2C 出口模式还是跨境电商 B2B 出口模式，均是在海关监管规则下进行的跨境电商出口业务。跨境电商 B2C 出口和跨境电商 B2B 出口存在明显的区别，其区别的本质可以简单理解为零售与批发，针对的客户群体不同、物流形态的要求不同，海关对其监管方式和监管要求也不同。跨境电商出口上述两种模式的对比如表 2－7 所示。

表 2－7　跨境电商出口两种模式的对比

	跨境电商 B2C 出口（9610）	跨境电商 B2B 出口（9710、9810）
业务主体	境外个人消费者	企业与企业之间交易；境内企业先出口至海外仓，再根据订单配送至个人
物流形态	包裹形式	包裹或普通货物形式

续表

	跨境电商 B2C 出口（9610）	跨境电商 B2B 出口（9710、9810）
监管场所	按照快递类或邮递类海关监管作用场所规范设置	海关监管作用场所
管理要求	报送“三单”信息	不强制要求传输收款信息；如以报关单形式出境，则无须传输物流信息，由舱单代替物流信息

三、跨境电子商务出口业务流程

跨境电子商务出口业务流程主要分为 5 个步骤，即：提前备案、联网申报、便捷通关、快速验放、汇总申报。

（一）提前备案

在跨境贸易电子商务商品出口前，电商企业需要在海关企业管理系统进行备案。跨境电商平台需将预售商品在跨境通关平台进行备案。

（二）联网申报

消费者在网上订购商品后，电商平台、支付企业、物流企业分别将电子订单、支付凭证、物流运单的电子数据发送到跨境通关平台。电商企业将零售商品运抵海关监管区后，电商企业或代理报关企业向跨境通关平台申报出境清单。跨境通关平台将出境清单与电子订单、支付凭证、物流运单及商品备案信息进行比对。比对成功的自动审结，比对不成功的转人工审核。

（三）便捷通关

审核通过后，跨境通关平台将数据下发至快件现场分拣设备进行实货核放。

（四）快速验放

工作人员通过快件现场分拣设备，对出口商品进行快速验放。对其中无须开箱查验的商品，同屏比对无误后直接放行，对需要开箱查验的商品转人工查验。

（五）汇总申报

在汇总申报周期内，电商企业对已离境放行未汇总的出境清单进行汇总，跨境通关平台按照业务规则归并生成出口报关单，通过电子口岸向海关进行申报，海关自动审核结关。企业凭报关单证明联向相关部门办理结汇、退税等手续。

四、跨境电子商务出口通关流程

海关对跨境电子商务出口监管条件不同，其通关流程也有所区别。

（一）跨境电子商务（9610）通关流程

跨境电子商务（9610）出口业务可采用“清单核放、汇总申报”模式办理通关手续。

清单核放：出口电商企业先将要出口商品交易平台商的订单推送到地方跨境政务服务平台，海关对清单进行电子审核后实货放行。清单核放可以解决跨境电商出口（9610）出口订单数量少、批次多的问题，方便企业和监管部门的操作，提高通关效率。

汇总申报：跨境电商零售商品出口后，跨境电商企业或其代理人应当于每月 15 日前（当月 15 日是法定节假日或者法定休息日的，顺延至其后的第一个工作日），将上月结关的《中华人民共和国海关跨境电子商务零售进出口商品申报清单》依据清单表头同一收发货人、同一运输方式、同一生产销售单位、同一运抵国、同一出境关别，以及清单表体同一最终目的国、同一 10 位海关商品编码、同一币制的规则进行归并，汇总形成《中华人民共和国海关出口货物报关单》向海关申报。允许以“清单核放、汇总统计”方式办理报关手续的，不再汇总形成《中华人民共和国海关出口货物报关单》。汇总申报海关为企业出具报关单退税证明联，解决了企业退税难题，也将跨境电子商务业务纳入了海关贸易统计。

跨境电商出口（9610）模式是通过跨境电商企业、物流企业和监管场所三个申报主体的信息流、资金流和货物流之间的交互来实现的。消费者在网上下单完成付款后，境内电商根据平台上的订单信息开始处理，然后跨境电商企业向监管部门报备需通过跨境电商出口（9610）清关的出口订单信息与订单所对应的收款信息，跨境电商企业根据订单将商品打包成小包裹交付给物流企业，物流企业收到的跨境电商出口实货包裹后完成过机称重等入库操作后，向监管部门报备运单信息。已完成运单申报的包裹送抵监管场所，监管场所向监管部门发送运抵信息。电商企业和物流企业在监管场所发送运抵信息后，向监管部门发送清单申报信息，并等待清单申报的放行结果。监管场所将出口货物交付到货站，货站确认将货物运送上飞机后准备出运，出口货物出运离境后，物流企业负责将出口货物派送至消费者手中。物流企业需在包裹出运离境后向监管部门发送离境信息。清单申报企业如需汇总申报，则需在每月指定日将上月结关的申报清单，通过服务平台发送汇总申报请求，汇总形成《中华人民共和国海关出口货物报关单》向海关申报。其通关流程如图 2－11 所示。

（二）跨境电子商务 B2B（9710、9810）通关流程

跨境电子商务 B2B 出口（9710、9810）可采用清单申报或者报关单申报方式进行通

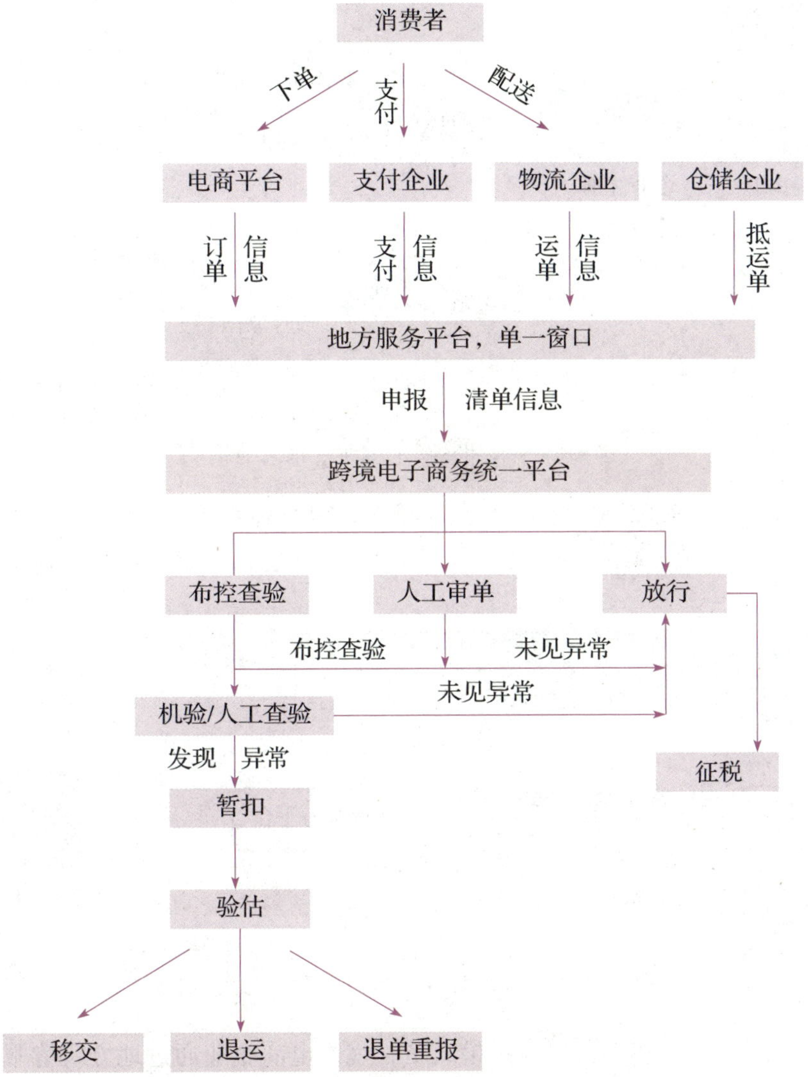

图 2－11　跨境电商出口（9610）通关流程

关，单票货值在 5 000 元人民币以下，且不涉证、涉税、涉检的货物，企业必须采用清单方式进行申报；若单票货值在 5 000 元人民币以上涉证、涉税、涉检的货物，企业必须采用报关单方式进行申报，其中跨境电商出口（9710）申报订单，跨境电商出口（9810）申报订仓单。具体流程如图 2－12 所示。

在清单申报模式下，境内电商企业通过地方跨境服务平台向海关申报 9710 出口的订单或 9810 出口的订仓单、收款单等电子单证信息，物流企业通过地方跨境政务服务平台向海关申报运单、离境单以及清单的信息，监管仓所通过服务平台向海关申报运抵单，最终的申报数据会进入海关的跨境出口统一版系统中。跨境电商 B2B 出口清单模式通关流程如图 2－13 所示。

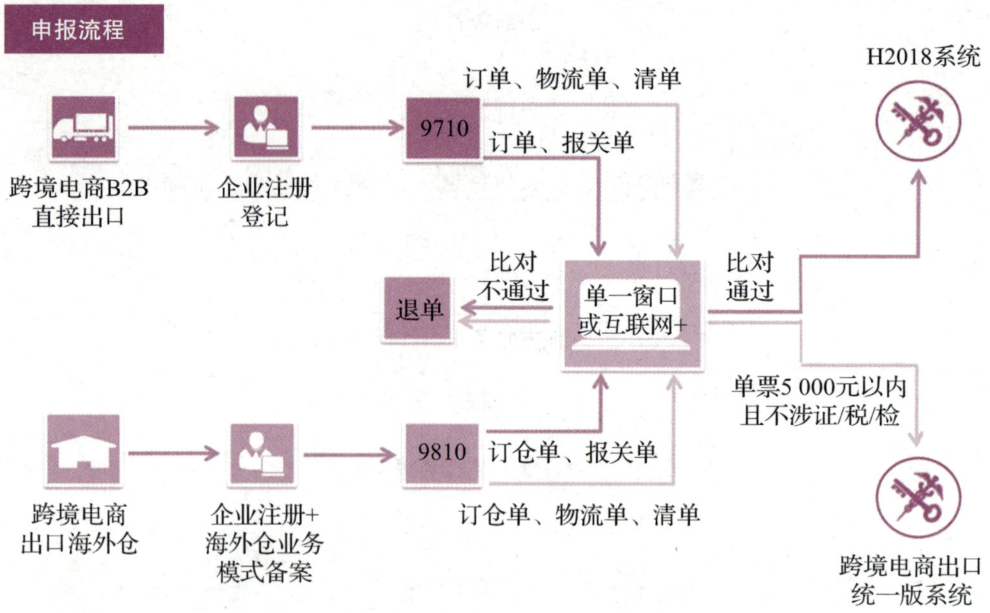

图 2－12 跨境电商出口（9710、9810）通关流程

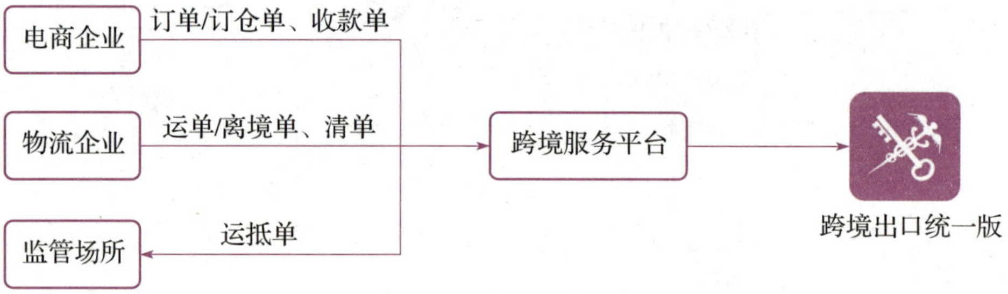

图 2－13 跨境电商 B2B 出口清单模式通关流程

微学习

助力跨境电商 B2B 出口，推动外贸新业态蓬勃发展

在报关单申报模式下，境内电商企业通过地方跨境服务平台向海关申报 9710 出口的订单或 9810 出口的订仓单、收款单等电子单证信息，物流企业通过地方跨境政务服务平台向海关申报运单、离境单以及报关单的信息，监管仓所通过服务平台向海关申报运抵单，最终的申报数据会进入海关的 H2018 系统。跨境电商 B2B 出口报关单模式通关流程如图 2－14 所示。

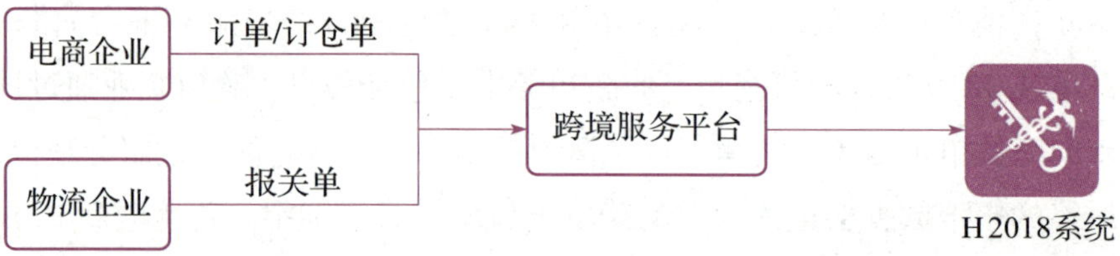

图 2－14 跨境电商 B2B 出口报关单模式通关流程

学而思

活动讨论 1：跨境电商出口与一般进出口贸易出口在通关流程上有什么区别？

活动讨论 2：清单申报与报关申报有什么不同？二者各适用于什么情况下的申报？

微学习

RCEP 给跨境电商出口带来了哪些机遇？

思而行

实训任务：填写直邮出口（9610）清单

【实训目的】

认识“三单”反映的信息，并能根据“三单”信息正确填写直邮进口（9610）的跨境电商零售进口商品申报单。

【实训内容】

苏州昌贸有限公司是在全球速卖通平台从事跨境电商出口的企业，现该企业根据平台的订单进行了业务操作，货物完成发货，装运进入机场海关监管区后，通关专员进行清单申报通关工作。请你根据提供的跨境电商出口相关单据（见图 2－15～图 2－18），完成跨境电商零售出口商品申报清单的填制。

电子订单信息			
订单编号	20220615442533756002538		
业务状态	未申报	入库时间	2022.04.12　16:20:04
电商平台代码	91330108793696826A	电商平台名称	速卖通（AliExpress）
电商企业代码	913205087255657526	电商企业名称	苏州昌茂有限公司
支付企业代码	91310115768225450T	支付企业名称	支付宝网络技术有限公司
交易号	4200000331202206123722565558	订购人姓名	Marie Davis
订购人证件类型	身份证	订购人证件号码	K47258416527863R
收货人姓名	Marie Davis	收货人电话	89020524×××
收货人地址	Ulitsa Mys Chumaka, 1A, Vladivostc	收货人行政区域代码	
商品批次号	2022041200256-02/30	货款金额	$200.00
运杂费	$76.00	优惠减免税金额	
订单商品税款	收件人	实际支付金额	$276.00

订单商品信息								
商品序号	商品编码	商品名称及规格型号	单位	数量	单价	总价	币制	原产国
1	9503002100	AULDEY educational toys	件	1	200.00	200.00	美元	中国

图 2－15　电子订单信息

物流运单信息			
物流运单编号	325620220620360075		
备注	FedEX Intl.First 直接签收	入库时间	2022.06.20 10:35:28
物流企业代码	913100006660646416	物流企业名称	联邦国际货运有限公司
运费	$75.00	保价费	按货值的0.5%投保
币制	美元	毛重（KG）	1.50
包装种类	纸箱（ 40cm x 35cm x 15cm）	净重（KG）	0.80
包装件数	1	数量	1
收货人姓名	Marie Davis	收货人地址	Ulitsa Mys Chumaka, 1A, Vladivostok,6900
收货人电话	89020524566	主要货物信息	AULDEY educational toys large deformatio
订单编号	202206154425337560025388		

图 2－16　物流运单信息

支付单信息			
支付单编号	4200000331202206123722565558		
业务状态	未申报	入库时间	2022.03.02 15:20:40
电商平台代码	91330108793696826A	电商平台名称	速卖通（AliExpress）
支付企业代码	91310115768225450T	支付企业名称	支付宝网络技术有限公司
订单编号	202206154425337560025388	支付金额	$276.00
支付人	Marie Davis	支付人证件类型	身份证
支付人证件号码	K472584165278×××	支付人电话	89020524566
币制	美元	备注	

图 2－17　支付单信息

跨境电子商务零售出口商品申报清单

预录入编号：232620220267415548　　海关清单编号：232620220267415548　　（2326 吴江　　海关）　申报日期：20220625

订单编号							
生产销售单位			电商平台代码		电商平台名称		
物流运单编号			物流企业代码		物流企业名称		
出口口岸	吴江海关		电商企业代码		电商企业名称		
出口日期	20220625		收货人代码		收货人名称		
报关企业代码	913205940	报关企业名称	苏州硕豪国	区内企业代码		区内企业名称	
贸易方式		运输方式		运输工具名称	MD-5626	航班航次号	HR2022062718
提（运）单号		监管场所代码		许可证号		运抵国（地区）	
指运港		运费		保费		包装种类	
件数		毛重（公斤）		净重（公斤）		备注	

商品项号	商品编码	商品名称及规格型号	条形码	数量及单位	单价	总价	币制	最终目的国（地区）

图 2－18　跨境电子商务零售出口商品申报清单

【任务评价】

任务评价表如表 2－8 所示。

表 2－8 任务评价表

项目	学习态度（20%）	团队合作（20%）	步骤完成情况（50%）	其他表现（10%）	小计（100%）	综合评价
个人评分（20%）						
小组评分（30%）						
教师评分（50%）						
综合得分（100%）						

行而悟

素养园地

深圳摧毁特大跨境电商刷单走私案

2021 年深圳海关开展“使命 2021–09”专项查缉活动，摧毁 1 个利用跨境电商渠道伪报贸易性质走私进口化妆品、奶粉等商品入境的特大犯罪网络，共抓获犯罪嫌疑人 17 名，现场查扣涉嫌走私的各类化妆品 67 吨，涉案案值逾 2 亿元。

2020 年底，深圳海关在查验一批以跨境电商（监管方式 9610）模式申报进口的化妆品时，发现该批货物总价明显偏低，且该批货物的随行快递单及购买人身份信息均为伪造，这引起了深圳海关部门的高度重视。

深圳海关缉私部门立刻安排人员提前介入该案，并对该批货物的相关信息展开深度挖掘。经过了长时间的摸排，缉私部门发现，在这个跨境电商低报价格案的背后，隐藏着一个以余某为首的走私团伙，这个团伙主要以伪报贸易性质方式走私化妆品入境。

经查验，以余某为首的走私团伙冒用他人的身份信息，采取刷单的方式伪造“三单”（订单、物流单、支付单），将本应以一般贸易方式进口的货物伪报成跨境电商渠道进口，待货物从口岸入境后，转关至佛山、广州从化等地办理清关，再委托国内运输公司将货物运送至深圳的终端货主。货主收货后再通过实体店铺将走私货物销往全国各地牟利。

通过前期的缜密侦查，抓捕时机成熟，深圳海关决定开展收网行动。2021 年 4 月，34 个行动组、近 220 名缉私人员分别在深圳、广州、河源等地同步开展查缉，17 名犯罪嫌疑人半小时内全部到案。同时，缉私人员在现场查扣了走私中的6货柜化妆品，重量达67吨，化妆品涵盖世界各知名品牌。

在这起案件中，走私团伙瞄准了跨境电商模式针对个人消费者“关税全免，增值税、消费税七折”的优惠政策，利用全国通关一体化的申报便利性，通过非法收集来的公民个人隐私信息，制作虚假的“三单”单证，逃避海关监管，给国家造成了巨大的税收损失，同时也严重损害了公民的个人隐私权益，扰乱了整个跨境电商进出口市场的秩序。

资料来源：深圳海关缉私局 . 深圳海关缉私局破获案值逾 2 亿元特大跨境电商渠道走私化妆品案［EB/OL］.（2021-12-11）［2023-02-13］.https://www.163.com/dy/article/GQU8VUCV0551SI3J.html.

项目三

跨境电子商务平台

学习目标

- 了解跨境电子商务平台的基本概念及特点；
- 掌握亚马逊平台规则和注册流程；
- 掌握全球速卖通平台规则和注册流程；
- 掌握 Shopee 平台规则和注册流程；
- 掌握跨境电子商务独立站的定义、运营和注册流程。

思维导图

- 跨境电子商务平台
  - 知识点
    - 跨境电子商务平台体系
    - 跨境电子商务平台分类
    - 跨境电子商务平台赢利模式
    - 亚马逊平台
    - 全球速卖通
    - Shopee
    - 跨境电子商务独立站
  - 技能点
    - 理解跨境电子商务不同平台的区别
    - 掌握跨境电子商务平台的注册方法

项目导入

制造企业“出海”闯新路

近年来，我国跨境电商规模飞速增长，促进了外贸转型升级。跨境电商已成为制造业出口的新途径，市场前景广阔。天津作为我国北方首个跨境电商试点城市，拥有成熟的物流网络、丰富的航线资源，并拥有跨境电子商务综合试验区、跨境电商 B2B 出口监管试点等政策优势。

2021年，天津跨境电商出口交易额96.75亿元，是2020年的7倍，位居全国第4位，其中B2B出口商品额中，天津生产型企业占比超过90%。借力跨境电商，越来越多的“中国制造”走出国门。

在跨境电商发展初期，大部分企业会选择在亚马逊、阿里巴巴国际站等知名平台开通店铺进行贸易活动。但随着越来越多企业加入赛道，平台弊端凸显，拥有丰富外贸经验的企业纷纷“自立门户”，转向了“自建站”的发展模式。所谓“自建站”，就是企业自行搭建或通过第三方专业公司搭建的跨境电商网站。

创立于1957年的大桥电焊条，以产品应用于武汉长江大桥而得名。1997年改制后，大桥集团在天津西青区设立了1 800亩焊材生产基地，并相继在新疆、甘肃、湖南、江苏等地设立了分厂，年产各类焊接材料150万吨。2018年大桥集团进入电商领域，品牌逐渐传播到巴西、委内瑞拉、阿根廷、厄瓜多尔等130多个国家和地区，发展了超百个跨境电商客户。从开网店到强品牌，再到如今自建站点，大桥人最深的感触是要让消费者不断加强对企业品牌的认知，这才是跨境电商逐渐做大的关键。

2020年年底，墨西哥人阿里克赛在网上看到了大桥电焊条的主页，随后与大桥集团方面进行了多次交流。经过多次视频沟通，阿里克赛订购的4个集装箱共100吨电焊材料从天津港码头启航运往墨西哥。

作为一家制造业企业，大桥集团选择建设独立站的原因在于制造企业大多有规模、懂技术，资金实力雄厚，关键是要树立品牌意识，将品牌转化为流量，打造属于自己的网络销售体系。在实际建站过程中，企业也面临着缺少专业人才、网络推广意识不强、初期流量匮乏等困难。在此过程中，大桥集团还面临着品牌被抢注的危机。几年来，企业通过法律和谈判等手段，已经撤销了10多个国家的品牌抢注行为，并在60多个国家完成了品牌注册。

项目任务书

表3-1 项目任务书

任务编号	分项任务	职业能力目标	知识目标	参考课时
任务一	跨境电子商务平台概述	能区分跨境电子商务平台的不同种类	1. 了解跨境电商平台的定义； 2. 了解跨境电商平台的分类	1
任务二	跨境电子商务平台介绍	1. 能够识别不同的跨境电子商务平台；	1. 了解亚马逊平台简介、特点与优势、收费标准和注册流程； 2. 了解全球速卖通平台简介、特点与优势、收费标准和注册流程；	1～2

续表

任务编号	分项任务	职业能力目标	知识目标	参考课时
任务二		2. 能够独立主持成为亚马逊、全球速卖通、Shopee 的卖家	3. 了解 Shopee 平台简介、特点与优势、收费标准和注册流程； 4. 了解跨境电商独立站的发展、特点与优势、收费标准和注册流程	1～2
职业素养目标	1. 具有创新精神； 2. 培养善于沟通的团队协作精神； 3. 强调平台规则意识，培养良好的跨境电子商务职业操守和职业道德			

任务一 跨境电子商务平台概述

任务描述

小白入职了一家主营婚纱的电子商务企业，准备涉足跨境电子商务领域，老板让小白对当前跨境电商第三方平台进行调研。小白决定从当前的主流跨境电商平台亚马逊、速卖通、Shopee 等平台入手，调研它们特点、优劣势、收费标准和注册流程。

相关知识

2021 年 9 月 4 日是深圳龙岗跨境电商运营中心正式运营一周年的日子。一年来，通过该中心清关的出口跨境电商包裹数量达到 9 354 万件，出口货值累计 14.3 亿美元，业务发展态势稳步向上。作为深圳东部第一个跨境电商通关监管场所，龙岗跨境电商运营中心填补了深圳东部跨境电商发展的短板，充分发挥了通关核心节点作用，为深圳东部地区及周边跨境电商企业带来了“家门口”的通关服务，这也是深圳海关贯彻落实中央“稳外贸、稳增长”要求，推进粤港澳大湾区建设、促进跨境贸易新业态高质量发展的重要举措。在通关效率的提升带动下，龙岗跨境电商业务量持续增长，优势资源不断汇聚，发展动能持续提升。目前，全球主流电商平台亚马逊、速卖通、eBay、Shopee、Wish 均在龙岗跨境电商运营中心发运跨境电商货物。

一、跨境电子商务平台体系

跨境电子商务在诸多扶持政策的支持下迅猛发展。跨境电商要规范、富有效率地运营下去，离不开跨境电子商务平台体系的共同支持。跨境电子商务平台体系包括跨境电子商务第三方平台、跨境物流平台、跨境支付平台、跨境政务服务平台。

（一）跨境电子商务第三方平台

跨境电子商务第三方平台是指为从事进出口贸易的企业或个人提供线上产品展示、咨询服务及网上交易洽谈的虚拟网络空间，是协调整合信息流、物流、资金流以使其有序高效流动的重要场所，是保障跨境贸易顺利进行的平台企业。通过跨境电商平台提供的网络基础设施，支付平台、安全平台和管理平台等共享资源能够有效、低成本地开展跨境贸易活动。目前，比较主流的出口跨境电商 B2C 平台有亚马逊、eBay、速卖通、Wish 等；进口跨境电商 B2C 平台主要有网易考拉海购、天猫国际、唯品国际、京东全球购等。跨境电商 B2B 平台主要有阿里巴巴国际站、敦煌网等。东南亚跨境电商平台 Lazada、Shopee 等的发展势头也不可小觑。

（二）跨境物流平台

由于海关有“三单独立推送”的监管要求，跨境物流平台是跨境电子商务中必不可少的环节。跨境物流平台的经营主体是符合关检要求资质的物流公司，具备与关检系统对接的 B2B2C 报关系统以及暂存货物的保税仓等配套部分。目前，海外建仓已经成为跨境电子商务发展的一大潮流，一些规格比较大的产品也开始逐渐被纳入跨境电商的经营范围。

（三）跨境支付平台

跨境支付平台，是指基于互联网技术实现跨境支付，具有跨境支付牌照的支付机构。跨境支付平台是接收消费订单，产生支付信息，对接关检系统的重要组成部分。此外，跨境支付平台向海关独立推送的支付信息，必须经过海关设定的报关单、物流运单、支付清单三单核对验证通过后才可以清关。

（四）跨境政务服务平台

跨境政务服务平台是为跨境外贸企业进出口通关提供便利服务的系统性平台。与传统外贸流程一致，跨境电子商务同样需要“关”“检”“税”“汇”等 4 个部门的支持。目前跨境政务服务平台由海关和国检（国家出入境检验检疫机构）两个部门接入和监管。

二、跨境电子商务平台分类

不同的跨境电商平台，其运营方式不同，具体可以分为自营型跨境电商和平台型跨境电商。

（一）自营型跨境电商

自营型跨境电商，通过在线上搭建平台，平台整合供应商资源，以较低的竞价采购商品，然后以较高的售价出售商品，主要以商品差价作为赢利模式。自营型跨境电商的代表性企业有兰亭集势、聚美优品、米兰网等。

自营型跨境电商的主要特征为：（1）开发和运营跨境电子商务平台，并作为商品购买主体从境外采购商品和备货；（2）涉及商品供应、销售、售后整条供应链。

自营型电商的优势主要有：（1）电商平台与商品都是自营的，掌控能力较强；（2）商品质量保障性高，商品信誉度好，消费者信任度高；（3）货源较稳定；（4）跨境物流关境和商检等环节资源稳定；（5）跨境支付便捷。其劣势主要有：（1）整体运营成本高；（2）资源需求多；（3）运营风险高；（4）资金压力大；（5）商品滞销、退换货等问题显著。

（二）平台型跨境电商

平台型跨境电商，通过线上搭建商城，整合物流、支付、运营等服务资源，吸引商家入驻，为其提供跨境电商交易服务。同时，平台以收取商家佣金以及增值服务佣金作为主要赢利模式。平台型跨境电商的代表性企业有亚马逊、速卖通、敦煌网、阿里巴巴国际站等。

平台型跨境电商的主要特征表现为：（1）交易主体提供商品交易的跨境电商平台，并不从事商品的购买与销售等相应交易环节；（2）国外品牌商、制造商、经销商、网店店主等入驻该跨境电商平台从事商品的展示、销售等活动；（3）商家云集，商品种类丰富。

平台型跨境电商的优势和劣势也较为鲜明。其优势表现为：（1）商品的货源广泛；（2）商品种类繁多；（3）支付方式便捷；（4）平台规模较大，网站流量较大。其劣势表现为：（1）跨境物流、关境与商检等环节缺乏自有的稳定渠道，服务质量不高；（2）商品质量保障性差，易出现各类商品质量问题，从而导致消费者信用度偏低。

上述跨境电商平台的划分并非绝对，不少跨境电商平台正呈现相互渗透的发展趋势，而且从多样化的分类角度可以看出，围绕跨境电子商务产业链，我国跨境电子商务平台正百花齐放，全面铺开。

三、跨境电子商务平台的赢利模式

（一）跨境电子商务平台的赢利模式类型

（1）会员制收费模式。会员制是指入驻平台的企业通过缴纳会员费优先享有平台提供的众多优惠。如产品优先发布、产品优先推广的机会等。

（2）增值服务模式。增值服务模式也称有偿服务模式。如平台通过提供产品曝光的旺铺服务，吸引入驻企业付费获取相应的增值服务。

（3）资金服务模式。资金服务指平台与银行合作，对平台入驻企业提供网络联保贷款服务。

（4）广告收费模式。广告收费是指入驻平台的企业通过图片、文字、动画或视频等形式，依靠受众广泛的专业网站传播自身的商业信息。其中广告中可以通过设置链接，引导消费者到达指定网页。网页广告具有针对性较强、价格低廉和传播范围广的优势，是平台赢利的主要因素。

（二）常见平台的赢利模式

不同跨境电商平台的赢利模式不尽相同。

1. 阿里巴巴的赢利模式

微学习

阿里巴巴速卖通首获 ISO 27701 国际顶级认证

（1）会员付费模式。阿里巴巴平台的会员分为中国供应商和诚信通会员两种，不同会员每年缴纳的会员费也不相同。会员付费模式是阿里巴巴主要的赢利模式之一。

（2）创新增值服务模式。阿里巴巴推出的增值服务主要有关键词服务、通信软件、贸易通、关键词、竞价服务、阿里认证、客户品牌、推广展位服务、提供商业贷款、旺铺服务和橱窗推荐等。增值服务的目的在于吸引入驻企业主动付费以扩大产品的销售机会。

2. 亚马逊的赢利模式

（1）会员收费模式。平台会员收费即平台月租费。平台根据每月销售物品的种类、数量，将入驻企业划分为专业卖家和个人卖家，然后收取平台月租费。其中，个人卖家无须支付月租费。

（2）成交手续费。专业卖家无须缴纳商品成交手续费，个人卖家需按商品的数量缴纳商品成交手续费。

（3）物流费用。入驻企业若采用 FBA（亚马逊物流服务）功能，则按照 FBA 相关标准支付费用；入驻企业若采用自主配送方式，则按照物品类别和运输方式向平台支付费用。

（4）可变结算费。对于诸如音乐、软件和视频游戏等媒体类商品，入驻企业需要为成功售出的每件商品支付 1.35 美元的可变结算费。

（5）大批量刊登费。平台规定每月可发布 200 万美元的 SKU 库存量单位，一旦超出 200 万美元，就需要为超出的 SKU 支付大批量刊登费，其中每个 SKU 的费用为 0.000 5 美元。

（6）退款手续费。由于卖家原因取消订单，卖家需要向平台支付一定的退款手续费。

学而思

活动讨论 1：简述跨境电子商务平台的赢利模式。

活动讨论 2：简述亚马逊的平台模式及其优势。

思而行

实训任务：上网收集有关跨境电商平台的赢利模式

【实训目的】

利用搜索引擎，研究相关跨境电商平台的赢利模式和收费条款。

【实训内容】

收集表 3-2 中跨境电子商务平台的相关信息。

表 3-2 跨境电子商务平台经营特点、赢利模式及收费条款

平台名称	经营特点	赢利模式	收费条款
eBay			
Wish			
敦煌网			
Lazada			

【任务评价】

任务评价表如表 3-3 所示。

表 3-3 任务评价表

项目	学习态度（20%）	团队合作情况（20%）	步骤完成情况（50%）	其他表现（10%）	小计（100%）	综合评价
个人评分（20%）						
小组评分（30%）						
教师评分（50%）						
综合得分（100%）						

任务二 跨境电子商务平台介绍

任务描述

小白新入职一家主营婚纱的电子商务企业，老板让小白对当前跨境电商第三方平台进行调研。小白决定从当前的主流跨境电商平台亚马逊、速卖通、Shopee 入手，调研这些平台的特点、优劣势、收费标准和注册流程。

相关知识

亚马逊封号潮

2021 年 4 月 29 日，亚马逊头部大卖家帕拓逊旗下品牌 Mpow 被封号。其后五、六月份，大量亚马逊卖家纷纷“中枪”，尤其是诸多头部大卖家遭遇“清算日”，负面新闻不断。封号事件涉及约 1 000 家企业，5 万多个账号，预估损失超过千亿元，其中电商账户被冻结金额从数千万美元至数亿美元不等。

9 月 17 日，亚马逊亚太区相关负责人回应了封号事件。她表示在过去五个月，亚马逊关闭了约 600 个中国品牌的销售权，涉及这些品牌的约有 3 000 个卖家账户，包括消费电子、日用、家居和运动类商品，被封账号无法解封，并非针对中国卖家。

在这次封号事件中，亚马逊提供的理由主要是商家的违规操作，包括“操纵评论”“刷单”“违规账号关联”等。

一、亚马逊

（一）亚马逊平台简介

亚马逊是美国最大的一家电子商务公司，成立于 1995 年，是全球最早开始经营电子商务的公司之一。亚马逊最初只是一个销售书籍和音像制品的网上书店，2000 年开始通过品类扩张和国际扩张，致力于成为全球最大的网络零售商，用户多为国外中高端消费群体。目前，亚马逊已成为全球商品品种最多的网上零售商和全球第二大互联网企业，也是全球第一个 B2C 电子商务平台。近几年中国卖家纷纷入驻亚马逊开展海外贸易，并取得了令人瞩目的成绩。

微学习

亚马逊平台的注册流程

亚马逊及其他销售商为客户提供数百万种独特的全新、翻新及二手商品，如图书、影视、音乐、游戏、数码产品、电脑、家居、园艺用品、婴幼儿用品、食品、服饰、鞋类、珠宝、健康和个人护理用品、体育及户外用品、玩具、汽车及工业产品等。亚马逊平台首页如图 3－1 所示。

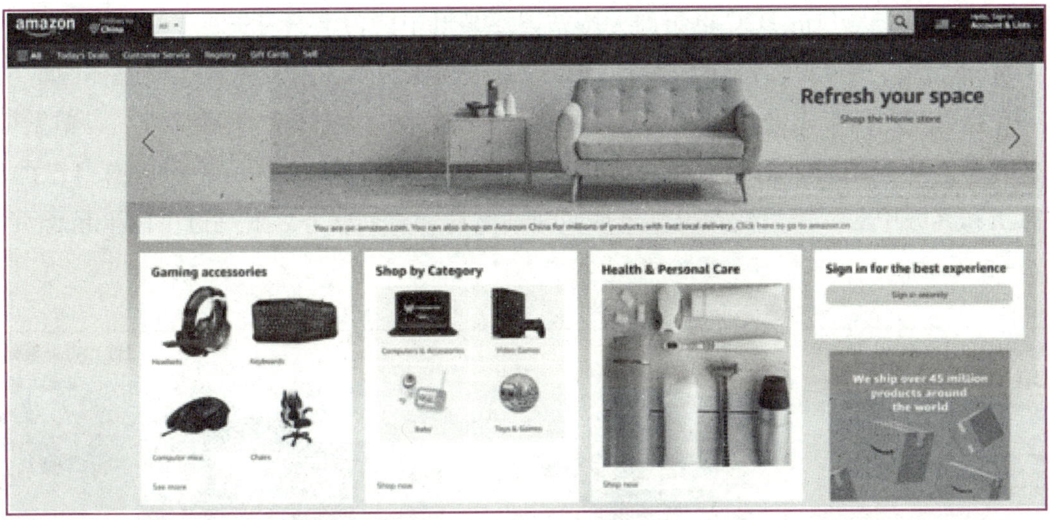

图 3－1 亚马逊平台首页

在所有的第三方跨境电商平台中，对卖家要求最高的是亚马逊，它不仅要求卖家的产品质量必须有优势，而且必须有品牌，亚马逊鼓励用户自助购物，将用户对于售前客服的需求降至最低，要求卖家提供非常详细、准确的产品介绍文字和图片。

亚马逊支持货到付款，并且拥有自己付费会员群体 Amazon Prime。每年支付 99 美元的会员费，Amazon Prime 会员就能享受免运费、两日送达服务（个别商品除外），还能够通过亚马逊观看海量电影和电视剧，并享受金读（Kindle）电子书资源服务。据统计，

93% 的亚马逊会员表示对服务质量感到满意，并打算继续使用该服务，这一庞大的会员人群，主要为国外的高端消费群体，他们是亚马逊最具有价值的财富之一。

亚马逊物流可为商户提供物流和仓储配套服务，但会收取一定的费用。要使用亚马逊的物流服务，卖家需要自行将商品进口到开店的各个海外国家，并储存在相应的亚马逊物流中心，由亚马逊来完成配送，虽然亚马逊仓储物流的收费标准高于一般的仓储公司，但由于亚马逊物流得到了买家较高的认可，不少买家都愿意支付更多的费用来使用亚马逊物流，在同等条件下亚马逊物流卖家的曝光率高于普通卖家，抢到购物车的概率也更高，并且使用亚马逊物流服务的卖家所得到的任何由物流带来的中差评都可以由亚马逊帮助移除。

目前，除美国站外，亚马逊在全球有 14 个分站，分别是中国、加拿大、巴西、墨西哥、英国、墨西哥、法国、德国、西班牙、意大利、日本、荷兰、印度、澳大利亚。

2012 年亚马逊将全球开店的项目引入中国，致力于将中国最优秀的企业、最优秀的卖家引入亚马逊海外站点，让中国卖家直接面对海外消费者。中国卖家只要将相关资料提交给亚马逊招商团队，就能直接在这些海外市场上进行产品销售。

亚马逊中国原名卓越亚马逊，是全球领先的电子商务公司。亚马逊中国坚持以“客户为中心”的理念，致力于低价选品，为消费者打造一个可以信赖的网上购物环境。作为一个具有领先地位的 B2C 电子商务网站，亚马逊中国为消费者提供了 32 个大类、成千上万种产品，通过货到付款等多种支付方式，为消费者提供便捷的网上购物体验。

亚马逊中国拥有先进的运营网络，主要负责厂商收货、仓储、库存管理、订单发货、调拨发货、客户退订、返厂、商品质量安全等工作。同时，亚马逊中国拥有自己的配送队伍和客服中心，为消费者提供更加便捷的配送和售后服务。亚马逊中国平台首页如图 3－2 所示。

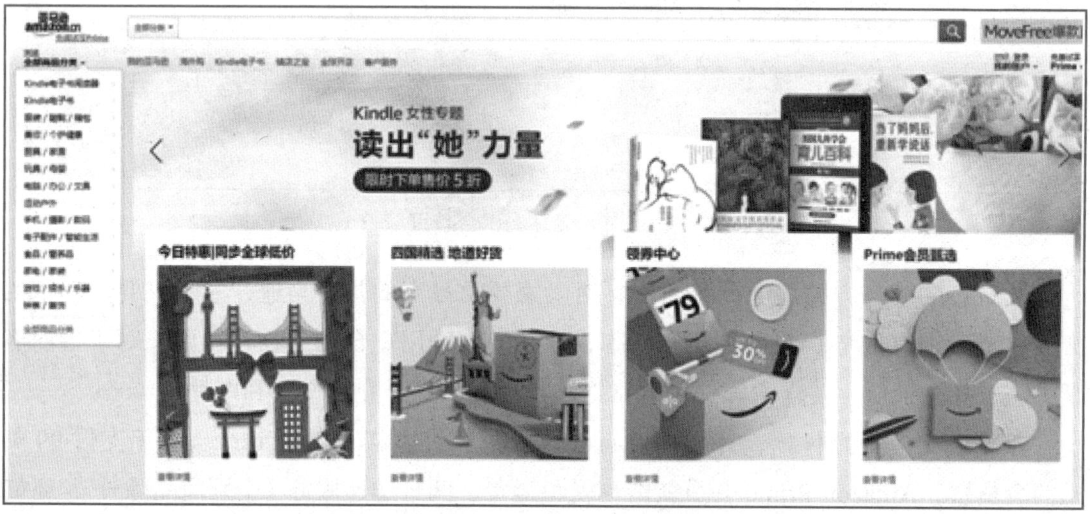

图 3－2　亚马逊中国平台首页

（二）亚马逊平台的特点

（1）亚马逊平台不提供任何拍卖模式的服务，产品只以定价方式销售。其产品以展示搜索及分类的形式展示。

（2）亚马逊平台采取“宽进严出”的管理方式，个人和企业都可以在其平台上开店。除了一些类目需要卖家具备一定条件并向亚马逊申请之外，其他类目完全向卖家开放，而且亚马逊允许卖家销售旧的或者维修过的产品。相对于进入门槛，亚马逊对卖家的管理较为严格。无论是个人卖家还是企业卖家，都必须遵守亚马逊的全方位保障条款，若消费者权益受到侵害，将会得到亚马逊的全力支持。

（3）亚马逊平台采取以产品为中心的结构。亚马逊不为店铺开辟专门的二级域名，大多数店铺的首页就是产品列表，以此淡化店铺，确保亚马逊平台的统一品牌形象。此外，亚马逊在展示产品信息时也尽量去个性化，尤其是那些标准化的产品，平台为卖家提供统一的产品详情页面，其页面信息一般遵循品牌厂商对产品的介绍。统一的产品详情页在很大程度上节省了卖家的工作量，也减少了卖家利用不实介绍来促成交易的情况，引导卖家将精力和时间放在价格、配送、售后服务等方面。

（三）亚马逊平台的优势

（1）丰富的网站流量。亚马逊平台建有网站联盟，几乎包括所有的主流互联网网站，联盟网站能为亚马逊平台导入流量，之后亚马逊平台通过自身优质的服务留住客户，形成正向循环。

（2）优质的仓储物流服务。亚马逊平台的 Amazon Prime 会员能够享受 2 天送达的物流服务，随着仓储中心范围的扩大，亚马逊平台甚至已经实现商品 1 天送达。平台面向卖家的物流服务，在为卖家减少成本的同时，还能确保亚马逊平台质量的一致性，无论是对卖家还是对买家都具有吸引力。

（3）支付服务和技术实力强大。亚马逊平台拥有自己的支付服务技术，在电商领域具有领先地位。亚马逊平台注重现金流，资金实力强大，能够在短期内完成与卖家的结算。

（四）亚马逊平台的收费标准

卖家在亚马逊平台售卖商品，需要向平台支付相应的费用，亚马逊平台各站点的收费标准有所不同，以亚马逊美国站为例，亚马逊平台的费用包括月租费和销售佣金。

（1）月租费。亚马逊平台卖家分为专业卖家和个人卖家两种类型。专业卖家每月需要支付 39.9 美元的月租费（第一个月免费），个人卖家无须支付月租费。

（2）销售佣金。不同品类的销售佣金百分比和按件最低佣金都有不同的规定。销售佣金将按单价 × 销售佣金和按件最低销售佣金两者中较高者收取。

例如：一件母婴产品的单价为 5 美元，其销售佣金为 15%，其按件最低销售佣金为 1 美元，由于 5 美元 ×15%=0.75 美元，因此此件母婴产品的销售佣金为 1 美元。

二、速卖通

（一）速卖通平台简介

微学习

速卖通的注册流程

速卖通于 2010 年 4 月正式上线，是阿里巴巴旗下面向全球市场打造的跨境电商出口平台，也是帮助中小企业接触终端批发零售商、小批量多批次快速销售、拓展利润空间而打造的融合订单、支付、物流于一体的外贸在线交易平台。发展初期，速卖通以 C2C 为主，个人也可以注册开店，被广大卖家称为“国际版淘宝”。2014 年，阿里巴巴在美国上市之后启动了国际化战略，速卖通开始涉足跨境电商领域。在 2016 年收购东南亚电商平台 Lazada 之后，流量开始上升，目前已经成为世界第三大跨境电商平台。

历经几年的高速发展，速卖通成为中国最大的跨境 B2C 出口平台，现有买家超过一亿，覆盖全球 230 个国家。

速卖通的发展过程基本可以分为以下三个阶段。

第一阶段为快速发展初期（2009—2012 年）。在这一阶段速卖通上线，引入了海量商品；全面开放，所有用户免费注册运营，单笔收取交易总额 5% 左右的佣金。市场从以美国为重点调整为重点发力俄罗斯、巴西市场。

第二阶段为中期调整阶段（2013—2015 年）。在这一阶段速卖通重视物流、系统、规则等服务体系优化，陆续关闭淘代销工具，鼓励精细化运营；个别类目逐步出台 3 万～ 5 万元不等的年费政策，部分行业类目实行招商准入。

第三阶段为逐步提高门槛，推进品牌化、品质化阶段（2016 年至今）。2016 年新规出台，梳理了类目并且全面引入 1 万～ 10 万元不等的年费制度；加强对于商家服务的指标考核，增加考核不达标即关店机制。2016 年开始实施 B2C 战略，2016 年 8 月上线品牌战略。仅仅用了半年时间，速卖通迅速完成了从 C2C 到 B2C 的全面转型。2017 年速卖通又出台新规，启动全行业商标化，清理个人账户，新用户注册只接受企业身份，并引入了品牌封闭管理机制。

（二）速卖通平台的特点与优势

（1）市场广。覆盖 230 个国家和地区，支持世界上 18 种语言。

（2）流量大。App 装机量过 3 亿，Alexa 排名第 41 位，流量巨大，发展速度较快。

（3）评价好。在 100 多个国家的应用市场购物榜单中排名靠前，深受各国用户喜欢。

（4）门槛高。新用户注册需要企业资质、英文商标、缴纳年费，平台还引入了品牌封闭管理机制。

（5）竞争激烈。对卖家而言，所售商品在保证质量的同时在价格上也要有优势，商品的营销推广非常重要。

目前，在俄罗斯、美国、西班牙、巴西、法国这 5 个国家的速卖通成交额已经占到平台总额的 2/3。在速卖通平台上，销售最好的支柱行业有 22 个，承担了平台上 95% 的交易额。

（三）速卖通平台的收费标准

（1）年费。2010—2015 年，卖家在速卖通平台上开店是免费的，平台只收取交易佣金，根据客户推广的特殊需求收取相关费用。但从 2016 年开始，速卖通宣布全面转型 B2C，推出了年费制度和年费返还措施。2016 年之前每个速卖通账号只准选取一个经营范围经营，并可在该经营范围下经营一个或多个大类。经营到自然年年底，拥有良好的服务质量及不断壮大经营规模的优质店铺将有机会获得年费返还奖励。根据不同类目，店铺如果达到所规定的年销售额（美元），可以返还 50% 或 100%。速卖通部分品类技术服务年费如表 3－4 所示。

表 3－4　速卖通部分品类技术服务年费

单店经营范围	经营大类	技术服务年费（人民币）	返 50% 年费对应年销售额（美元）	返 100% 年费对应年销售额（美元）
服装服饰	服装服饰	10 000	15 000	45 000
箱包鞋类	箱包鞋类	10 000	12 000	35 000
珠宝饰品及配件	珠宝饰品及配件	10 000	10 000	30 000
手表	手表	10 000	18 000	55 000
婚纱礼服	婚纱礼服	10 000	25 000	50 000
美容美发	护肤品	10 000	15 000	30 000
	美容健康	10 000	18 000	53 000
假发零售业开店	假发零售业开店	50 000	—	150 000
家居、家具	家居、家具	10 000	15 000	45 000
家用电器	家用电器	10 000	20 000	55 000
运动、娱乐	运动鞋服包 / 户外配附	10 000	12 000	35 000
	骑行 / 渔具	10 000	15 000	45 000
	平衡车	30 000	18 000	36 000

续表

单店经营范围	经营大类	技术服务年费（人民币）	返 50% 年费对应年销售额（美元）	返 100% 年费对应年销售额（美元）
3C 数码	手机配件、通信	10 000	15 000	40 000
	电脑、办公	10 000	—	—
	消费电子	10 000	—	—
	安防	10 000	15 000	40 000
	平板	10 000	60 000	120 000
	手机	30 000	45 000	100 000
汽摩配	汽摩配	10 000	36 000	72 000

（2）交易佣金。卖家在速卖通经营需要按照其订单销售额的一定百分比缴纳佣金。卖家各类目交易佣金标准不同，有的类目为订单金额的 8%，有的类目为订单金额的 5%。

（3）2020 年，速卖通将年费改为保证金，申请入驻的新卖家无须向平台缴纳年费，但应按照卖家规则提供保证金。卖家在申请入驻经营大类时，应指定缴纳保证金的支付宝账号并保证其有足够的余额。平台将在卖家的入驻申请通过后通过支付宝冻结相关金额，如果支付宝内金额不足，权限将无法开通。保证金按卖家店铺入驻的类目（经营大类）收取，收取标准参照现有的年费标准。如果店铺入驻多个类目（经营大类），则保证金为多个类目（经营大类）中的最高金额，不做叠加。

如果卖家出现违规情况，速卖通平台会进行保证金处罚，扣去相应的罚款。速卖通保证金扣款规则如表 3－5 所示。

表 3－5　速卖通保证金扣款规则

违规类型	违规场景	违约金金额及其他处罚
违规扣分	因知识产权严重违规累计 2 次	3 000 元人民币
	知识产权禁限售违规累计 24 次	3 000 元人民币
	知识产权禁限售违规累计 36 次	5 000 元人民币
	因商品信息质量违规扣分，每被扣 12 分时	500 元人民币
	因知识产权禁限售违规、交易违规及其他、知识产权验证违规被扣 18 分或直接关闭账号的	违约金金额为保证金金额
违反虚假发货规则	构成虚假发货规则的一般违规，每被扣除 2 分	500 元人民币
	构成虚假发货规则的验证违规，每被扣除 12 分	1 000 元人民币
违反成交不卖规则	构成成交不卖规则的一般违规，每被扣除 2 分	500 元人民币
	构成成交不卖规则的严重违规，每被扣除 12 分	1 000 元人民币

三、虾皮（Shopee）

（一）Shopee 平台简介

微学习

Shopee 的注册流程

Shopee 自 2015 年在新加坡成立以来，其业务范围辐射新加坡、马来西亚、菲律宾、泰国、越南、巴西等 10 余个市场。Shopee 拥有的商品种类包括电子消费品、家居、美容保健、母婴、服饰及健身器材等。2016 年 Shopee 在深圳设立总部，全面开启中国跨境业务。

2018 年 Shopee 在全球 C2C 购物类 App 中下载量排名第一，Shopee 凭借 PC 端和移动端共 1.84 亿次访问，成为 2019 年第一季度东南亚地区访问量最大，且唯一流量呈正增长的电商平台。2020 年 Shopee 总订单量达 28 亿，同比增长 132.8%。

根据权威移动数据分析平台 App Annie 的统计，2020 年 Shopee 蝉联东南亚地区市场购物类 App 年度总下载量、平均月活数、安卓用户使用总时长三项冠军；2021 年第三季度，Shopee 获谷歌应用商店全球购物类 App 用户使用总时长第一，总下载量和平均月活数第二。

Shopee 中国跨境业务同样亮眼，2020 年底 Shopee 海外仓总单量涨至年初 36 倍；“双 11”大促，Shopee 中国海运渠道发货商品数较平日上涨 60 倍，“双 12”大促，Shopee 中国跨境新卖家单量更攀升至平日 15 倍。Shopee 致力于构建一站式跨境出海方案，以领航东南亚各市场的区域影响力，打造 SLS 物流服务、小语种服务和支付保障的技术硬实力，整合流量、孵化、三方资源的运营软实力，成就每一种出海可能。

（二）Shopee 平台的收费标准

目前 Shopee 入驻门槛比较低，开店的成本很低。平台不需要卖家缴纳保证金，在订单成交之后，平台才会收取卖家一定费率的成交佣金。Shopee 平台收费包括交易手续费和佣金两部分。交易手续费费率是订单金额（包括买家支付运费）的 2%，是每一个卖家都需要缴纳的一项费用，主要用于支付给交易清算服务商。佣金是针对已完成交易的订单收取的（不包含运费在内）。Shopee 的成交佣金是根据店铺上月的销售总额计算的，店铺订单完成总金额越高，平台收取的佣金费率就越低。Shopee 平台 2019 年的收费标准如表 3－6 所示。

表 3－6　Shopee 平台 2019 年的收费标准

等级	上月已完成订单总额	费率
1 级	≥ 100 万美元	5%
2 级	≥ 50 万美元	5.5%
3 级	＜ 50 万美元	6%

Shopee 店铺上月完成的订单总额不包含订单运费；佣金收取的费率适用于下一个月 16 日开始后的一个月，如店铺在 8 月 16 日—9 月 15 日的订单总金额为 95 万美元，那么就收取 5.5% 的佣金，9 月 16 日—10 月 15 日订单总金额为 100 万美元，那么就收取 5% 的佣金。

Shopee 平台交易手续费和佣金是相互独立的。此外，入驻 Shopee 平台的新手卖家，每开通一个站点，均可以享受前三个月免佣金的优惠政策。

四、跨境电商独立站

跨境电商独立站是指不依托第三方跨境电商平台，卖家建立自己专属的独立网站，拥有独立的域名、独立的服务器的运营模式。传统电商都是依托于第三方平台来运营的，第三方平台有较高的知名度，自带流量，卖家不需要在站外做推广引流，但也存在流量竞争激烈、运营成本高、受平台政策制约的缺点。在亚马逊“封号潮”等的刺激下，许多卖家纷纷尝试跨境电商独立站的运营模式。独立站成为移动化、社交化和内容营销三大趋势下新的出口增长渠道。目前，市场上有超过 120 种不同的自建站平台，排名比较靠前的有 Shopify、FunPinPin、BigCommerce、Volusion、Big Cartel 等。下面主要通过介绍 Shopify 自建站平台来介绍跨境电商独立站的发展。

（一）Shopify 简介

Shopify（首页见图 3－3）是由托比 · 鲁特克（Tobi Lütke）创办的跨国电子商务软件

图 3－3　Shopify 首页

开发商，总部位于加拿大首都渥太华。Shopify 是为电商卖家提供搭建网店的技术和模板，管理全渠道的营销、售卖、支付、物流等服务的一站式 SaaS（软件即服务）电商服务平台。

（二）Shopify 的发展历程

2004 年：托比·鲁特克上线自己的滑雪装备网店 Snowdevil，这是 Shopify 的前身。

2006 年：Shopify 正式对外发布。

2009 年：Shopify 推出了应用程序编程接口（API）平台和 App Store，商家可以利用第三方开发者的工具进一步定制自己的网店。这一年 Shopify 平台上的零售商共计销售额达到 1 亿美元。

2011 年：Shopify 进行 B 轮融资，获得 1 500 万美元的资金支持，同年 Shopify 为 80 个国家的 15 000 家商店提供支持。

2012 年：Shopify 在 90 个国家和地区发展至 40 000 家商店，销售了价值达 7.4 亿美元的产品。

2014 年：Shopify 的市值在年底前约为 10 亿美元，拥有超过 100 000 家商店和多达 37 亿美元的销售额。

2018 年：仅在 11 月 24 日至 26 日的整个“黑五”购物周末，Shopify 商家集体就赚取了超过 15 亿美元的销售额。

2020 年：Shopify 推出了一个名为 Shop 的新应用程序，消费者可以在应用程序中查看和跟踪 Shopify 卖家的每笔订单，且 Shop 应用程序还允许用户关注店铺并直接从该程序中购买商品。

2022 年 1 月 18 日，京东集团与 Shopify 达成战略合作。

（三）Shopify 的收费标准

与第三方跨境电商平台的收费相比，卖家在 Shopify 建立独立站的成本具有较大优势，不仅减少了向第三方平台的交易佣金或年费，支付端的服务费也相对低廉。目前，Shopify 的收费主要包括月租费、交易费用、Shopify 主题费用、收款费用。Shopify 的收费标准如表 3－7 所示。

微学习

Shopify 的注册流程

表 3－7 Shopify 的收费标准

费用细目	收费标准		
免费期	Shopify 为新注册的卖家提供 14 天的免费试用期		
月租费	Basic Shopify Plan	Shopify Plan	Advanced Shopify Plan
	29 美元	79 美元	299 美元

续表

费用细目	收费标准
交易费用	卖家使用 Shopify Payment 作为支付方式，不需要支付交易费用，其他支付方式的卖家会被收取 0.5% ～ 2% 的交易费
Shopify 主题费用	Shopify 官方推出了 10 款免费主题，除此之外的 60 多款主题均需付费
Shopify 收款费用	Shopify 收款费用是信用卡公司收取的手续费，目前国内 Shopify 卖家多用 PayPal 和 Stripe 收款

学而思

活动讨论 1：请对比分析亚马逊和速卖通的收费标准。

活动讨论 2：简述跨境电商独立站的优缺点。

拓展阅读

Shopee：泰国电商增长迅猛

根据社交媒体研究机构 We Are Social 和咨询机构 Kepios 的报告，2021 年泰国约有 3 660 万人通过互联网购买消费品，同比增长 8.7%，总支出为 190 亿美元。

Shopee 泰国高级营销经理 Suchaya Paleewong 表示："尽管经济不景气，但 2022 年泰国电商继续增长，因为线上行为正在泰国顾客中扎根。过去两年的疫情期间，网上消费者的数量迅速增长。在 Shopee 的促销活动中，可以明显看到客户群的扩大。"

在疫情第一年，健康产品和快速消费品是 Shopee 泰国最受欢迎的类别。第二年，家庭生活和园艺产品变得更受欢迎。

Shopee 计划加强营销活动，在现有活动基础上 2022 年又推出了 3.15 促销活动。Shopee 泰国选择了演员黛薇卡 · 霍内（Davika Hoorne）作为品牌大使。

根据 Shopee2022 年 1—2 月的 3 000 万个关键词数据，搜索量最大的产品是架子、挎包和吸尘器。排名靠前的产品类别是家居和生活、美容和个人护理，以及移动通信产品和小工具。热门产品包括墙纸、面膜、智能手机和洗衣球。2020—2021 年，泰国大城市以外的 Shopee 用户有 50% 以上的同比增长。

资料来源：金象电商 .Shopee：2022 年泰国电商将继续增长，1 月至 2 月热搜产品曝光［EB/OL］.（2022-03-10）［2022-04-13］.https://baijiahao.baidu.com/s?id=1726786164321306885&wfr=spider&for=pc.

思而行

实训任务 1：比较亚马逊、全球速卖通、Shopee 三个跨境电子商务平台的优缺点

【实训目的】

（1）了解不同的跨境电子商务平台的优缺点。

（2）能够完成不同跨境电子商务平台的注册。

（3）掌握独立思考和分析问题的方法。

【实训内容】

全班同学每 3 ～ 5 人分成一个小组，每个小组推选一名组长，负责统筹本小组实训工作。每个小组对亚马逊、速卖通、Shopee 三个不同跨境电子商务平台进行调研和比对，比对项目包括但不限于品类、规则、收费模式等，尝试完成实际注册，体验注册过程，并将注册过程记录下来。

【任务评价】

任务评价表如表 3 - 8 所示。

表 3 - 8　任务评价表

项目	学习态度（20%）	团队合作情况（20%）	步骤完成情况（50%）	其他表现（10%）	小计（100%）	综合评价
个人评分（20%）						
小组评分（30%）						
教师评分（50%）						
综合得分（100%）						

实训任务 2：上网收集跨境电子商务建站平台的相关信息

【实训目的】

收集跨境电商企业独立建站的平台网址、收费规则、优缺点等信息。

【实训内容】

收集表中跨境电子商务建站平台，汇总其网址、收费规则，并对比其优缺点。

表 3-9 跨境电子商务建站平台比较

建站平台	网址	收费规则	优点	缺点
FunPinPin				
BigCommerce				
Ecwid				
Volusion				
Big Cartel				

【任务评价】

任务评价表如表 3-10 所示。

表 3-10 任务评价表

项目	学习态度（20%）	团队合作（20%）	步骤完成情况（50%）	其他表现（10%）	小计（100%）	综合评价
个人评分（20%）						
小组评分（30%）						
教师评分（50%）						
综合得分（100%）						

拓展阅读

加拿大电商 Shopify 与电商物流平台 Shippo 达成合作

2022 年 3 月，加拿大电商 Shopify 与电商物流平台 Shippo 达成合作。此后，卖家可直接通过 Shopify 管理运输服务，为卖家提供端到端运输解决方案。据悉，通过此次合作，借助 Shippo 新功能“Shippo for Platforms”的嵌入式主账户和自带运营商功能，Shopify 将能够使用 Shippo 的预先协商费率、综合计费服务，并能够访问超过 85 个运营商合作伙伴的全球网络。

行而悟

素养园地

对亚马逊“封号潮”的思考

2021年初，不少亚马逊的卖家都收到了亚马逊的一封官方邮件，但这封邮件并没有引起很多卖家的注意。邮件的内容为：您的账户有被停用的风险，我们与您联系是因为您似乎违反了Amazon.com的以下一项或多项卖家行为准则要求，影响客户的评分、反馈和评论，操纵销售排名，人为地增加网络流量。

2021年4月，国内跨境电商公司迎来了亚马逊平台史上最严厉的一波“封号潮”。

短短两个月，亚马逊平台上被封店的中国卖家超过5万家，造成行业损失额预计超千亿元。亚马逊封号的原因有以下三个。

1. 其他跨境电商平台的快速崛起与竞争。

在新冠疫情期间，除了亚马逊在快速发展之外，其他跨境电商平台也没有停下前进的脚步，Shopify、沃尔玛线上业务等逐渐抢占亚马逊的市场份额。为了长远的发展，平台只有合规合法化这一条道路可以走。

2. 客户满意度降低，亚马逊启动整治计划。

亚马逊官方表示，2020年，亚马逊方面在顾客看到之前就已经阻止了超过2亿条疑似虚假评论，其中超过99%都是亚马逊方面主动监测发现并移除的。亚马逊方面表示，亚马逊将继续加强主动管控，通过优化流程和工具加大行业协作，并让不良行为者对其行为承担责任。随着客户满意度的降低，社会舆论压力的加大，让亚马逊不再对“滥用评论”的卖家采取忍耐的态度了。

3. “刷单”对广告流量业务造成冲击

随着亚马逊的广告模块逐渐成为平台的主要营收模块后，跨境电商卖家以正规的手段获取流量的成本越来越高，具体表现为广告业务营收增长的提速及广告价格从2021年1月每点击一次0.88美元上涨到5月的1.2美元。由于广告费用的上升，一些中小卖家不愿意支付高额的流量费用，铤而走险地选择一些不合规的方法获取流量，这一方面违背了公平竞争的原则，另一方面也冲击了平台的主营业务。

此轮“封号潮”中，亚马逊展示出强势的市场地位，也开始让市场重新审视跨境电商的发展方向。对绝大多数跨境电商企业来说，亚马逊平台是主战场，一旦被封号，不仅意味着多年的经营成果灰飞烟灭，还要面对业绩下滑以及资金链紧张的巨大风险。卖家对平台的依赖性越大，面临的不确定风险也越大。

2021 年 7 月 22 日，在国新办举行的新闻发布会上，商务部对外贸易司针对“有些商家的行为被认为违反了亚马逊平台的《卖家行为准则》等格式条款，经营受限”一事表态称：这是外贸新业态发展过程中出现的问题，是阶段性的“水土不服”，是“成长的烦恼”。在边学边干、相互学习了解的过程中，商务部希望平台珍惜广大企业作出的重要贡献，充分尊重各类贸易主体，相信平台和企业能够找到既合规又合理的解决之道。跨境电商在发展过程中，不可避免会受到贸易冲突等宏观因素影响，既然要出口，就要接受国际规则。跨境卖家要认真学习和了解国际商业规则，更要知道其背后的潜规则，而这种潜规则实际上是文化和文化之间的碰撞。新冠疫情横扫全球之后，更凸显中国作为世界工厂的地位和作用，阶段性的波动，迫使跨境卖家回归理性，从野蛮生长过渡到精耕细作未尝不是一件好事。

短期来看，亚马逊的合规化将对中国卖家造成较大的压力，但从长远来看，不管是继续留在亚马逊还是转向别的平台，那些合规的、重视产品、重视品牌的中国卖家，将会越发蓬勃。

资料来源：Amoly. 对亚马逊“封号潮”的思考［EB/OL］.（2021-08-16）［2022-04-13］.https://mp.weixin.qq.com/s?_biz=MjM5MzQwMDU4NA==&mid=2654040365&idx=1&sn=e0d24ba0dfd81fa51dfd9eec42239807&chksm=bd52434a8a25ca5c74e185ae267fd5736113e956ad5e6210cda4fed9e40e541533d838fd4d5e&scene=27.

项目四

跨境电商选品

学习目标

- 了解跨境电子商务选品的内涵、作用和原则；
- 熟悉跨境电子商务选品市场调研的主要内容、方法和步骤；
- 掌握跨境电子商务选品的市场调研分析模型及其应用；
- 掌握亚马逊选品的分析思路和基本方法；
- 掌握 Shopee 选品的分析思路和基本方法。

思维导图

- 跨境电商选品
  - 知识点
    - 跨境电子商务选品的内涵和作用
    - 跨境电子商务产品类目划分
    - 跨境电子商务选品原则
    - 跨境电子商务选品市场调研的主要内容
  - 技能点
    - 跨境电子商务选品的市场调研方法和步骤
    - 跨境电子商务选品的市场调研分析模型及其应用
    - 亚马逊选品的分析思路和基本方法
    - Shopee选品的分析思路和基本方法

项目导入

在后疫情时代，跨境电商凭借其线上交易、非接触式交货、交易链条短等优势逆势上扬，成为我国对外贸易领域发展最为迅猛的新兴经济业态。近年来，秉承“携手构建人类命运共同体”和“推动共建‘一带一路’走深走实”的发展理念，国家不断推出鼓励政策和措施，在各地积极构建跨境电商综合试验区，持续推进跨境电商新经济业态的蓬勃发展。

在市场发展和政策扶持等红利因素的影响下，越来越多的中国企业开始涉足跨境电商领域，将中国商品销往世界各地。然而，面对错综复杂的跨境电商市场、种类繁多的商品、各具特色的经营平台，如何有效寻找到具有消费需求并符合店铺管理实际的产品，最终实现店铺运营赢利，成为一道许多新手卖家不得不面对并且必须要迈过的坎。在行业圈子里，甚至流传这样一句话："七分靠选品，三分靠运营。"由此可见，好的选品对于有效运营跨境电商店铺具有至关重要的作用。

项目任务书

表 4-1　项目任务书

任务编号	分项任务	职业能力目标	知识目标	参考课时
任务一	选品基础	了解跨境电商选品的重要性	1. 了解跨境电子商务选品的内涵和作用； 2. 熟悉跨境电子商务产品类目划分的类型	1
任务二	选品原则	能根据跨境电商选品原则，结合店铺的运营实际，把握选品方向	1. 熟悉跨境电子商务选品原则要点； 2. 熟悉跨境电子商务选品原则要点对应的可能影响因素	1～2
任务三	市场调研	能根据跨境电商选品需求开展市场调研，并形成对应的调研分析报告	1. 熟悉跨境电子商务选品调研的主要内容； 2. 熟悉跨境电子商务选品调研的方法和步骤	1～2
任务四	亚马逊选品	能根据第三方跨境电商平台分析工具，结合市场信息，开展亚马逊店铺选品分析	1. 熟悉亚马逊店铺的产品特点； 2. 掌握亚马逊店铺选品分析思路	1～2
任务五	虾皮选品	能根据第三方跨境电商平台分析工具，结合市场信息，开展虾皮店铺选品分析	1. 熟悉虾皮店铺的产品特点； 2. 掌握虾皮店铺选品分析思路	1～2
职业素养目标	1. 树立终身学习的思想意识，不断拓展跨境电商选品领域的新知识和新技能，增强自身对于跨境电商发展变化趋势的洞察力； 2. 培养爱岗敬业和精益求精的工匠精神； 3. 树立知识产权风险规避意识，在跨境电商平台和目标市场开展合规经营； 4. 培养团队合作精神和随机应变能力			

任务一 选品基础

任务描述

小红是某学校跨境电子商务专业学生，为了让自己的职业生涯获得更好的发展，她决定寻找一份与跨境电子商务相关的对口实习工作。为此，小红认真开展前期调研，积极了解跨境电商行业内的企业工作信息和岗位招聘要求。在此过程中，小红了解到，要想做好跨境电商工作，选品是至关重要的一环。小红认为，选品工作之所以至关重要，是因为好的选品能够形成店铺爆款，而爆款产品能够为店铺持续引入流量并形成订单转化。因此，小红决定好好地研究跨境电商选品工作。

相关知识

一、跨境电子商务选品的内涵和作用

随着全球在线消费习惯的逐步养成，跨境电商的消费需求不断被刺激与提升。在消费需求的拉动下，跨境电商巨大的市场蛋糕吸引着越来越多的国内创业者开始涌入这个新兴行业。图 4-1 所示为亚马逊平台上获得众多好评的畅销产品。

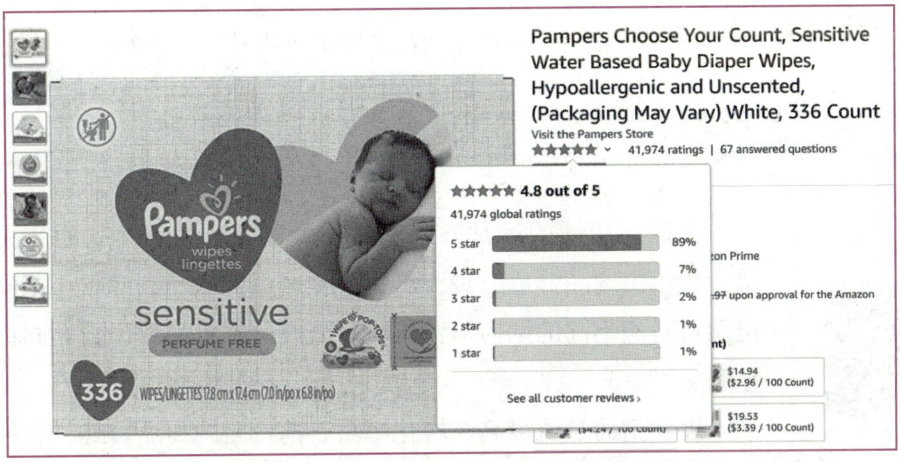

图 4-1 亚马逊平台上获得众多好评的畅销产品

对于大多数跨境电子商务卖家而言，店铺运营成功的一个关键因素在于有没有好的选品。所谓选品，是指通过一定的方法或措施帮助店铺确定销售的商品。在网店运营管理方面，商品是打造店铺爆款的核心，而爆款商品则可以起到提高店铺流量并促进订单转化的作用。此外，商品的功能适用度以及品质好坏，对于不同国家或地区的境外客户而言，既是一种消费期望，也是一种非常重要的购物体验，能够影响客户对于店铺的整体印象，进而影响到店铺的整体运营。在店铺的品牌知名度和影响力尚未形成规模的运营前期，卖家制定的选品策略与市场契合度的高低，就成为左右其出海成功与否的重要因素

因此，跨境电商网店的运营和推广等工作，往往都是先从选品开始的。围绕优质商品带来的店铺流量与订单转化，卖家能够进一步提升店铺运营管理的效能，实现店铺的持续盈利。

二、选品前的店铺定位

卖家在选品的时候，应当根据前期的市场调研和跨境电商平台的选择，确定店铺的主营方向。根据技术的实现形式，跨境电商平台大致可以分为两类：一类是基于第三方平台创建店铺开展运营；另一类是基于独立站的建站模式开展店铺运营。跨境电商第三方平台的选择较多，热门的第三方平台包括：亚马逊、eBay、Wish、速卖通、阿里巴巴国际站、敦煌网、Lazada、Shopee 等。独立站是近年来在跨境电商行业兴起的新潮流。相较于第三方平台开店容易受制于人的缺点，独立站建站更加自由灵活，因此也成为不少跨境电商卖家的新选择。当前，市场上已经出现了基于 SaaS 服务架构的跨境电商独立站解决方案供应商，其中全球知名的跨境电商独立站供应商是 Shopify。国内也陆续出现了一些跨境电商独立站服务供应商，如 Shopline、Shoplazza 等。

三、商品基础定位

微学习

跨境电子商务平台的商品类目划分

在确立店铺的运营方向之后，卖家可以参照基础的商品定位方法，将店内商品分成三种类型：爆款、引流款和利润款。不同的商品类型将对应不同的网店运营策略，从而做到有的放矢，共同促进店铺盈利。

爆款指的是流量高、转化率高、销量高的商品款式。店铺里的爆款，销量可能会占到全店的一半甚至更多，从而为店铺流量和销量的增长打下坚实的基础。爆款一般具备如下特征：市场需求大、在同类

产品中显得物美价廉。

引流款指的是能给店铺带来流量的商品款式。引流款往往会被应用于网店营销推广的各类曝光渠道。一般而言，引流款利用较低的价格吸引买家进入店内，从而带动其他商品的曝光。通过引流款的流量导入，不仅可以激发网店的整体销量，还可以提高客单价。因此，引流款的预期利润相对而言是最低的。

利润款指的是能为店铺带来主要利润的商品款式。相较于爆款和引流款，利润款的点击率会比较低，但是利润率却很高。由于利润款的市场竞争相对较小，这部分商品应该占产品结构和实际销售中的最高份额。

微学习

RCEP 正式生效实施，国货出海迎来新机遇

学而思

活动讨论 1：跨境电子商务店铺可以销售什么产品？请举例说明。

讨论活动 2：主流的跨境电子商务平台有哪些？它们的销售类目有什么异同？

活动讨论 3：浏览各主要跨境电商平台不同店铺所销售的产品，分别在各平台找出几家有特色的店铺和几款产品，并谈谈自己对跨境电子商务选品的理解。

思而行

实训任务：探索跨境电子商务平台的产品类目划分

【实训目的】

了解不同跨境电商平台的产品类目划分，熟悉相应的类目特色和典型产品特征，为开展跨境电商选品工作打下坚实的基础。

【实训内容】

选定一些主要跨境电子商务平台，比如亚马逊、eBay、速卖通、阿里巴巴国际站、Shopee、Lazada 等，根据表 4－2 的研究框架，完成跨境电子商务平台类目划分的探索任务。

【实训提示】

如果对平台类目比较熟悉，可以拓展到三级类目；具体的探索任务可依据教学实际情况进行灵活增加和拓展。

表 4－2　跨境电子商务平台类目划分的研究框架

交易类型（B2B/B2C/C2C 等）	平台名称	平台网址	一级类目	二级类目	典型产品	产品图片
	亚马逊					
	eBay					
	速卖通					
	阿里巴巴国际站					
	Shopee					
	Lazada					
	……					

【实训步骤】

以亚马逊美国站为例展开实训。

（1）在网上搜索，找到亚马逊（中国）官方网站（见图 4－2）。

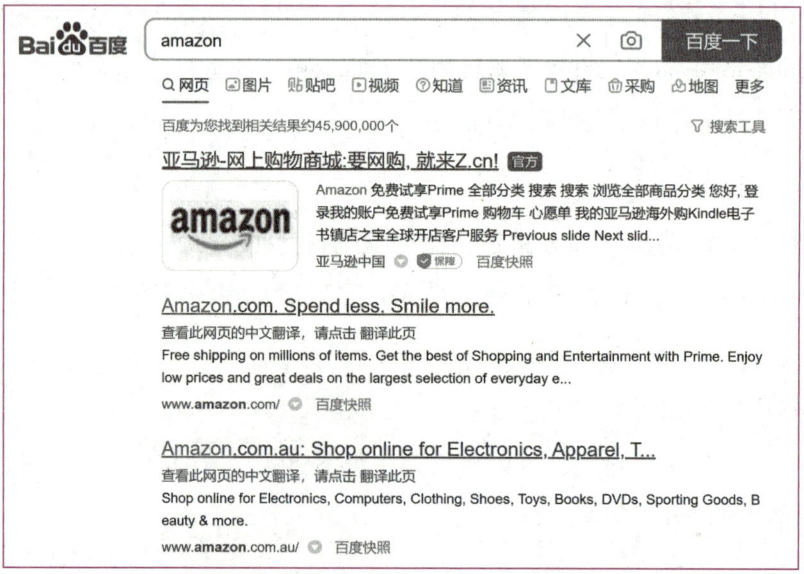

图 4－2　搜索亚马逊（中国）官方网站

（2）进入亚马逊（中国）官方网站，鼠标滑到页面底端，再切换到相应国家 / 地区站点（比如亚马逊美国站，见图 4－3），并获取网址信息。

amazon.com 旗下公司

美国/地区 | 加拿大 | 巴西 | 墨西哥 | 英国/地区 | 法国/地区 | 意大利 | 西班牙 | 德国/地区 | 日本 | 印度 亚马逊家族网站: Shopbop
使用条件 | 隐私声明 © 1996-2022, Amazon.com, Inc.或其附属公司
互联网药品信息服务资格证书(京)-非经营性-2012-0005
京公网安备11010502030232号 增值电信业务经营许可证: 合字 B2-20090004 营业执照:91110000717883277U
京ICP备11014788号 出版物经营许可证

图 4－3 选择进入亚马逊相应的国家 / 地区站点

（3）确认打开的网页是否为亚马逊相应的官方站点。这里需要说明的是，如果直接在浏览器地址栏输入并进入“www.amazon.com”，亚马逊会根据电脑的 IP 地址自动作出判断，然后打开对应的网站。比如：在上海的 IP 地址上，直接在浏览器输入“www.amazon.com”，打开的并不是亚马逊美国站的内容，如图 4－4 所示。

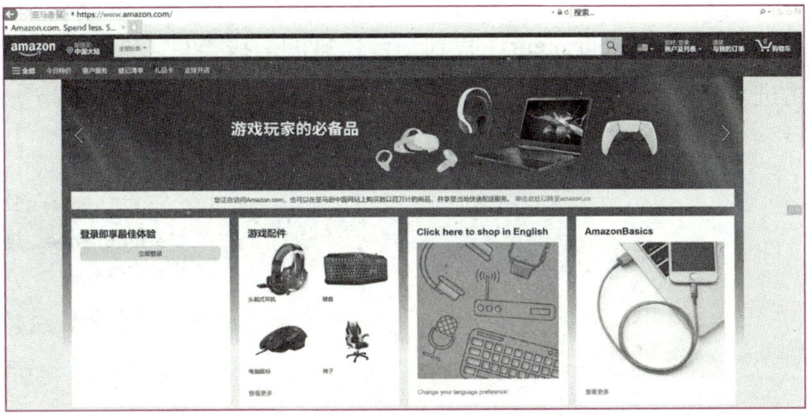

图 4－4 在上海的 IP 地址上直接打开的“www.amazon.com”首页

（4）除了通过亚马逊中国站的链接转入亚马逊美国站，也可以在“www.amazon.com”的首页里，把投递位置的邮编改成美国邮编（见图 4－5），让亚马逊网站系统识别进入亚马逊美国站，其首页如图 4－6 所示。

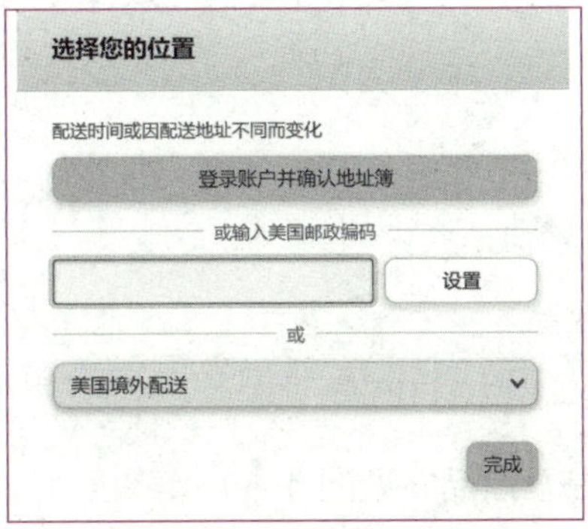

图 4－5 通过输入美国邮编进入亚马逊美国站

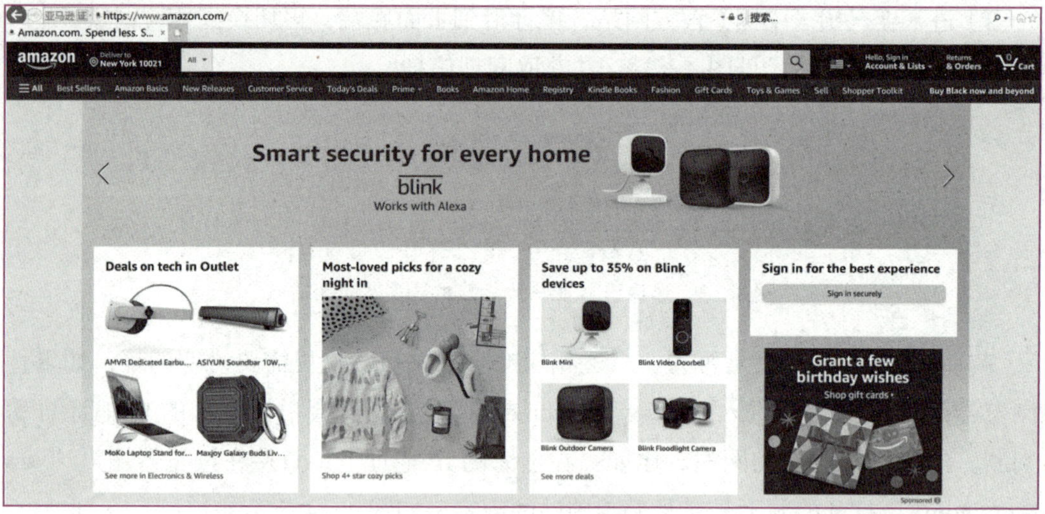

图 4－6　亚马逊美国站首页

（5）通过“Shop By Department”找到平台销售的一级类目（见图 4－7）。

（6）点击进入二级类目查找商品（见图 4－8）。

图 4－7　“Shop By Department”下的一级类目

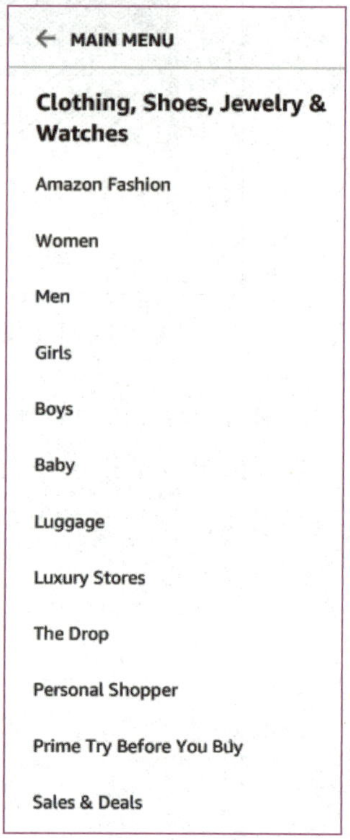

图 4－8　进入二级类目查找商品

（7）点击打开具体类目查看商品（见图 4－9）。

图 4-9 进入具体类目查看产品

（8）汇总信息，填入调研表格。

【任务评价】

任务评价表如表 4-3 所示。

表 4-3 任务评价表

项目	学习态度（20%）	团队合作（20%）	步骤完成情况（50%）	其他表现（10%）	小计（100%）	综合评价
个人评分（20%）						
小组评分（30%）						
教师评分（50%）						
综合得分（100%）						

同步延伸

1. 同一个跨境电商平台在不同站点的销售类目是否完全相同？
2. 同一种产品是否能在同一个平台的不同站点上销售？
3. 举例说明销量好的产品所具有的特点。

任务二 选品原则

任务描述

小红在寻找跨境电商实习工作的过程中发现：很多跨境电商企业都有产品开发的工作要求，有的企业甚至专门独立设置跨境电商选品专员岗位，这类岗位一般要求员工熟悉各主流跨境电商平台的产品开发技巧，包括 Amazon、Wish、eBay、速卖通、阿里巴巴国际站、敦煌网、Shopee、Lazada 等，能够根据公司战略目标及品牌定位，落实产品开发方向，按时完成公司下达的开发指标。小红逐渐意识到，跨境电商平台众多，市场选择多元，把握好选品原则，是做好跨境电商选品工作的关键。

相关知识

一、市场需求

市场需求是拉动跨境电商行业发展的重要动力。要做好跨境电商选品，必须时刻关注当前的市场需求变化以及未来的需求趋势。只有选择符合消费需求的商品，满足消费者的消费期望，才能实现店铺销售量和销售额的持续提升。如果在把握现有市场需求的基础上，还能对未来的市场消费方向作出有效预测并提前做好准备，对于抢先进入市场新蓝海的商家而言，无疑会占得市场先机并赚得盆满钵满。了解市场需求的方法很多，需要根据实际情况综合应用。

分析关键词搜索热度并以此来判断热门需求是比较常见的一种了解市场需求的方法。谷歌（Google）作为全球范围内应用最为广泛的互联网搜索引擎，商家可以通过 Google Trends 的关键词搜索热度，分析不同区域市场的关键词搜索情况，进而判断可能出现的热门产品需求。比如，受新冠疫情影响，为了避免不必要的接触以防止病毒快速传播，人们不得不居家办公或者学习。大量人群形成以家庭空间为生活半径的工作、学习和生活方式，由此催生了居家场景下的消费需求，这就是人们所说的“宅经济”。在这样的场景下，各类对应的商品无疑成为市场的香饽饽。作为跨境电商卖家，可以选择能够实现居家办公或学习的相关用品，主要包括与工作或学习相关的电脑配件、网络辅助设备、办公家具等。以椅子的英文单词“chair”为例，通过 Google Trends 查询，可以查看其搜索热度以及对应的时间段，如图 4-10 所示。

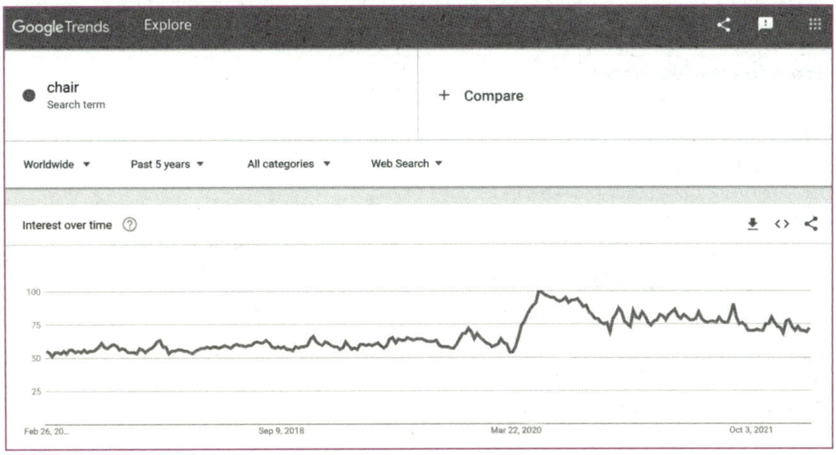

图 4-10 利用 Google Trends 查看“chair”的搜索热度

卖家还可以通过调查分析各主要跨境电商平台的商品需求特征，掌握跨境电商市场的整体需求情况。各主要跨境电商平台的类目划分较多，应当选择与自己商品定位相近的细分类目开展分析。以亚马逊为例，其平台内的各级类目设置有 Amazon Best Sellers 的排名，如果卖家计划销售的是男童用的配件产品，可以查看“Clothing, Shoes & Jewelry”类目下的“Boys' Accessories”细分类目情况，获得相关的产品信息，如图 4-11 所示。

图 4-11 查看 Amazon Best Sellers 的排名情况

此外，卖家通过分析买家评论，可以判断商品需要改进的方向。很多境外买家会很认真地写下关于产品的使用反馈。图 4－12 是亚马逊美国站一个关于帽子产品的评论区留言截图。卖家通过识别客户痛点，重新选品，可以挖掘出更符合客户需求的新商品。

图 4－12　亚马逊美国站一个关于帽子产品的评论区留言截图

二、市场竞争与利润空间

微学习

货源供应链产品

卖家能否把店铺商品的销量和销售额做大，还需要参考市场的竞争程度和商品的利润空间。卖家可以从同一类目竞争对手销售商品的数量爆款产品的特征、相关的价格区间、市场的占有率等维度开展分析，进而判断进入该类目商品销售的市场机会。

以速卖通为例，速卖通商品搜索结果如图 4－13 所示。通过在站

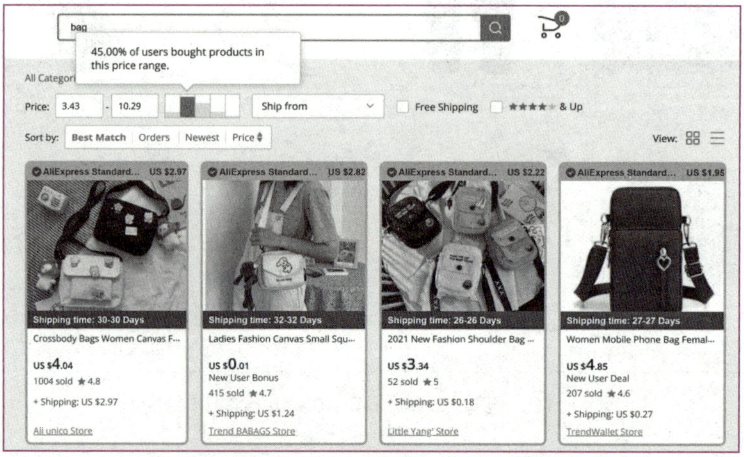

图 4－13　速卖通商品搜索结果

内搜索“bag”，根据价格区间划分，可以判断“bag”类商品的整体售价分布情况，有45%的消费者在购买此类商品时，其购物的价格介于3.43美元至10.29美元。根据搜索结果的页数展示（见图4－14），可以大致推断在该平台内此类商品的消费者选择数量。

微学习

知识产权保护

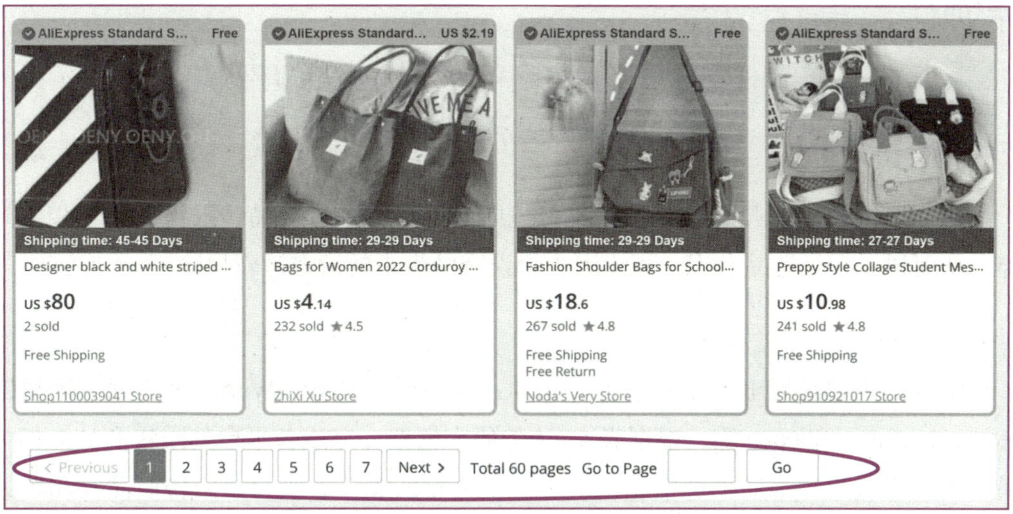

图4－14 查看速卖通商品搜索结果的页数展示

三、物流运输

相较于国内电商，跨境电商的物流运输链条更长，不可控因素更多。配送时效和配送质量也成为跨境电商发展的一大限制因素。在某些行业，跨境电商物流费用占交易额的20%～30%，总体物流成本较高。实际上，相对于国内快递行业的物流成本率（一般在客单价的5%以内），跨境电商物流费用在整个跨境电商成本中的比例明显更高。因此，在进行跨境电商选品时，也需要考虑相关商品本身是否适合开展国际物流运输、相关的费用开支等因素。

微学习

SHEIN的数字化经营之道

四、其他说明

除了以上几个选品原则外，还可以结合平台特点、把握产品质量和品牌差异化定位，同时善用数据分析辅助，最后综合各方面的因素确定店铺销售的商品。

学而思

活动讨论 1：举例说明不同区域市场的产品开发定位。

讨论活动 2：举例说明不同区域市场的消费需求特征。

活动讨论 3：举例说明不同跨境电商平台的违规产品特征。

思而行

实训任务 1：跨境电商平台的禁限售商品认知

【实训目的】

利用互联网搜集并归纳总结各主要跨境电商平台的禁售商品、限售商品与相关处罚措施，从而树立合规选品意识，规避因为错误选品带来的潜在运营风险。

【实训内容】

选定一些主要跨境电子商务平台，比如：亚马逊、eBay、Wish、速卖通、阿里巴巴国际站、Lazada、Shopee 等，根据表 4－4 的研究框架，完成各平台禁限售商品与相关处罚措施的信息收集，最后汇总信息，形成一份完整的关于各平台禁限售商品与相关处罚措施分析报告。

表 4－4　跨境电商平台禁限售商品与处罚措施的研究框架

跨境电商平台	禁售商品	限售商品	相关处罚措施
亚马逊			
eBay			
Wish			
速卖通			
阿里巴巴国际站			
Lazada			
Shopee			
……	……	……	……

【实训提示】

同一类平台面向不同国家或区域市场的站点，其禁限售政策可能会有所不同。

【实训步骤】

（1）打开搜索引擎，搜索相关跨境电商企业官方网站。

（2）打开相关跨境电商企业的官方网站，搜索并找出关于禁限售商品以及相关处罚措施。

（3）利用搜索引擎查找补充信息。

（4）依据研究框架汇总信息，并完成对应的分析报告。

【任务评价】

任务评价表如表 4－5 所示。

表 4－5　任务评价表

项目	学习态度（20%）	团队合作情况（20%）	步骤完成情况（50%）	其他表现（10%）	小计（100%）	综合评价
个人评分（20%）						
小组评分（30%）						
教师评分（50%）						
综合得分（100%）						

实训任务 2：跨境电商品类定位分析

【实训目的】

培养跨境电商品类定位的分析能力，树立开拓市场的差异化思维。

【实训内容】

针对主要跨境电子商务平台，比如亚马逊、eBay、Wish、速卖通、阿里巴巴国际站、Shopee、Lazada 等，每个平台选定一个需要开发的区域市场，就该区域市场的消费需求等情况选定一个待开发的品类，并说明选定理由，最后确定可开发的产品，完成一份跨境电商品类分析报告。跨境电商品类定位分析研究框架如表 4－6 所示。

表 4－6　跨境电商品类定位分析研究框架

跨境电商平台	区域市场	品类选定	品类选定理由	可开发的产品
亚马逊				
eBay				
Wish				
速卖通				

续表

跨境电商平台	区域市场	品类选定	品类选定理由	可开发的产品
阿里巴巴国际站				
Shopee				
Lazada				
……	……	……	……	……

【实训提示】

可以从自己熟悉的区域市场和产品品类入手分析。

【实训步骤】

（1）确定需要分析的跨境电商平台。

（2）为每一个选定的跨境电商平台定位区域市场。

（3）选定每个平台对应的市场并选定一个品类。

（4）列出选定品类的理由。

（5）关联可开发的产品。

（6）汇总信息，完成一份跨境电商品类定位分析报告。

【任务评价】

任务评价表如表 4－7 所示。

表 4－7　任务评价表

项目	学习态度（20%）	团队合作情况（20%）	步骤完成情况（50%）	其他表现（10%）	小计（100%）	综合评价
个人评分（20%）						
小组评分（30%）						
教师评分（50%）						
综合得分（100%）						

同步延伸

1. 跨境电商与国内电商有哪些差异?
2. 好的选品能给跨境电商企业的店铺运营带来哪些影响?
3. 当前跨境电商行业发展存在哪些问题?

任务三 市场调研

任务描述

小红在熟悉选品原则之后意识到：企业要做好跨境电商选品，需要员工具有敏锐的市场洞察力，对行业动向、流行趋势有较强的感知力。企业为了制定正确的选品决策方向，需要收集、掌握和分析品类的行业信息、流行趋势信息、供应商信息等市场动向，从而寻找出优质产品。商场如战场，“知彼知己”才能“百战不殆”，有效的市场调研能够筛选出最符合目标市场需求的消费产品。基于这一认知，小红继续进行学习之旅，探索如何做好跨境电商选品的市场调研工作。

相关知识

一、跨境电商市场调研的内涵

市场调研（Market Research）是一种把消费者及公共部门和市场联系起来的特定活动。市场调研获取的信息可以识别和界定市场营销机会和问题，策划、改进和评价营销活动，监控营销绩效，增进企业对营销过程的理解。

在跨境电商领域，调研人员一方面需要把握目标市场的消费需求行情，另一方面需要熟悉供应市场的货源供给情况，从而在众多供应市场中筛选出最符合目标市场和消费需求的产品。从跨境电商选品的角度来说，由于市场的供需状况不断更迭，有效的市场调研就成为顺利开展选品工作的关键决策信息来源。跨境电商企业需要根据不同平台、区域、行业、产品供应链等多维度因素开展调研分析，挖掘产品的潜在价值，确保选品策略能够促进企业的健康发展。

二、跨境电商市场调研的方法

（一）直接调研法

1. 观察法

跨境电商市场调研人员可以通过线上和线下两种渠道，了解客户的相关需求。线上观察的实施主要是利用相关工具，记录客户在浏览与购物过程中留下的信息数据。线下观察的实施主要是前往目标市场实地考察潜在客户的消费需求等信息。

2. 专题讨论法

作为大规模问卷调研前的一个试探性步骤，跨境电商市场调研人员可以通过新闻组（Usenet）、电子公告牌（BBS）或者邮件列表讨论组，就某个市场调研话题展开讨论。专题讨论法的一般步骤包括：确定需要调查的目标市场；识别、筛选并确定需要讨论的话题；登录相关讨论组并过滤发现有用的信息，或者创建新话题让大家讨论，从而获取有用信息。

3. 访问法

常见的访问法是在线问卷调研。在线问卷调研可以委托专业调查公司设计实施，也可以利用现有的平台工具自行开展，比如问卷星。

4. 试验法

常见的试验法包括 A/B 测试。A/B 测试是一种流行的网页优化方法，可以用于增加转化率、注册率等网页指标。简单来说，就是为同一个目标制订两个方案（比如两个页面），将产品的用户流量分割成 A、B 两组，一组为试验组，另一组为对照组，两组用户的特点类似，并且同时运行。方案运行一段时间后分别统计两组用户的表现，再将数据结果进行对比，就可以科学地作出决策。

（二）间接调研法

1. 网上搜索法

利用互联网查找并收集市场调研所需要的各类资料信息，包括专业数据库查询、专业机构发布的各类报告，以及政府部门发布的统计信息等。

2. 网站跟踪法

在市场调研日常资料收集工作中，市场调研人员需要对一些提供信息的网站进行定期跟踪，对有价值的信息及时进行收集、记录、分类、整理。

三、跨境电商市场调研的步骤

跨境电商市场调研一般包括以下步骤：

（1）明确调研的问题与目标。明确调研目标、调研内容及侧重点。

（2）制订市场调研计划。确定调研所需要的资料来源、类型和数量，选择调研方法和资料搜集技术。

（3）收集信息。利用搜索引擎、商业数据库、调查问卷等渠道，收集所需的调研信息。

（4）分析信息。从数据中提炼出与调研目标相关的信息。

（5）提交报告。将调研成果写成调研报告，完成汇报与交流。

四、常用的市场调研分析模型

（一）PEST 分析

PEST 是一种外部环境分析中的宏观分析模型，从政治（Political）、经济（Economic）、社会（Social）和技术（Technological）四大维度分析影响企业的主要外部因素。在开展市场调研时，有效运用 PEST 分析，能让企业清晰认知在宏观环境中不同外部因素带来的影响，从而有效了解市场的成长或衰退、企业在产业中的位置、企业的发展潜力与运营方向等。

（二）PESTEL 分析

PESTEL 是在 PEST 分析模型的基础上，加上环境因素（Environmental）和法律因素（Legal）形成的，又称大环境分析模型。PESTEL 不仅能够分析外部环境，还能够识别一切对组织有冲击的力量。

（三）SWOT 分析

SWOT 是一种企业竞争态势分析方法，是市场营销的基础分析方法之一，企业通过评价自身的优势（Strengths）、劣势（Weaknesses）、外部竞争方面的机会（Opportunities）和威胁（Threats），用以在制定发展战略前对自身进行深入全面的分析以及竞争优势的定位。通过 SWOT 分析，可以帮助企业把资源和行动聚集在自己的强项和有最多机会的地方。

在适应性分析过程中，分析人员应在确定内外部各种变量的基础上，采用杠杆效应、抑制性、脆弱性和问题性四个基本概念进行这一模式的分析。

（1）杠杆效应（优势 + 机会）：杠杆效应产生于内部优势与外部机会相互一致和适应

时。在这种情形下，企业可以用自身内部优势撬动外部机会，使机会与优势充分结合发挥出来。然而，机会往往是转瞬即逝的，因此企业必须敏锐地捕捉机会，把握时机，以寻求更大的发展。

（2）抑制性（劣势 + 机会）：抑制性意味着妨碍、阻止、影响与控制。当环境提供的机会与企业内部资源优势不相适合，或者不能相互重叠时，企业的优势再大也得不到发挥。在这种情形下，企业就需要提供和追加某种资源，以促进内部资源劣势向优势方面转化，从而迎合或适应外部机会。

（3）脆弱性（优势 + 威胁）：脆弱性意味着优势的程度或强度的降低、减少。当环境状况对公司优势构成威胁时，优势得不到充分发挥，出现优势不优的脆弱局面。在这种情形下，企业必须克服威胁，以发挥优势。

（4）问题性（劣势 + 威胁）：当企业内部劣势与企业外部威胁相遇时，企业就面临着严峻挑战，如果处理不当，可能会直接威胁到企业的生存。

（四）波特五力分析

波特五力分析模型是由美国著名管理学家迈克尔·波特（Michael Porter）教授于 20 世纪 80 年代初提出的，对企业战略制定产生了全球性的深远影响。

根据波特的观点，一个行业中的竞争，不止是在原有竞争对手中进行，而是存在着五种基本的竞争力量，这五种基本竞争力量的状况及综合强度，决定着行业的竞争激烈程度，从而决定着行业中最终的获利潜力以及资本流向本行业的程度，这一切最终决定着企业保持高收益的能力。五种力量的不同组合变化，最终影响行业利润潜力变化。“五力”分别是：购买者的议价能力（Bargaining Power of Buyers）、供应商的议价能力（Bargaining Power of Suppliers）、新进入者的威胁（Threat of New Entrants）、替代品的威胁（Threat of Substitutes）、现有竞争者的威胁（Competitive Rivalry）。

波特五力分析属于外部环境分析中的微观环境分析，主要用来分析本行业的企业竞争格局以及本行业与其他行业之间的关系。它本质上是一种管理思想在企业营销管理实践活动中战略层面的应用工具，要求企业市场营销管理者从战略分析的角度来管理企业。

（五）3C 分析法

3C 分析法又称 3C 战略三角模型，是由日本战略研究的领军人物大前研一（Kenichi Ohmae）提出的。他强调成功战略有三个关键因素，即消费者（Customer）、竞争者（Competier）、企业自身（Corporation）。在制定任何经营战略时，都必须考虑这三个因素。企业应充分利用其相对竞争优势去更好地满足顾客需求，努力与竞争对手形成差异化经营。只有将公司、顾客与竞争者整合在同一个战略内，可持续的竞争优势才有存在的可能。

（六）STP定位法

美国营销学家温德尔·史密斯（Wendell Smith）在1956年最早提出市场细分（Market Segmentation）的概念。此后，美国营销学家菲利浦·科特勒进一步发展和完善了温德尔·史密斯的理论并最终形成了成熟的STP理论——市场细分（Segmentation）、目标市场选择（Targeting）和市场定位（Positioning）。STP是战略营销的核心内容，指企业在市场细分的基础上，确定自己的目标市场，最后把产品或服务定位在目标市场中的确定位置上。

市场细分是指企业通过市场调研，根据消费者的需要、购买行为和购买习惯的差异，把某一产品的市场划分为若干部分。

目标市场选择是指市场细分后，企业准备以相应的产品和服务满足其中一个或几个子市场。

市场定位是指企业针对潜在顾客的心理，创立产品、服务在目标顾客心目中的某种个性特征。市场定位被分为三种类型：功能定位、象征性定位和体验性定位。功能定位的重点是产品或服务的某一方面可以满足消费者的需求或愿望。象征性定位是以满足顾客自尊的品牌特征为基础的。体验性定位是基于品牌的特点，与顾客产生情感联系。

（七）用户画像分析

用户画像可以简单理解成海量用户数据的标签，根据用户不同行为及属性的差异，将它们区分为不同的类型，然后在每种类型中抽取典型特征，赋予地区、购买力、职业、性别等描述。在大数据时代，用户信息充斥在网络中，将用户的每个具体信息抽象成标签，利用这些标签将用户的形象具体化，从而为用户提供有针对性的服务。用户画像的核心在于给用户“打标签”，不同的标签通过结构化的数据体系整合，就可以组合出不同的用户画像。梳理标签体系是实现用户画像过程中最基础、最核心的工作，后续的建模、数据仓库搭建都依赖于标签体系。

微学习

选品视角下市场调研的维度

微学习

中国成为全球跨境电商交易主战场

（八）客户旅程地图分析

客户旅程地图（Customer Journey Map）指的是描绘客户在与公司或品牌交互时经过的所有体验场景的图示。通过客户旅程地图，可以让方案制订者将客户从对商品的认知到购入商品的全过程场景可视化，从而更好地把握并解决客户的需求和痛点。要制作客户旅程地图，首先要能够识别客户触点。触点指的是客户能与一个公司或者品牌产生互动的任何方式，包括面对面互动以及通过网页、应用或其他任何方式交流。

学而思

活动讨论 1：不同的跨境电子商务店铺可以销售什么产品？请举例说明。

活动讨论 2：浏览各主要跨境电商平台不同店铺所销售的产品，找出几家有特色的店铺和几款产品，并谈谈自己对跨境电子商务选品的理解。

思而行

实训任务 1：跨境电商区域市场的消费需求分析

【实训目的】

掌握通过市场调研分析跨境电商区域市场消费需求的方法。

【实训内容】

选定一个跨境电商平台，利用表 4 - 8 的研究框架，针对不同区域市场开展消费需求调研分析，并给出可销售的商品，最终形成一份消费需求报告。

表 4 - 8　跨境电商区域市场的消费需求分析研究框架

跨境电商平台	消费需求特征	消费需求分析
区域市场 1		
区域市场 2		
……		
区域市场 N		

【实训步骤】

（1）利用互联网，锁定适合跨境电商平台的区域市场。

（2）参考相关的分析模型和方法，分析区域市场对应的消费需求。

（3）汇总信息，完成一份关于跨境电商区域市场的消费需求分析。

【任务评价】

任务评价表如表 4 - 9 所示。

表 4-9 任务评价表

项目	学习态度（20%）	团队合作情况（20%）	步骤完成情况（50%）	其他表现（10%）	小计（100%）	综合评价
个人评分（20%）						
小组评分（30%）						
教师评分（50%）						
综合得分（100%）						

实训任务 2：跨境电商货源产业带及其匹配商品的调研分析

【实训目的】

通过调研分析，找出于跨境电商货源产品相关的产业带。

【实训内容】

利用互联网信息，根据表 4－10 的研究框架，归纳总结出一些适合开发跨境电商产品的产业带。

表 4－10 跨境电商货源产业带及其匹配商品的调研分析研究框架

产业带位置	产业带主要产品	匹配的类目	适合的跨境电商平台
……	……	……	……

【实训步骤】

（1）通过信息搜索，找出几条可以作为跨境电商货源的产业带。

（2）梳理这几条不同产业带主要生产的相关产品。

（3）将产业带的产品与跨境电商平台的商品进行匹配关联。

（4）汇总信息，完成一份跨境电商货源产业带及其匹配商品的调研分析。

【任务评价】

任务评价表如表 4－11 所示。

表 4-11　任务评价表

项目	学习态度（20%）	团队合作情况（20%）	步骤完成情况（50%）	其他表现（10%）	小计（100%）	综合评价
个人评分（20%）						
小组评分（30%）						
教师评分（50%）						
综合得分（100%）						

同步延伸

1. 市场调研还有哪些经典的分析模型？
2. 可以通过哪些途径获取跨境电商市场调研所需要的数据和信息？
3. 大数据分析对于跨境电商市场调研具有什么意义？

任务四　亚马逊选品

任务描述

小红通过调研发现，在跨境电商求职市场上，亚马逊相关工作岗位的招聘较多。亚马逊平台主要面对欧美发达国家市场，产品利润较高，对应工作岗位的福利待遇也较好。于是，小红开始重点关注亚马逊平台的职位招聘。小红找到一家做亚马逊平台的跨境电商公司，其工作岗位关于选品技能的要求是：了解跨境电子商务 B2C 市场以及热销产品的分析开发，了解亚马逊平台的政策和规定；善于运用第三方工具分析各亚马逊平台上的热卖产品，并通过成本核算筛选出目标产品进行供应商开发；能根据市场需求有效扩充公司产品线，开发具有潜力的优质产品，做好价格控制、利润维护和质量控制。小红意识到：好的工作也意味着较高的招聘要求，于是她开始着手研究亚马逊选品的相关知识和技能。

相关知识

一、亚马逊的选品思路

亚马逊是一家总部位于美国西雅图的跨国电子商务企业，也是全球最大的互联网线上零售商之一。近年来，随着跨境电商业务的日渐火爆，许多中国卖家审时度势，抓住跨境电商新机遇，发展出口业务，拓展全球市场，打造国际品牌。目前，亚马逊美国、加拿大、墨西哥、英国、法国、德国、意大利、西班牙、荷兰、瑞典、日本、新加坡、澳大利亚、印度、阿联酋、沙特和波兰等 17 大海外站点已面向中国卖家开放，吸引了数十万中国卖家入驻。

对于许多中国卖家而言，相较于其他跨境电商平台，在亚马逊平台进行商品销售，往往能够获取更高的投资回报。需要注意的是，作为面向全球市场的 B2C 交易平台，为了给消费者提供一个更为健康、安全的购物环境，持续提供优质的购物体验，亚马逊公司对于卖家行为准则规范、卖家资质审核、产品合规政策与相关知识产权保护等，都有着更为严格的要求。

微学习

亚马逊“飞轮理论”

因此，对于亚马逊选品，卖家要树立合规经营、提升用户购物体验的意识，确保销售的商品符合平台的管理要求并且能够切实满足消费者需求。

除了产品至上，品牌化发展也是亚马逊店铺经营的另一个重要特色。一些卖家有跟卖的习惯，而亚马逊会限制对于拥有品牌备案卖家的跟卖行为。一旦发现被跟卖，卖家可以直接投诉至平台，平台一经核实就会封禁跟卖店铺，没有原店铺的撤诉不会解封。换个角度思考，如果卖家自己的商品没有做好品牌保护，很可能会被别的卖家以跟卖为由进行投诉，导致出现订单没几个但是店铺却被封禁的窘境。

由于亚马逊平台的进入门槛较高，很多亚马逊的新卖家或者新创团队，在创业之前就已经在跨境电商行业积累了数年的工作经验，在公司规模不大且业务量较小的情况下，选品工作可以依据已有的行业工作经验开展。但是随着业务的扩张和公司规模的扩大，要想继续做好亚马逊的选品工作，则需要借助数据化分析和精细化管理的方法，进一步提升选品对于客户消费需求的精准指向，通过精准勾勒商品画像，把握市场商机。

微学习

商品画像分析

二、亚马逊的选品方法和应用

亚马逊选品的思路较多，应当根据企业和店铺的实际情况，结合各类分析方法综合开展选品工作。下面列举一些常见的选品方法和应用供大家参考。

（一）关键词选品

使用 Google Trends 分析关键词的搜索热度特征（见图 4－15），判断商品是否存在市场机会。比如，可以通过 Google Trends 判断相关商品的需求特征。以“Dress”和“Christmas Tree”为例，查看 5 年内在美国的搜索热度，可以明显看出，“Christmas Tree”具有典型的周期特性，如果要开发此类商品，那么在选品和备货准备上，也应当遵循其周期需求特点。

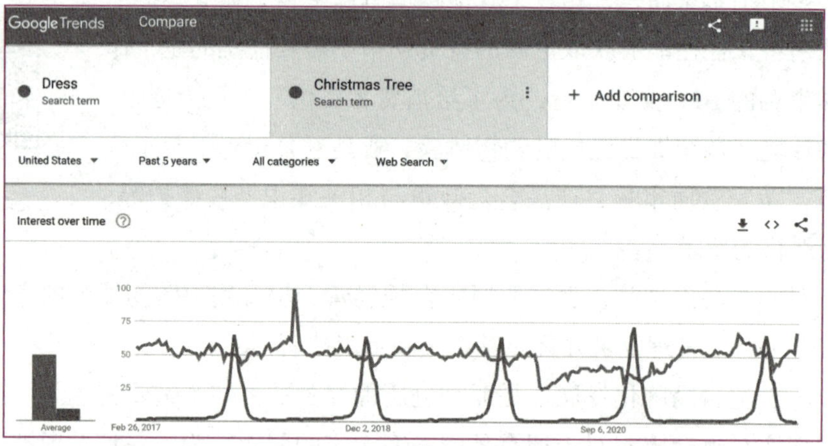

图 4－15　使用 Google Trends 分析关键词的搜索热度特征

（二）平台同类目指标分析选品

通过亚马逊平台分析关键指标，找出选品方向。比如，在相关类目下搜索关键词，判断对应产品的曝光量，估测市场容量，具体如图 4－16 所示。

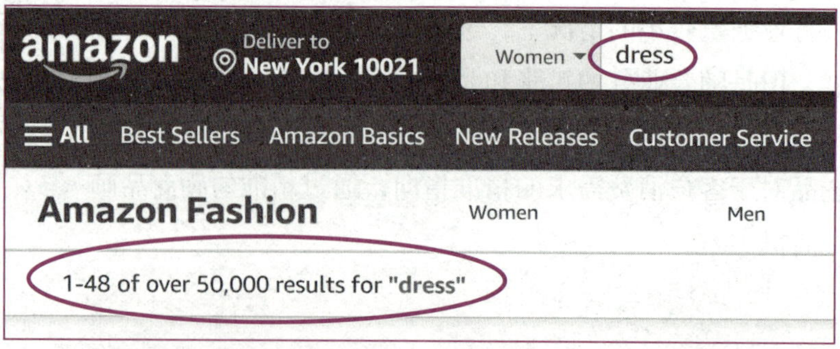

图 4－16　使用亚马逊平台搜索关键词分析相关商品的曝光量

（三）多平台比较选品

如今，可以利用的跨境电商平台较多，分析人员可以针对同一类产品，分析不同平台的热销情况，从而筛选出合适的商品。

（四）借助第三方工具进行大数据分析选品

当需要通过大数据分析选品时，如果分析人员自身不具备较强的编程和数据挖掘能力，就可以借助第三方分析工具分析选品。

1. 卖家精灵

卖家精灵有内置的分析模块，可以帮助分析人员捕获潜力爆款和利基市场，其运用示例如图 4－17 和图 4－18 所示。

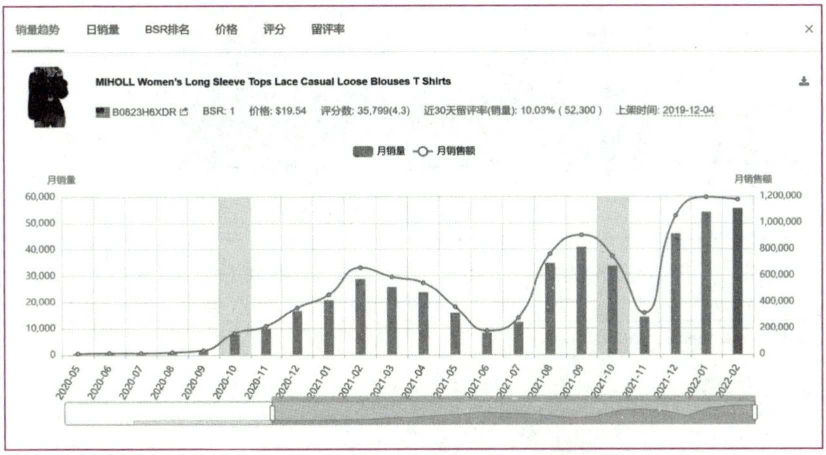

图 4－17　使用卖家精灵分析亚马逊商品的销量趋势

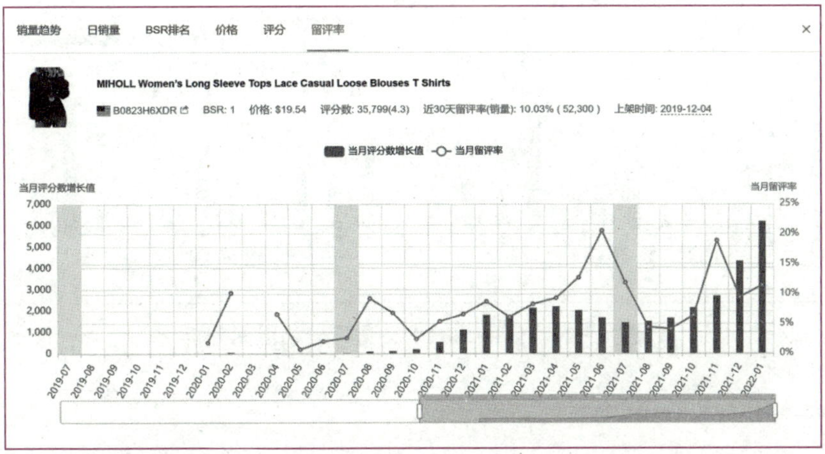

图 4－18　使用卖家精灵分析亚马逊商品的留评率

2. Sorftime

使用 Sorftime 可以对亚马逊 Best Sellers 进行数据可视化分析，通过细分品类各种维度数据标签，并根据自身条件和需求进行排序、筛选，从而发掘潜力爆款产品的开发方向，具体示例如图 4－19 和图 4－20 所示。

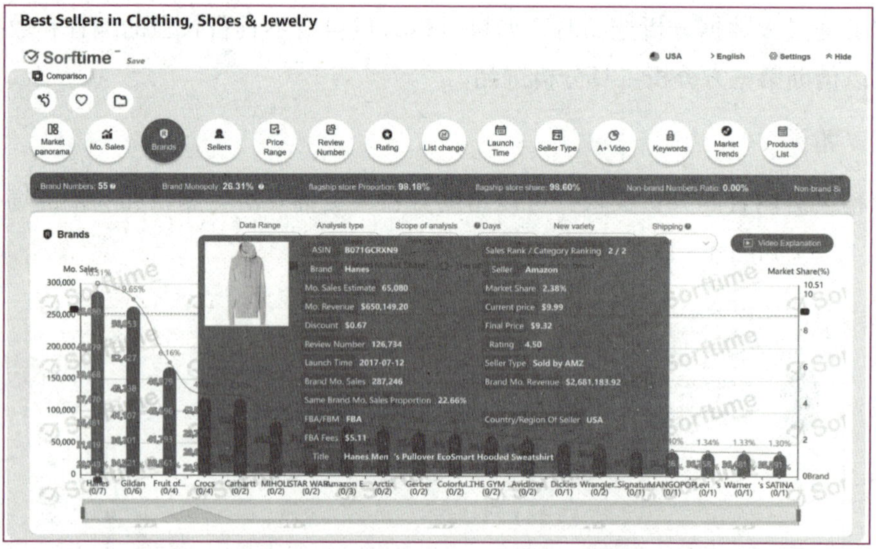

图 4－19　使用 Sorftime 分析亚马逊商品的品牌销量

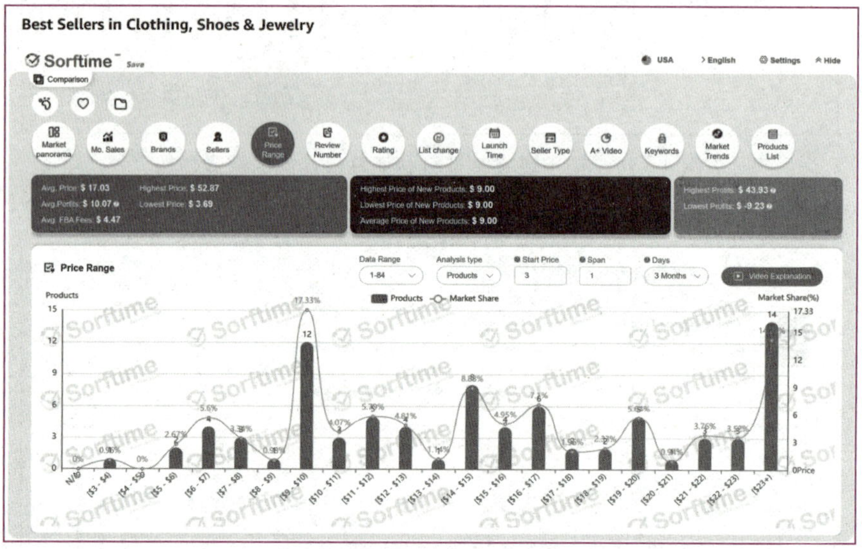

图 4－20　使用 Sorftime 进行价格区间分析

3. Amazon Product Finder

使用 Amazon Product Finder 可以对目标类目和产品的销售市场形成一个初步的整体评估，方便快速把握市场行情，同时也能对细分指标进行分析，具体示例如图 4－21 和

图 4－22 所示。

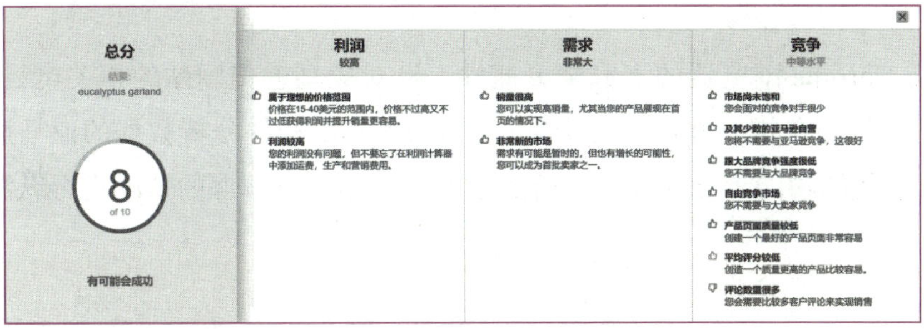

图 4－21　使用 Amazon Product Finder 进行市场评估

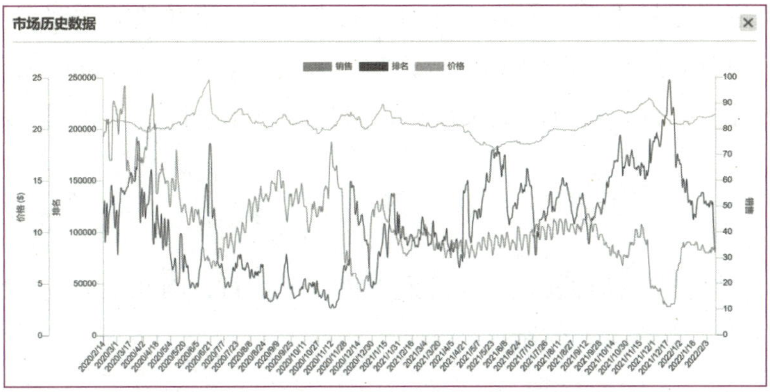

图 4－22　使用 Amazon Product Finder 进行市场历史数据分析

微学习

中国企业出海新势力如何通过跨境电商塑造新外贸

总之，市面上关于亚马逊的第三方工具相对较多，关键在于能否利用这些第三方工具解决关键的问题，最终做好选品工作。

学而思

活动讨论 1：亚马逊选品可以通过哪些途径和工具开展？这些选品方法各有什么利弊？

活动讨论 2：如果通过多平台分析选品，需要关注哪些商品指标？

活动讨论 3：如果通过亚马逊平台同类目指标分析选品，需要关注哪些商品指标？

思而行

实训任务：使用卖家精灵插件进行选品分析

【实训目的】

掌握利用卖家精灵插件进行亚马逊选品的分析思路，通过强化训练，熟悉利用第三方工具开展亚马逊选品分析的基本方法。

【任务内容】

使用基于Google Chrome浏览器的卖家精灵插件，针对亚马逊美国站的相关类目、店铺和产品开展数据采集与分析，并制定一份基于Seller Sprite插件分析数据的亚马逊选品分析报告。卖家精灵的功能十分强大，分析的指标可依据自身掌握的情况进行纵深拓展。

【实训提示】

如果是首次使用Google Chrome浏览器的插件，请首先确保插件的正确安装。卖家精灵插件的功能需要注册账号之后，方能进行相应的使用。如果在执行本实训任务时发现插件无法使用，可使用类似功能的第三方插件工具替代。如果Chrome浏览器同时安装有其他亚马逊分析插件，可以将其关闭，以避免在分析页面产生数据显示的干扰。

【实训步骤】

（1）Google Chrome浏览器的插件安装要在开发者模式下进行，因此，加载扩展程序时要确保开发者模式开启，如图4－23所示。

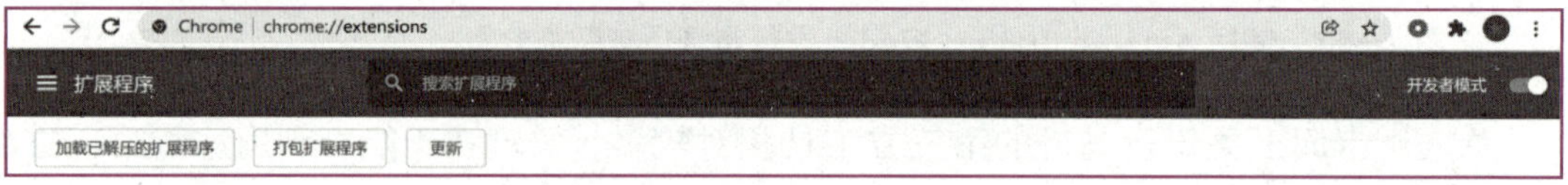

图4－23　确保开发者模式开启

首先，需要在电脑上安装Google Chrome浏览器；其次，在浏览器地址栏输入“chrome://extensions/”并打开“扩展程序”管理界面；再次，开启“扩展程序”管理界面中的“开发者模式”；最后，通过“加载已解压的扩展程序”，将事先准备好的卖家精灵（SellerSprite）插件加载成功。加载完毕的卖家精灵插件如图4－24所示。

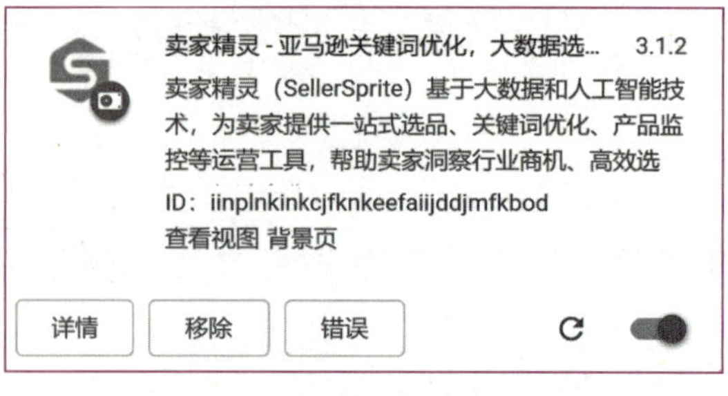

图4－24　加载完毕的卖家精灵插件

（2）利用关键词选品。通过插件打开卖家精灵的界面，通过“关键词精灵”进入“关键词选品”模块。通过“选择站点”“选择月份”“推荐模式”“选择类目”进行选品分析。如图4－25～图4－27所示。

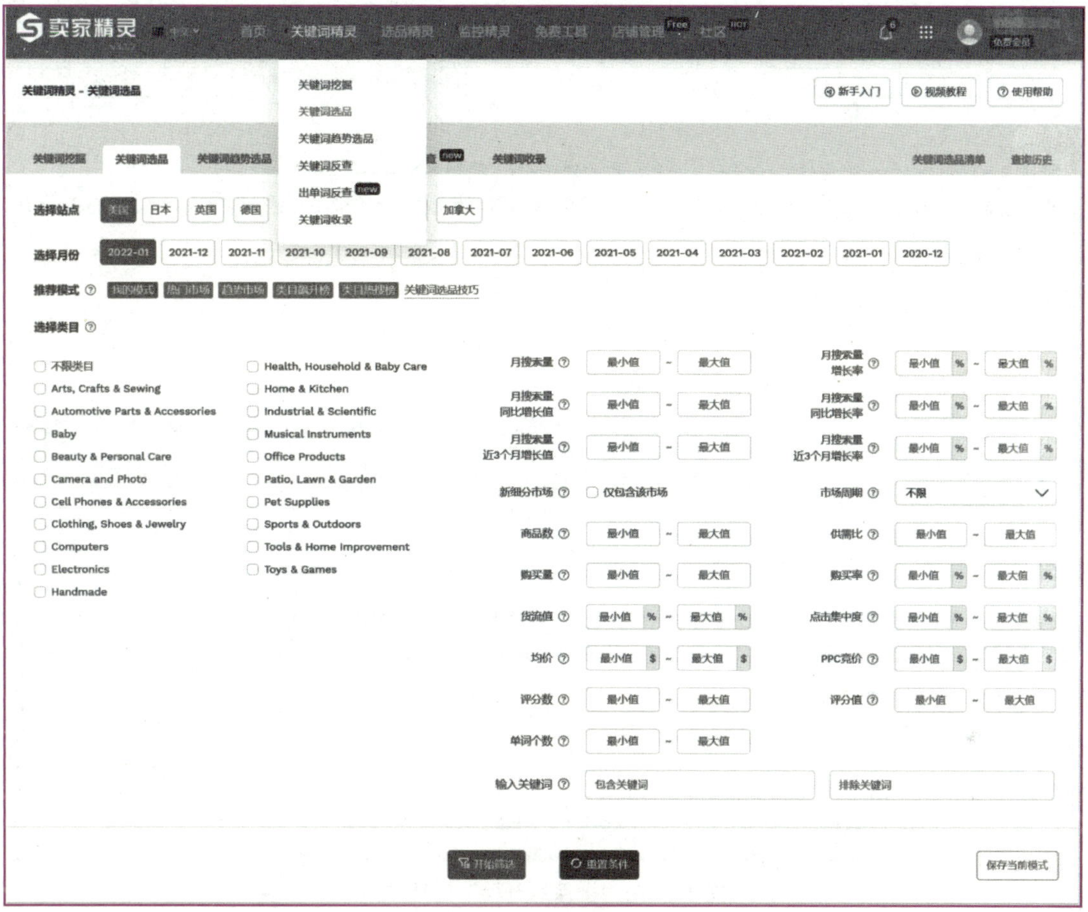

图4－25 “关键词选品”模块

图4－26 通过“推荐模式”进行关键词选品

关键词对比 加入到选品清单 搜索结果数: 5000+ 导出 复制 月搜索量 降序 确定

#	关键词 ⑦	搜索量趋势 ⑦	月搜索量 ⑦	月购买量 购买率 ⑦	增长率 ⑦	同比增长 ⑦	近3个月增长 ⑦	点击 ⑦ 集中度	货流值 ⑦	PPC竞价 ⑦	市场分析 ⑦	操作
2	kn95 face masks kn95口罩		1,187,142 39,571	208,224 17.54%	209%	1,179,853 9,000%	-47,625 -27.89%	21.3%	4.6%	$ 1.47 0.93 - 2.95	$ 31.76 2,761 (4.5)	
	所属类目: Tools & Home Improvement(71%) Industrial & Scientific(27%) Health, Household & Baby Care(2%) 市场周期: 季节性市场(1月旺季) 商品数⑦: 3,686 (322.1)											
3	iphone 13 pro max case iphone 13 pro Max 保护壳		1,171,768 39,059	132,761 11.33%	31.92%	1,170,069 9,000%	-49,359 -5.60%	17.8%	7.1%	$ 1.80 1.38 - 3.00	$ 25.39 793 (4.5)	
	所属类目: Cell Phones & Accessories(100%) 市场周期: 季节性市场(1月,9月旺季) 商品数⑦: 24,792 (47.3)											
4	my orders 我的命令		1,138,282 37,943	3,414 0.30%	123%	952,689 513%	-56,863 -12.11%	11.2%	1.1%	$ 0.60 0.47 - 1.20	$ 55.24 10,907 (4.4)	
	所属类目: Clothing, Shoes & Jewelry(48%) Beauty & Personal Care(15%) Sports & Outdoors(11%) 市场周期: 季节性市场(1月旺季) 商品数⑦: 27,109 (42.0)											
5	valentines day gifts for him 送给他的情人节礼物		951,833 31,728	40,072 4.21%	2,379%	-212,688 -18.26%	4,518 85.98%	15.4%	3.8%	$ 0.95 0.75 - 1.26	$ 25.14 9,401 (4.5)	
	所属类目: Home & Kitchen(32%) Clothing, Shoes & Jewelry(21%) Tools & Home Improvement(13%) 市场周期: 季节性市场(1月旺季) 商品数⑦: 67,455 (14.1)											

图 4－27 “类目飙升榜”筛选结果

（3）通过自定义参数，输入关键词内容，开展相应的选品分析。关键词的内容可以根据产品定位确定。以“dress”为例，在自定义参数设置处，输入“dress”进行搜索，具体如图 4－28 和图 4－29 所示。

图 4－28 输入关键词进行自定义筛选

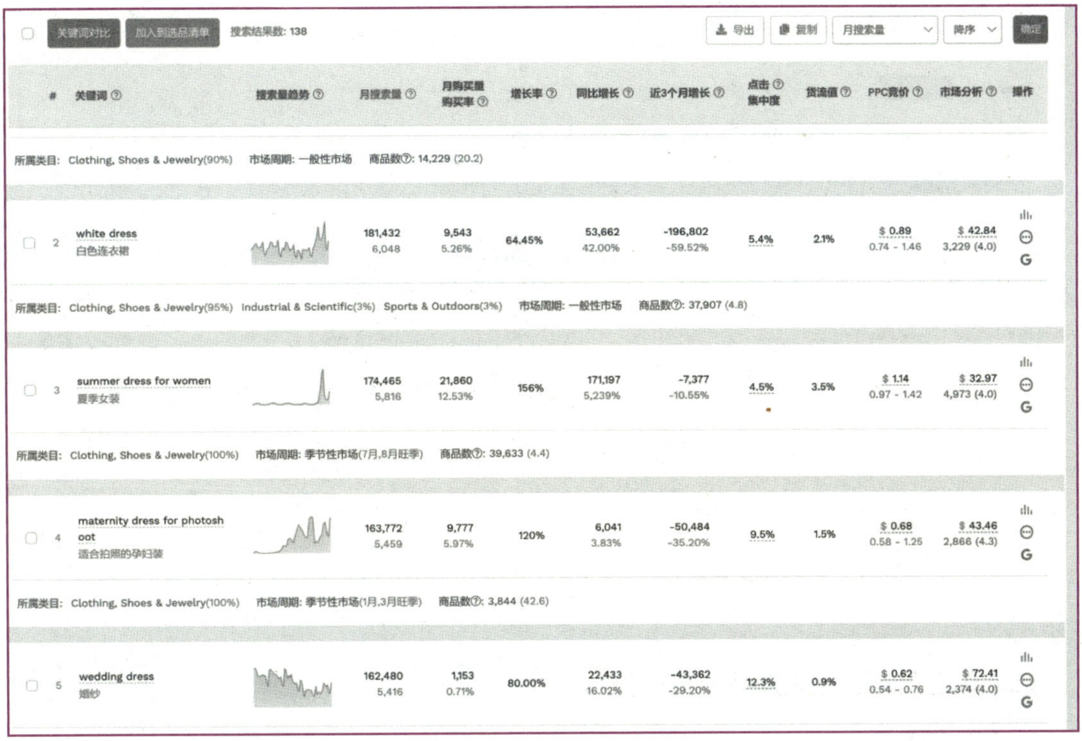

图 4-29 关键词筛选结果展示

（4）利用“选品精灵”开展选品。可以根据研究需求，开展竞品分析和市场分析等，具体如图 4-30 和图 4-31 所示。

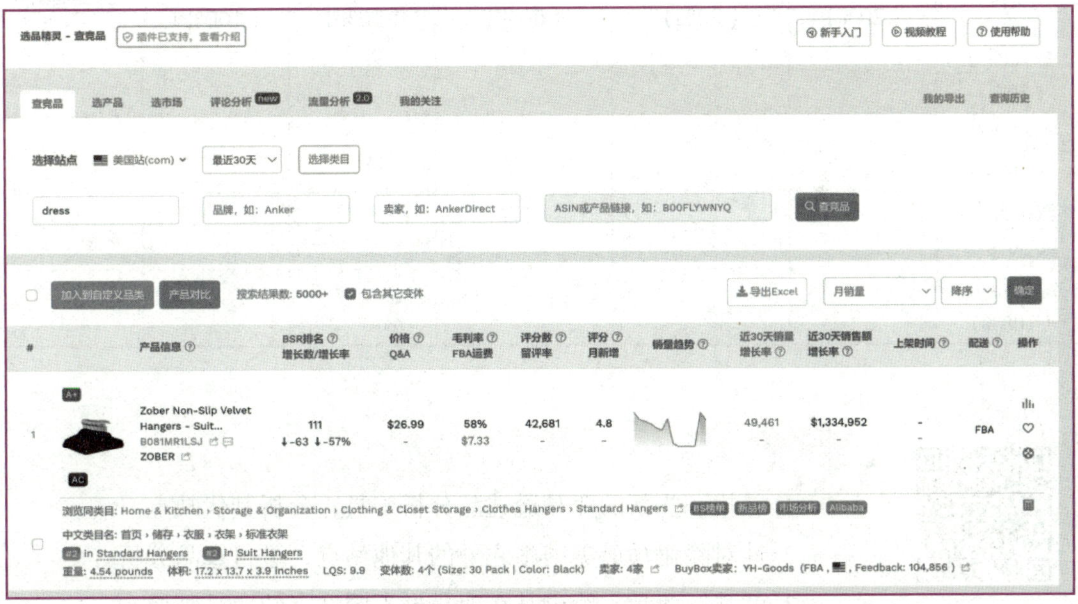

图 4-30 竞品分析

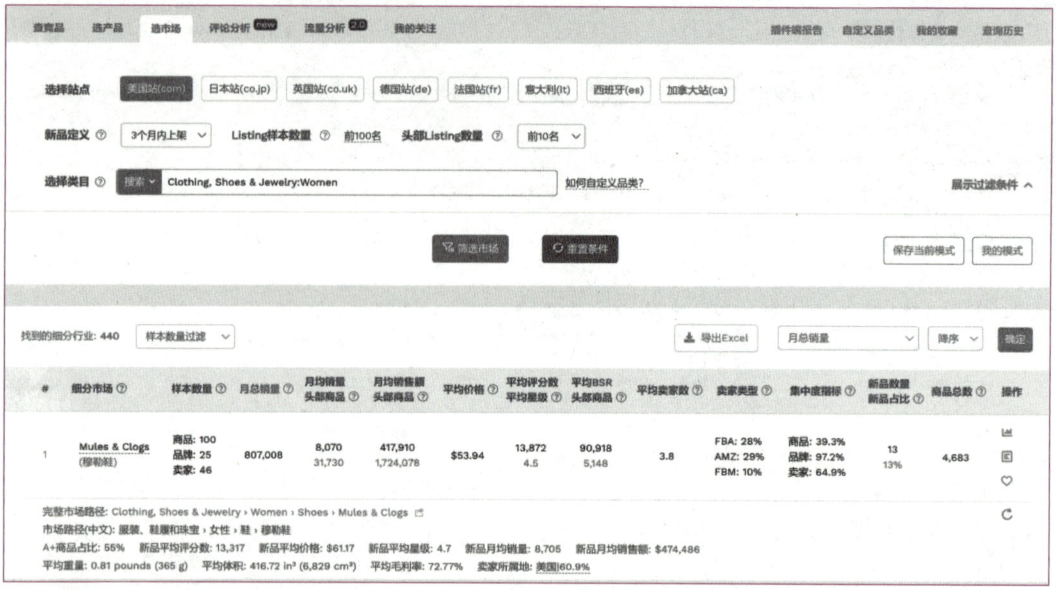

图 4－31　市场分析

（5）汇总信息，完成选品分析报告。

【任务评价】

任务评价表如表 4－12 所示。

表 4－12　任务评价表

项目	学习态度（20%）	团队合作情况（20%）	步骤完成情况（50%）	其他表现（10%）	小计（100%）	综合评价
个人评分（20%）						
小组评分（30%）						
教师评分（50%）						
综合得分（100%）						

微学习

使用插件进行选品分析

同步延伸

1. 寻找一些新的亚马逊选品分析工具，分析其优缺点。
2. 针对除亚马逊美国站之外的其他站点，进行选品分析。
3. 就某一商品，给出其在亚马逊不同站点的商品画像。

任务五 虾皮选品

任务描述

小红在寻找跨境电商专业对口工作的过程中，发现许多跨境电商公司并不是只专注于单一平台，一家公司往往会同时运营管理好几家跨境电商平台，这既丰富了平台类型和产品线，也在一定程度上规避了单一平台市场和产品面临的潜在风险。东南亚跨境电商是近些年迅速崛起的一股新兴势力，以虾皮（Shopee）为典型代表，市场份额获得了爆发式的扩张。Shopee 以东南亚跨境电商起家，目前还开发了南美洲等市场。新兴市场的消费潜力不容小觑。小红决定好好研究一下 Shopee 平台的选品，探寻跨境电商选品的新蓝海。

相关知识

一、Shopee 选品思路

Shopee 于 2015 年在新加坡成立。在成立之初，Shopee 以东南亚市场的电子商务业务为主，随着公司业务的不断增长，其市场已经拓展至南美洲和欧洲等区域。当前，Shopee 的主要市场区域包括：马来西亚、印度尼西亚、泰国、菲律宾、新加坡、越南、巴西、墨西哥、哥伦比亚、智利、波兰等地。

要想做好 Shopee 店铺的选品工作，首先必须对店铺的整体运营方向有一个清晰的把握。比如：市场开发的重点方向、市场的消费需求与消费能力情况、市场的竞争程度情况、物流的国际配送时效与运输成本、当地的网络营商环境情况、卖家是使用自有货源还是由第三方厂商供货、国内货源供应链的供货质量、供应商的持续供货能力情况、所选的产品是否适合国际物流发货、Shopee 平台的各类费用开销、Shopee 平台的禁限售产品以及其他知识产权保护措施、中国和目标市场所在地区关于商品进出口的法律法规等。

此外，Shopee 的选品思路还取决于卖家经营模式的自我定位。卖家的经营模式可以分为三种类型，包括：铺货模式、垂直经营模式、混合模式。

铺货模式也称无货源模式。在此类经营模式下，卖家自身并不做货源储备，一般通过数据抓取采集相关商品信息，经过二次商品信息编辑之后，大量上架新的商品，最终以商品数量的曝光获取店铺的流量和转化。卖家在收到订单之后，采用一件代发等方式，由第三方货源供应商负责产品的发货和物流处理。铺货模式适合缺乏资金的新手卖家，通过此模式能够较好地掌握Shopee店铺的基本运营思维，并在不断铺货经营的过程中，积累出具有店铺自身风格特色的选品思路。由于卖家没有实际接触商品，因此在选品过程中还需要注意商品的品质把握，以免出现买家差评等。

垂直经营模式一般适合具有较强资金周转以及风险承受能力的卖家。在此类经营模式下，卖家能够整合产品供应链的上下游资源，打造定制化的品牌产品，从而拥有更大的利润空间。垂直经营模式需要做到精准的选品定位，否则可能会出现由于选品不当产生商品滞销、导致库存积压的亏损风险。

将铺货模式和垂直经营模式相结合，就形成了混合模式。混合模式一般适合不完全确定经营方向但具备一定经营实力的卖家，也包括一些经销商和代理商。采用混合模式，既可以依靠稳定的货源产品稳住店铺运营的营收基本盘，又可以采用大量铺货的模式探索商品销售的蓝海。采用混合模式的卖家在店铺发展到一定规模之后，一般会朝完全垂直化运营的方向转变。

总体而言，在充分做好前期的市场调研分析之后，卖家综合各类有效信息，依据选定的主攻市场方向，开展选品分析，确定店铺的主营类目，并根据主营类目选定具体销售的产品。需要说明的是，由于跨境电商市场的发展变化瞬息万变，因此，选定的类目产品并非一成不变。卖家可以尝试先将测试商品上架试销，根据店铺销售情况并结合店铺产品的曝光、转化、销售量和销售额等关键指标信息，动态调整更新店铺产品，以使店铺运营实现利润最大化。

二、Shopee选品方法和应用

Shopee的选品可以基于多个维度展开，对于不同的卖家而言，并没有一套“放之四海而皆准”的选品标准。因此，结合自身的店铺实际，综合运用各种选品方法，是卖家做好Shopee选品的必由之路。对于采用铺货方式运营的新手卖家而言，可以结合1688采购批发网等货源集散地的商品供应信息，挖掘出合适的商品进行销售。下面介绍一些常见的Shopee选品方法和应用。

（一）通过Shopee市场周报选品

Shopee市场周报由Shopee官方推出，每周一期，主要分为东南亚市场和其他市场两大板块。Shopee市场周报根据不同的站点独立成册。内容主要包括热搜词、热搜类目商品，以及当月重要的节日和平台促销活动等。例如，Shopee 菲律宾站市场周报某月提供的平台活动日历如图 4 - 32 所示。

星期一	星期二	星期三	星期四	星期五	星期六	星期日
7	8	9	10	11	12	13
3.3 Consumer Day 3.3 消费者日 3.15 Digital Deals Day 3.15 数字交易日 Toys & Collectibles Fair 玩具及收藏品展	3.3 Consumer Day 3.3 消费者日 3.8 International Women's Day 3.8 国际妇女节 Lifestyle Fair 生活方式展	3.3 Consumer Day 3.3 消费者日 3.15 Beauty Day 3.15 美容日 Women's Fashion Fair 女装时装展	3.3 Consumer Day 3.3 消费者日 3.15 Mobile & Gadgets Day 3.15 电子与机器日 Women's Fashion Fair 女装时装展	3.3 Consumer Day 3.3 消费者日 3.15 Kids & Babies' Day 3.15 儿童和婴儿节 Women's Lifestyle Fair 女性生活方式展	3.3 Consumer Day 3.3 消费者日 3.15 Sports & Motors Day 3.15 运动与汽车日 Women's Health & Beauty Fair 女性健康与美容展	3.3 Consumer Day 3.3 消费者日 3.15 Shopee Prizes Day 3.15 虾皮奖品日 Women's Health & Beauty Fair 女性健康与美容展
14	15	16	17	18	19	20
3.3 Consumer Day 3.3 消费者日 Best of Electronics 最佳电子产品	3.3 Consumer Day 3.3 消费者日	3.15 Consumer Day-Extended 3.3 消费者日 – 延长	3.15 Consumer Day-Extended 3.3 消费者日 – 延长	Global Deals Sale（CB） 全球特卖（CB） Branded Tech Fair 品牌科技展	DIY Home Summer Sale DIY 家居夏季特卖 Branded Tech Fair 品牌科技展	DIY Home Summer Sale DIY 家居夏季特卖 Summer Skincare Sale 夏季护肤品特卖
21	22	23	24	25	26	27
Shopee Beauty Summer Sale Shopee 美妆夏季特卖	Tech Summer Sale 科技夏季特卖 Mom and Kid's Summer Fair 妈妈与孩子夏季博览会	Summer Ready Fashion 预备夏季时尚 Mom and Kid's Summer Fair 妈妈与孩子夏季博览会	Summer Ready Fashion 预备夏季时尚 Branded Books Fair 品牌书展	Summer Ready Fashion 预备夏季时尚 Branded Books Fair 品牌书展	Motors Summer Sale 汽车夏季特卖 Cooling Appliances Fair 制冷设备展	……

图 4 - 32 Shopee 菲律宾站市场周报某月提供的平台活动日历

Shopee 市场周报由 Shopee 官方的卖家学习中心提供，位置在“卖家公告栏”处。卖家尤其是新手卖家，可以结合市场周报的信息，开展综合选品分析。Shopee 泰国站市场周报提供的热搜关键词和热搜产品信息分享如图 4 - 33 所示。

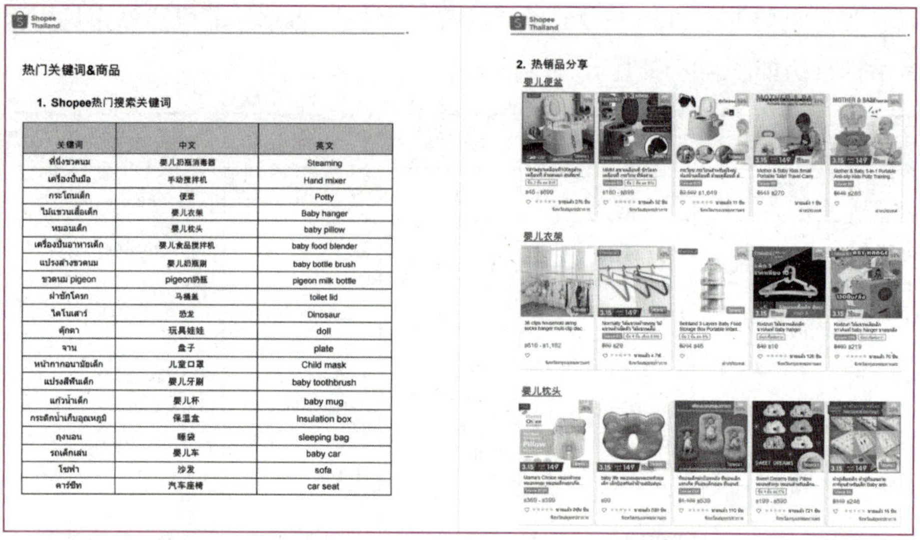

Shopee Thailand

热门关键词&商品

1. Shopee热门搜索关键词

关键词	中文	英文
ที่นึ่งขวดนม	婴儿奶瓶消毒器	Steaming
เครื่องปั่นมือ	手动搅拌机	Hand mixer
กระโถนเด็ก	便壶	Potty
ไม้แขวนเสื้อเด็ก	婴儿衣架	Baby hanger
หมอนเด็ก	婴儿枕头	baby pillow
เครื่องปั่นอาหารเด็ก	婴儿食品搅拌机	baby food blender
แปรงล้างขวดนม	婴儿奶瓶刷	baby bottle brush
ขวดนม pigeon	pigeon奶瓶	pigeon milk bottle
ฝาชักโครก	马桶盖	toilet lid
ไดโนเสาร์	恐龙	Dinosaur
ตุ๊กตา	玩具娃娃	doll
จาน	盘子	plate
หน้ากากอนามัยเด็ก	儿童口罩	Child mask
แปรงสีฟันเด็ก	婴儿牙刷	baby toothbrush
แก้วน้ำเด็ก	婴儿杯	baby mug
กระติกน้ำเก็บอุณหภูมิ	保温盒	Insulation box
ถุงนอน	睡袋	sleeping bag
รถเด็กเล่น	婴儿车	baby car
โซฟา	沙发	sofa
คาร์ซีท	汽车座椅	car seat

图 4－33　Shopee 泰国站市场周报提供的热搜关键词和热搜产品信息分享

（二）通过 Shopee 平台搜索关键词调研选品

卖家可以结合各个途径获取的关键词信息，在 Shopee 对应站点开展调研分析，可供参考的分析指标包括商品售价、商品销量、买家反馈等。通过搜索关键词查找商品示例如图 4－34 所示。

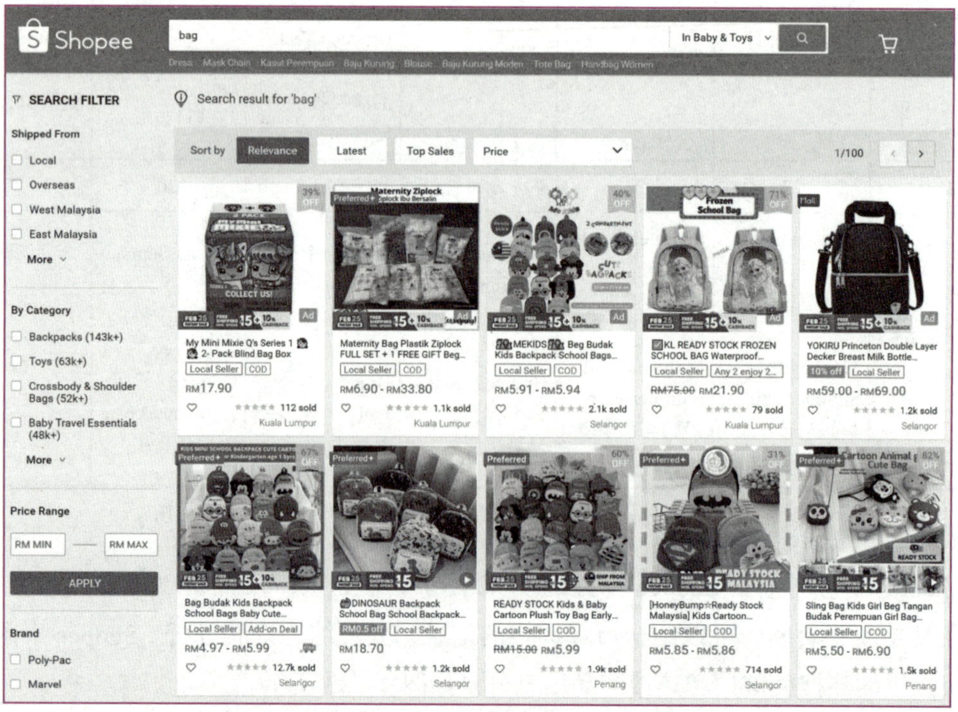

图 4－34　通过搜索关键词查找商品示例

（三）利用第三方分析工具选品

市场上关于 Shopee 的数据分析工具包括：淘数据、海鹰数据、电霸、知虾、ShopeeMan 等。一般而言，高级功能需要付费才能使用，初学者可以注册试用账号体验大数据分析思维，待真正运营 Shopee 店铺之后，再依据实际情况考虑是否购入相关的第三方分析工具辅助开展分析和管理。相关数据分析工具的应用如图 4－35 和图 4－36 所示。

微学习

两个 Shopee 卖家的故事

图 4－35　使用淘数据设置过滤条件对 Shopee 站点进行分析

学而思

活动讨论 1：东南亚跨境电商市场的产品需求有什么特点？

活动讨论 2：Shopee 目前开发了哪些国家或地区的消费市场？这些不同市场的产品需求各有什么特点？

活动讨论 3：Shopee 相对于其他跨境电商平台的优势和劣势分别有哪些？

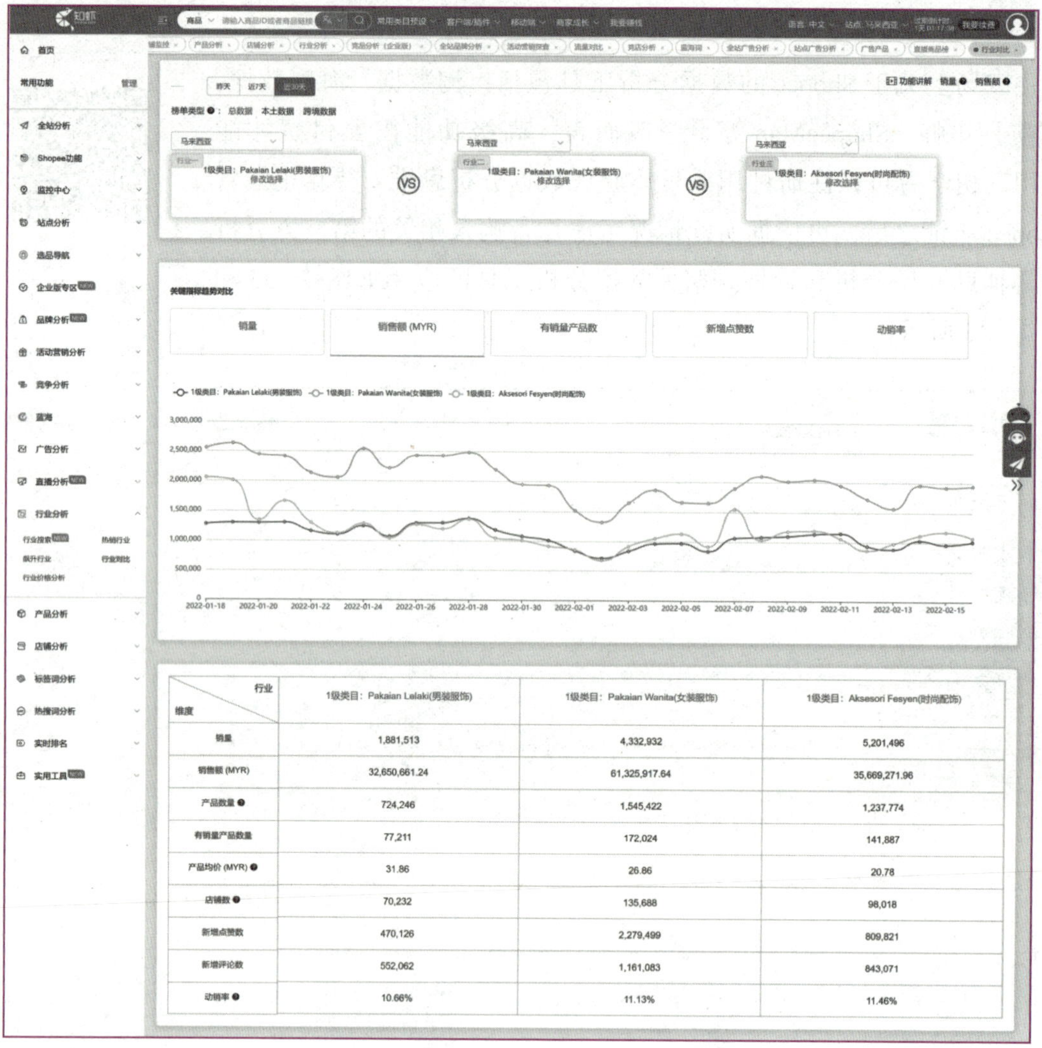

图 4－36　使用知虾获取的类目分析数据

思而行

实训任务：使用淘数据进行选品分析

【实训目的】

掌握利用淘数据平台进行 Shopee 选品的分析思路，通过强化操练，熟悉利用第三方工具开展 Shopee 选品分析的基本方法。

【任务内容】

基于淘数据平台，针对 Shopee 泰国站的相关类目、店铺和产品开展数据采集与分析，并撰写一份基于淘数据平台的 Shopee 选品分析报告。

【实训提示】

淘数据的功能需要注册账号之后才能进行相应的使用。在执行本任务操作时，如果发现工具无法正常使用，可使用有类似功能的第三方工具替代。

【实训步骤】

（1）打开淘数据，注册并登录（见图 4－37）。点击“Shopee 数据”进入对应的系统。

图 4－37　淘数据登录界面

（2）进入淘数据的 Shopee 数据界面（见图 4－38）。打开分析界面，选择“Shopee 泰国”。

图 4－38　淘数据的 Shopee 数据界面

（3）行业分析：设置过滤条件，进行行业查询与分析（见图 4－39）。

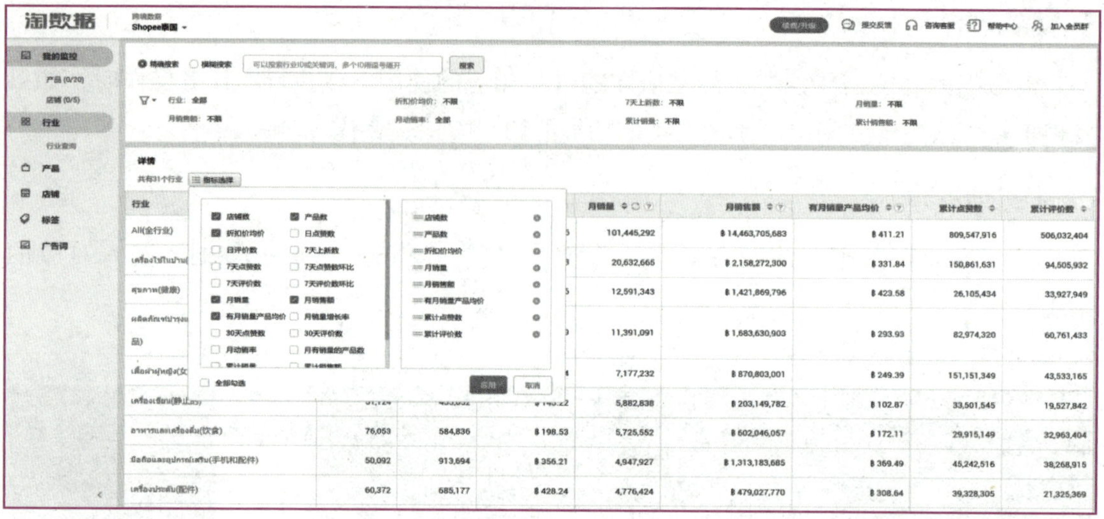

图 4-39　行业分析

（4）产品分析：设置过滤条件，进行产品查询、热销产品、热销新品和新店热销新品分析（方法类似），相关界面如图 4-40 ～图 4-43 所示。

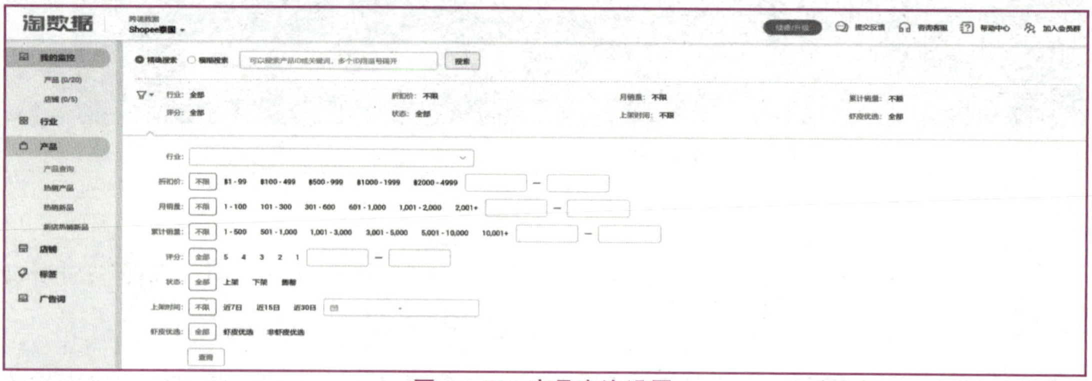

图 4-40　产品查询设置

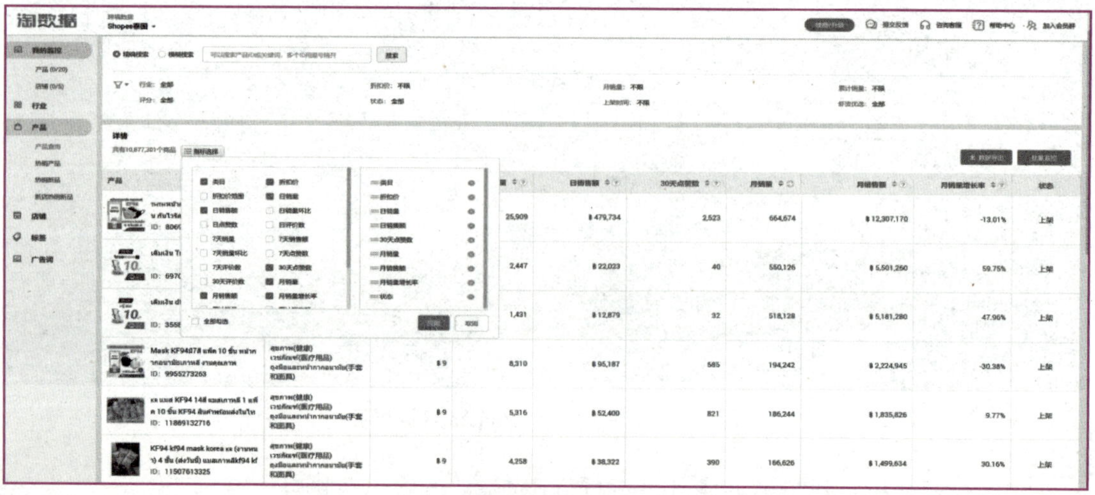

图 4-41　产品查询指标选择

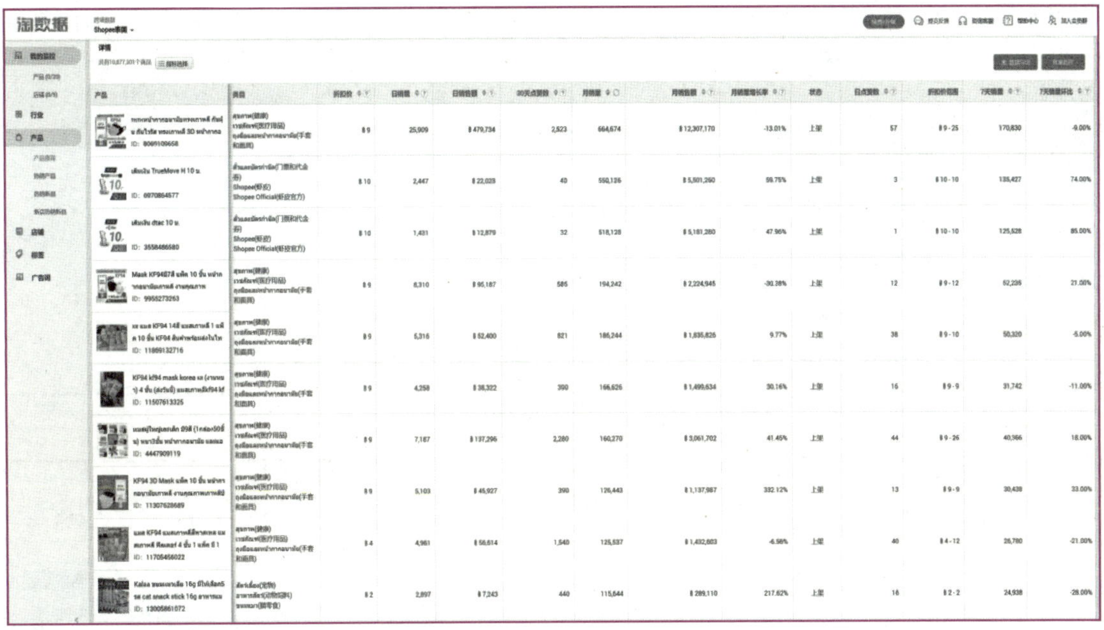

图 4－42 产品查询结果展示

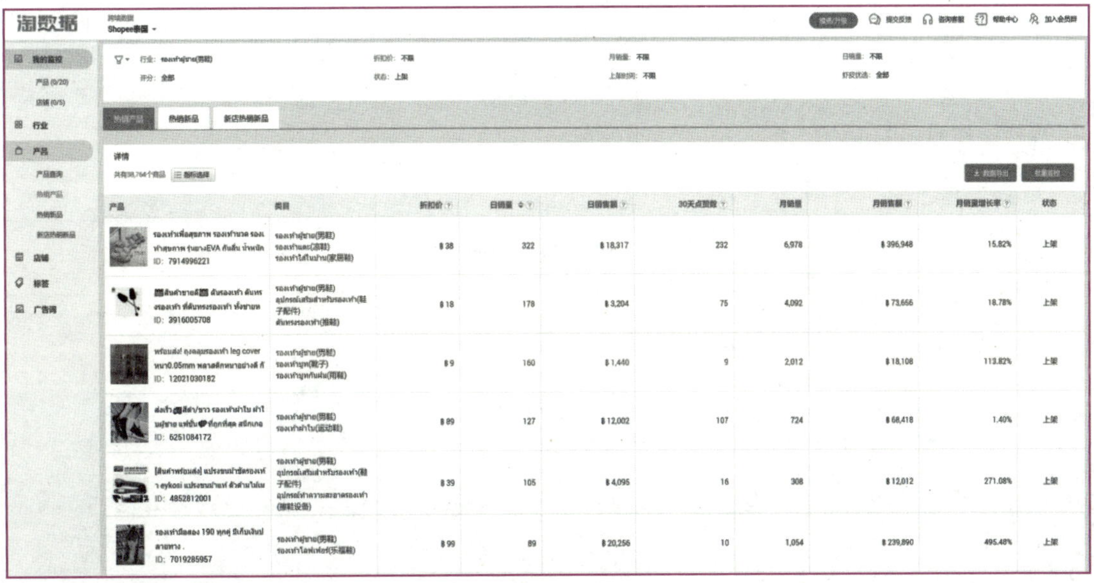

图 4－43 热销产品

（5）店铺分析：设置过滤条件，进行店铺查询、热销店铺分析和新店热销分析（方法类似），如图 4－44 和图 4－45 所示。

（6）标签分析：设置过滤条件，进行标签查询分析，如图 4－46 所示。

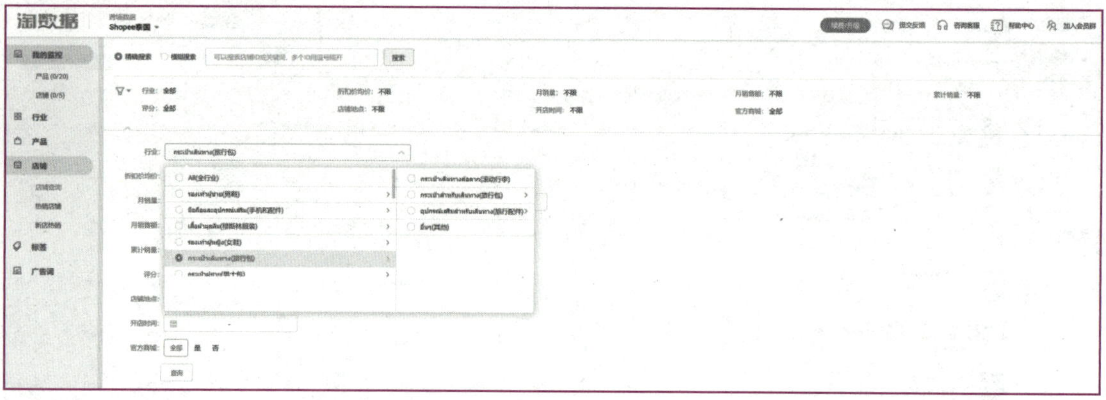

图 4 - 44　店铺查询设置

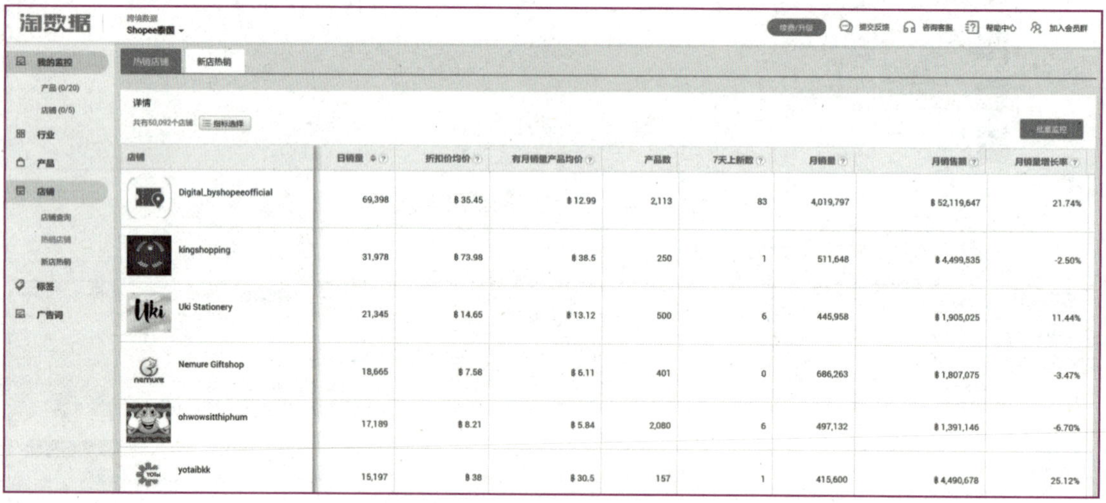

图 4 - 45　热销店铺分析

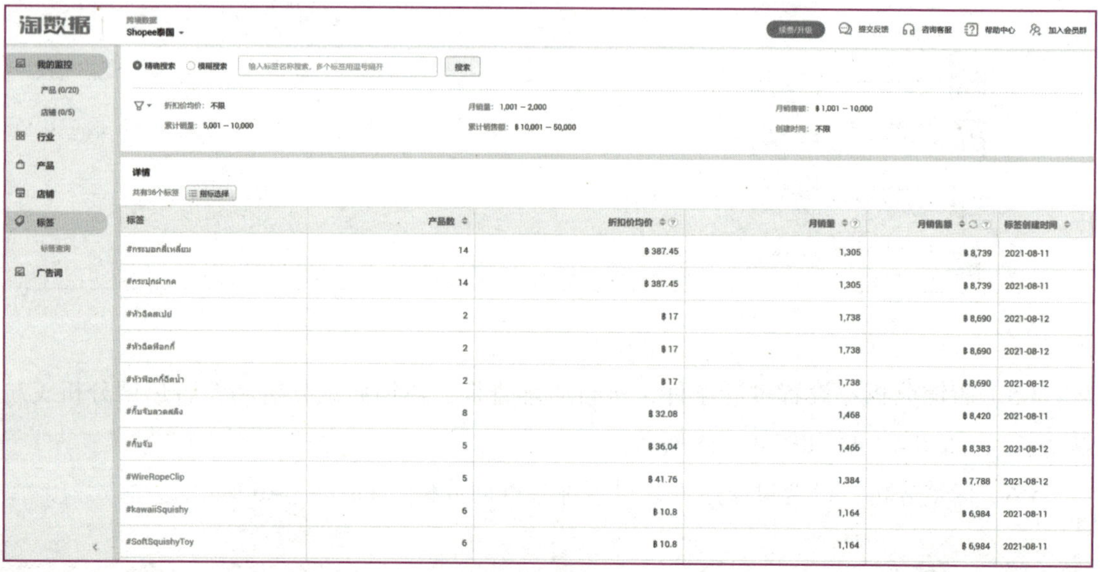

图 4 - 46　标签查询分析

（7）汇总信息，完成选品分析报告。

【任务评价】

任务评价表如表 4-13 所示。

表 4-13 任务评价表

项目	学习态度（20%）	团队合作情况（20%）	步骤完成情况（50%）	其他表现（10%）	小计（100%）	综合评价
个人评分（20%）						
小组评分（30%）						
教师评分（50%）						
综合得分（100%）						

同步延伸

1. 寻找不同的 Shopee 选品分析工具，分析其优缺点。

2. 选择实训任务里没有分析的站点和类目商品，进行选品分析，强化 Shopee 选品分析技能。

3. 如何确定主营类目？

4. 如何利用关键词分析消费者需求？

微学习

使用海鹰数据进行选品分析

行而悟

素养园地

五项跨境电商质量管理国家标准发布

2021 年 4 月 16 日，全国电子商务质量管理标准化技术委员会（TC563）2021 年度工作会议在杭州召开。会议表决审查了跨境电子商务产品质量评价结果交换指南、产品追溯信息共享指南、在线争议解决单证规范、出口商品信息描述规范、出口经营主体信息描述规范等五项国家标准。

跨境电商质量管理国家标准

据悉，TC563 自 2016 年成立以来，一直以国家标准制（修）订作为主要工作任务。截至 2022 年，TC563 归口管理已发布相关国家标准 15 项。此前，TC563 积极参与构建国内电子商务标准体系，通过标准推动产业发展提质增效，发挥标准的引导和规范作用，同时助力监管部门更好地发挥职能，指导电商平台、企业不断合规发展。

跨境电商涉及环节多、地域广，如交易涉及的各类信息的表述和质量溯源单证形式等不统一，势必造成信息流转不畅等困扰，这五个标准的统一规范，能提升信息流转效率，为争议在线解决建立基础，降低我国跨境电商企业运营成本。《跨境电子商务产品质量评价结果交换指南》对跨境电子商务活动中质量评价信息交换流程和质量评价信息内容核心元数据进行了规范，实现跨境电子商务产品质量评价数据的统一描述，确保各环节之间的产品质量评价信息的互联互通。

《跨境电子商务产品追溯信息共享指南》能够有效解决跨境电子商务追溯信息链不完全、信息不一致、信息共享实施步骤不统一等问题，有效保障跨境交易进出口产品来源可溯、责任可究，一定程度上也让消费更加透明。

此外，《跨境电子商务在线争议解决单证规范》规定了第三方在线争议解决平台解决跨境电子商务争议过程中所使用的主要单证类型、要素和信息安全要求；《跨境电子商务出口商品信息描述规范》为在线通关、检验检疫、退税、结汇等提供基础信息标准和接口规范，实现海关、国税、外管等部门与电子商务企业、物流配套企业之间的标准化信息流通；《跨境电子商务出口经营主体信息描述规范》对跨境电商主体信息进行规范，便利单一窗口建设与跨境交易各环节、各平台间的信息流通，降低我国跨境电商企业运营成本。

“大力提升电子商务的标准化水平，对于提升电商平台治理水平，保障平台规范健康持续发展具有重要基础作用。”全国电子商务质量管理标准化技术委员会相关负责人表示。

项目五

跨境电商营销推广

学习目标

- 了解跨境电商营销的方式和推广渠道；
- 掌握跨境电商促销的方法；
- 掌握跨境电商付费营销的几种常见方式和开展技巧；
- 掌握跨境电商社交营销方法。

思维导图

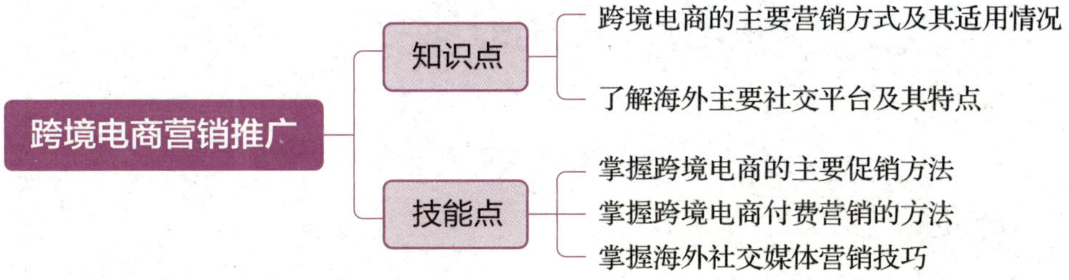

项目导入

近年来，我国跨境电商规模快速增长。根据中国海关数据，2020 年通过海关跨境电子商务管理平台验放的进出口清单达到 24.5 亿票，同比增长 63.3%，进出口额达 1.7 万亿元，同比增长 31.1%。另据商务部有关信息，我国外贸综合服务企业已超过 1 500 家，海外仓数量超过 1 900 个（其中北美、欧洲、亚洲地区占 90%）。2021 年 1—6 月，我国跨境电商进出口额达 8 867 亿元，其中出口额为 6 036 亿元。

从跨境电商结构来看，2019 年，在纳入海关监管的跨境贸易中，B2B 交易规模约占八成，B2C 约占两成；东部沿海地区处于领先地位，其中广东省的规模远高于其他省市；跨境出口贸易主体从大型电商平台逐渐向品牌企业演变。随着越来越多的企业加入各大跨境电商平台，平台内的竞争也越来越激烈，如今已经不是“酒香不怕巷子深”的年代了，所以企业必须充分掌握推广与营销技巧，才能让企业的产品有好的销量。

项目任务书

表 5-1　项目任务书

任务编号	分项任务	职业能力目标	知识目标	参考课时
任务一	营销分类与推广渠道	能利用平台站内外营销工具开展跨境电商店铺营销引流	1. 了解跨境电商的主要营销方式及其适用情况； 2. 掌握跨境电商平台站内外营销工具的使用技巧	2
任务二	社交媒体营销	能进行基本的社交媒体营销	1. 了解跨境电商社交营销的误区； 2. 了解社交营销策略	2
职业素养目标	1. 培养学生对不同文化、不同生活方式的理解和尊重； 2. 培养学生跨文化沟通和表达中的自信； 3. 遵守目标市场的法律法规； 4. 熟悉国外常用的社交营销平台，保持清醒头脑，不被外媒不良信息误导			

任务一　营销分类与推广渠道

任务描述

一家公司新入驻亚马逊和速卖通开设店铺，店铺的运营人员上传了多款产品，可经过一个月左右时间的经营，店铺来访客数和订单数都不理想。为什么别人的店铺开得红红火火，该公司店铺的销量却一直上不去呢？假如你是店铺的运营人员，你该如何做好店铺的营销推广呢？

相关知识

一、店铺自主营销

开展“大减价”“买一送二”“限时打折”等活动的线下实体店铺总是比较热闹。在经营跨境电商店铺时，也要掌握店铺的自主营销和促销技巧，以增加店铺的流量和营收。

营销作为店铺运营重要的一部分，卖家可以根据自己的需要设置店铺营销活动，吸引消费者，以帮助店铺增加销量。店铺自主营销常用方式有以下几种。

（一）折扣促销

消费者都喜欢折扣，折扣不仅可以增加店铺的客流量，吸引对价格较为敏感的潜在客户购买，而且它还是一种去库存的好方法。不过，折扣促销不能经常使用，否则会给消费者留下店铺经常售卖打折产品的印象，导致消费者不愿意以正常价格购买商品。长期打折促销还会让消费者怀疑产品的质量是否合格，因为有些消费者坚信“一分钱一分货”。折扣促销可以采用限时限量折扣和全店折扣两种折扣方式。

1. 限时限量折扣

限时限量折扣是指在一定时间内对产品进行限量打折。它是许多卖家的首选，在店铺营销中是最常用的工具。限时限量折扣的优点如表 5－2 所示。

表 5－2　限时限量折扣的优点

优点	说明
优点 1	通过限时限量折扣可以使商品获得更多的曝光机会
优点 2	在平台大型促销期间使用，能够为商品带来更多的流量
优点 3	若消费者购物车或收藏夹里的商品有限时限量折扣消息，系统就会提示买家以吸引其关注，从而增加购买率

当商品促销力度不大时，消费者可能会犹豫到底要不要买，甚至犹豫到最后放弃购买，限时限量折扣促销让消费者犹豫的时间变少。它营造的就是一种时间上和供货上的紧张感，让消费者觉得现在不买，以后就没有优惠了，此时消费者可能会为了现在的优惠而下单。

限时限量折扣工具除了以上所述的各种好处外，还可以配合其他促销活动使用，在推爆品的过程中，限时限量折扣若搭配直通车效果会更好。

限时折扣促销如图 5－1 所示。

2. 全店折扣

全店折扣是根据店铺内不同类目商品的利润率，对全店的所有商品按照不同的营销折扣进行分组，对不同组别的商品设置不同的促销折扣。在换季和反季清仓时，全店铺打折不仅能快速提升新品的销量，还能对过季商品进行清仓处理，降低其库存。在每年的大促活动如速卖通 328、Shopee“双十一”大促和“双十二”大促，平台会对打折店铺给予支持，提供给其更多的曝光机会和更多的流量。全店折扣促销如图 5－2 所示。

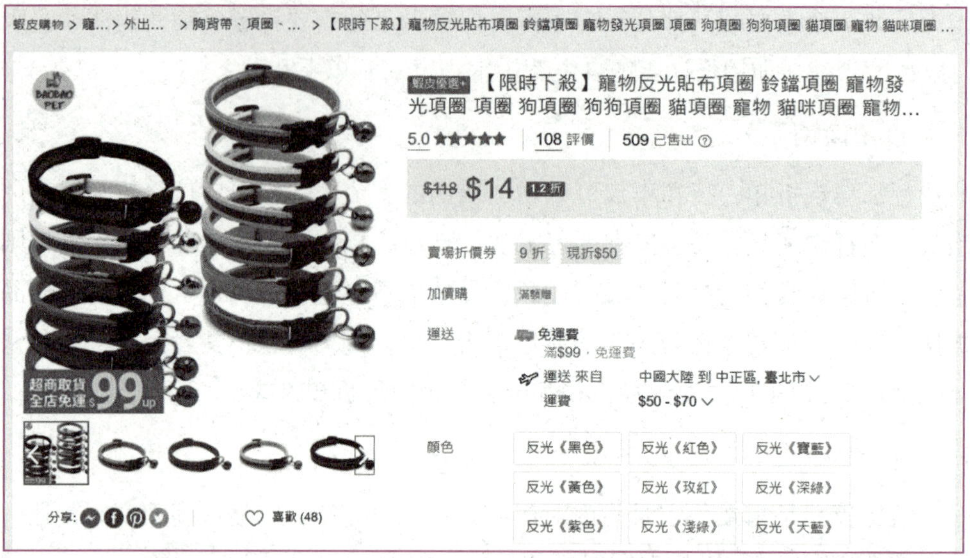

图 5-1 限时折扣促销

（二）运费促销

海外商品运费高在一定程度上抑制了消费者的下单决定，无论是国内还是国外的消费者大都喜欢包邮的产品。所以，运费促销能够强烈刺激消费者的购买欲望。包邮免运促销有两种形式：无门槛免运包邮（见图 5-3）和有门槛（消费到一定商品件数或金额）免运包邮（见图 5-4）。

图 5-2 全店折扣促销

图 5-3 无门槛免运包邮

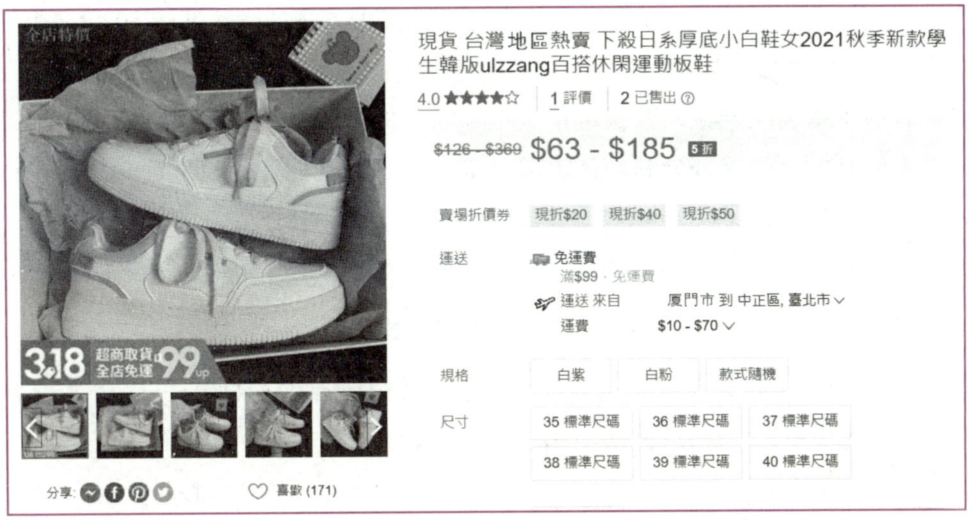

图 5-4　有门槛免运包邮

拓展阅读

在线市场研究公司 YouGov 对来自德国、法国、英国、荷兰、比利时、意大利、西班牙、奥地利和瑞士的 8 602 名在线购物者展开了调查，结果显示，在欧洲的大部分地区，送货成本成为影响网购者是否下单的首要因素。

数据显示，55% 的受访者认为，他们在网购时非常看重运费，但这并不代表他们愿意支付运费，如果产品值得投入的话，他们还是乐意为此支付运费的。此外，有 26% 的人认为所有订单都应该是包邮的。

免费送货对法国人和西班牙人尤其重要，39% 的西班牙人和 32% 的法国人明确表示，他们只会在免运费的店铺下单。抱有相同观念的英国人比例仅为 17%，另有 52% 的英国人表示，他们愿意为值得的产品支付运费。此外，大部分英国人不介意为小众产品支付运费，而仅有 21% 的荷兰人愿为小众产品运费买单，这在所有接受调查的欧洲国家中排名倒数第一。

调查指出，对于欧洲的许多消费者来说，订单价值是决定他们是否愿意支付运费的第一考虑因素，34% 的荷兰人希望商家能够为 20 欧元以上的订单免运费，相同条件下，仅有 6% 的意大利人愿意为此买单。

资料来源：泰嘉物流 . 卖家须知：超一半的欧洲人网购时很看重运费［EB/OL］.（2021-06-02）［2022-04-13］.https:// https://zhuanlan.zhihu.com/p/377206072.

（三）满立减

满立减是由卖家在自身客单价基础上设置的，只要达到一定的数量或者金额，系统就会自动减价的促销工具。满立减有很多种方式：一是不能叠加的满减；二是可以叠加的满减，例如每满 199 元减 100 元；三是满几件减多少，例如满两件减 50 元、第三件半价等。满立减的目的是促使消费者消费一定金额，提高消费额度，让消费者额外购买。很多消费者为了凑满减金额，会挑选很多本不需要的东西，这样一来店家就多出了一部分原本没有的利润，将这部分利润让出部分给消费者，既能让消费者开心，店家也有所获益，双方都获得了好处。

设定满立减促销时应注意以下两点。

1. 设置合理的门槛

如果客单价是 100 元，设置成满 130 元、满 150 元都是合理的，但如果设置成满 300 元，门槛过高就不容易吸引顾客下单。

2. 设置不同的搭配组合

如果设置的规则是满 100 减 20，而你店里的商品都是 70 元左右的，可以适当增加价格为 30 ～ 40 元的商品。

（四）店铺优惠券促销

店铺优惠券是由卖家自主设置优惠金额和使用条件，买家领取后在有效期内使用的营销工具。店铺优惠券的作用有：激励买家下单、为店铺引流、提高客单价、促进二次销售等。卖家可选择定向发放或领取型发放方式。

（1）店铺优惠券分为无门槛优惠券和有门槛优惠券。无门槛优惠券是指只要不小于优惠券的优惠金额都可以使用，如图 5 - 5 所示。有门槛优惠券是有使用条件的，如图 5 - 6 所示，比如凭券订单金额满 65 美元减 6 美元，只有订单大于或等于 65 美元时才会优惠 6 美元。

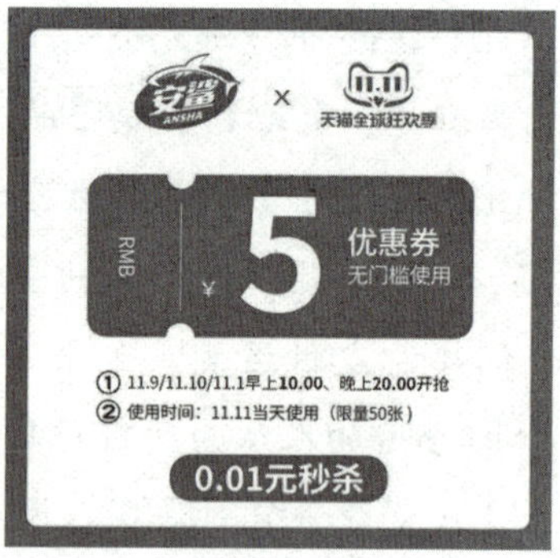

图 5 - 5　无门槛优惠券

图 5 - 6　有门槛优惠券

设定优惠券促销时应注意以下两点：

第一，优惠券面值适中。优惠券的券面价值是影响优惠券使用的最主要因素之一。太低的面值无法引起消费者的注意，而太高又容易导致店铺亏本，所以确定一个合适的面值尤为重要。

第二，时间和范围的控制。优惠券覆盖范围的大小、活动的时间和延续性（一次性提供还是持续全年活动）对使用也有很大影响。覆盖范围越广，受益消费者人数就越多。在对优惠券的时间限制上要做到合适控制，有效期设置太短会降低优惠券的使用率，有效期设置过长，消费者领了优惠券放在卡包中不使用的话店铺转化就得不到有效提升。

学而思

如果一款商品的客单价是50美元，在全店铺打折时，设置了折扣空间为10%，打折后的成交金额为45美元。在此基础上，这款产品又参加了满30美元减5美元的店铺优惠券活动，那么这款产品一旦买家下单的话，最终成交的金额是多少？

二、平台站内付费推广营销

与搜索引擎营销、电子邮件营销、社交媒体营销等站外营销方式相比，各大跨境电商平台站内付费推广是最直接的营销方式之一，卖家可以有效利用站内营销工具，让自己的商品在站内得到直接展示，从而为商品和店铺引流推广。

（一）速卖通直通车

1. 直通车的含义

全球速卖通直通车是阿里巴巴全球速卖通平台 VIP 会员通过自主设置多维度关键词，免费展示商品信息，大量曝光商品，并按照点击付费。全球速卖通直通车是一种迅速提升店铺流量的推广工具。

直通车的推广位展示位置一般在搜索结果页面的右侧和底部，如图 5－7 所示，这两个位置作为推广区比较醒目，也容易吸引买家的注意。其中，右侧推广区在买家进行搜索或类目浏览时，每一页的结果列表的右侧区域可供同时展示 5 款直通车商品；底部推广区在买家进行搜索或类目浏览时，每一页的结果列表的下方区域可供同时展示最多 4 款直通车商品。

直通车规则是通过竞价排名让卖家的商品展示在页面靠前的位置，展示不需要付费，当买家点击该商品时卖家才需要支付广告费。

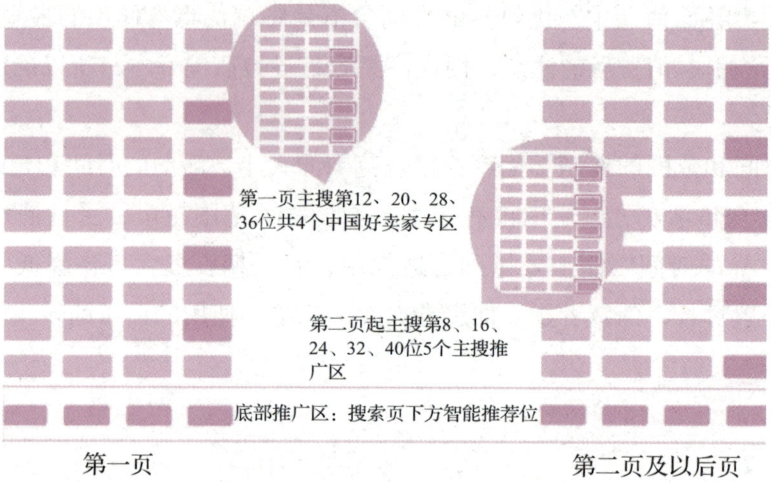

图 5－7　直通车的推广位展示位

2. 直通车的优点

对于新品而言，由于没有很好的销售记录，很难有机会被展示在搜索结果页面靠前的位置，通过直通车可以快速获取大量曝光，增加销售机会。直通车可以引入精准的流量，产生有效点击才会计费，恶意点击和重复性人工点击会被系统除去。商品卖家可以为每个关键词设置单个点击竞价，也可以针对投放时间、投放区域、每日投放预算进行设置，对于每个直通车广告的投入费用和投放地区可以进行定位。

提升直通车效果的技巧如下：

（1）关键词选择。

关键词是直通车推广的基石，关键词选词的数量和质量直接关系到直通车的推广效果。关键词的数量方面的要求是要尽可能多地使用展示商品信息的词汇；关键词的质量方面的要求是关键词与商品的匹配度要高，而且要求精准关键词尽量多。我们可以通过直通车后台强大的关键词工具进行选词。在选择关键词时，选择推广评分高的关键词进行出价。加入进去的关键词会被匹配为三种状态：优、良、一。

对于被匹配为“优”的关键词，以目标展示位出价，出价后需要到前台查看具体展示位，以确定该展示位是否为预期展示位。

对于被匹配为“良”的关键词，需要对关键词进行评估，看是否与产品相匹配。如果匹配，可以进行推优，具体可以将关键词加入创意标题中，如果不匹配可以选择删除。

对于被匹配为“一”的关键词，需要判断店铺内是否有其他的产品与其匹配，如果没有，可以果断删除。

（2）提升关键词与所推广商品的相关性。

关键词是商品标题的重要组成部分，关键词的相关性如何直接决定了搜索出来的结果如何，相关性越高，搜索出来的商品越明确。优化类目的操作方法是：在商家后台商品发布页面输入关键词，选择系统推荐的第一类目。

（3）提升商品的信息质量。

提升商品信息完整度，首先商品属性要填写完整，其次简要描述和详细描述能够清晰表明产品的主要特征，能够对于重要产品信息进行着重介绍，并尽量用分段且标号的写法，严禁罗列和堆砌。如简要描述单纯地从详细描述里直接拷贝，这将严重降低相关性；详细描述不能单纯使用图片代替文字进行描述。

优质标题＝品牌词＋营销词（如厂家直销）＋属性词（如型号、材质、产地、季节等）＋核心产品词（如连衣裙、手机）。

（二）亚马逊广告

亚马逊广告是亚马逊平台针对第三方卖家、供应商或品牌商提供的推广工具，根据不同广告需求，提供不同类型的广告产品，有效提升商品曝光率、引流量，促进销售转化，提高品牌认知度。

1. 商品推广

商品推广是指根据投放关键词展示的亚马逊站内广告，买家可以使用关键词来搜索或查看类似商品的卖家产品。卖家、供应商、图书供应商以及代表供应商的代理商可以使用商品推广。商品推广可提高商品曝光度，广告将会展示在顾客可以看到的位置，如搜索结果首页或商品详情页，如图 5－8 和图 5－9 所示，可吸引正在搜索类似商品的消费者并将他们引导至商家的商品详情页面，从而提高销量。商品推广采取点击收费模式。

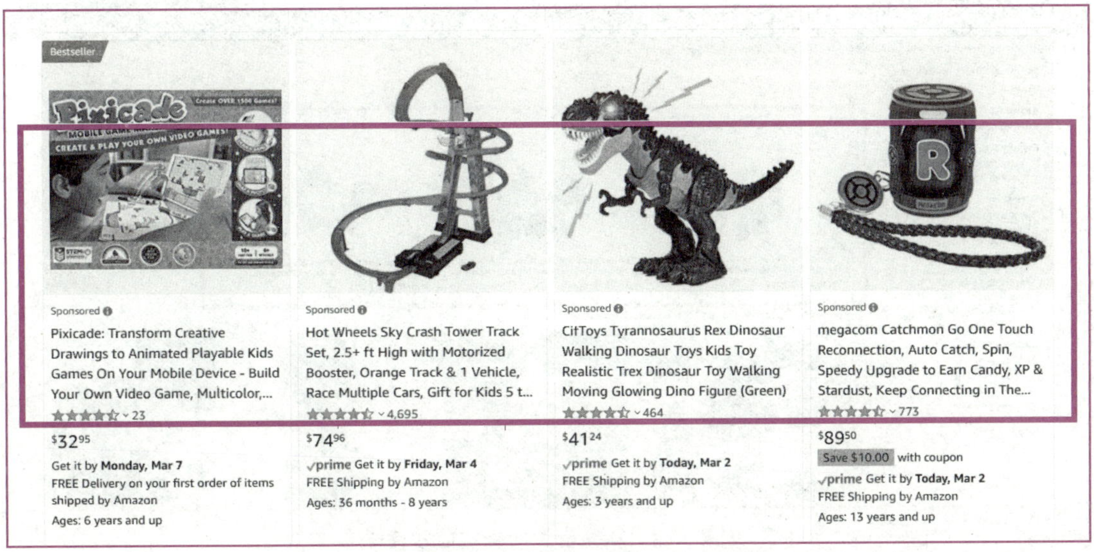

图 5－8　亚马逊商品推广搜索结果首页显示

图 5－9　亚马逊商品推广详情页显示

2. 品牌推广

品牌推广是根据投放的关键词展示的亚马逊站内广告，让卖家可以在广告中推广自己品牌的头条、LOGO 或至多三款产品。品牌推广会在顾客搜索想要购买的商品时展示，如图 5－10、图 5－11 和图 5－12 所示。当亚马逊的顾客点击卖家的品牌 LOGO 后，便会跳转到品牌旗舰店或自定义页面。

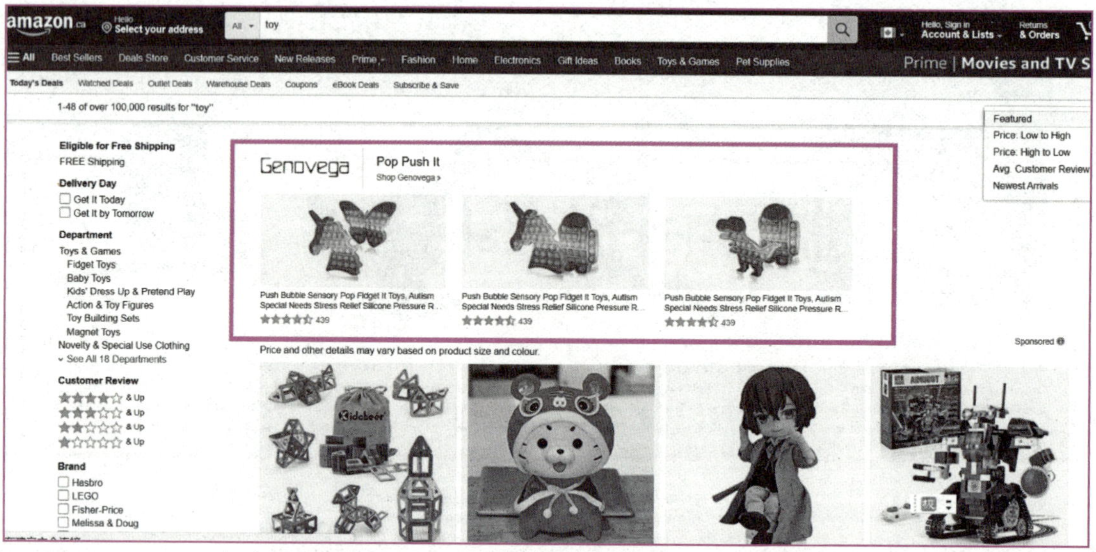

图 5－10　品牌推广搜索页顶部显示

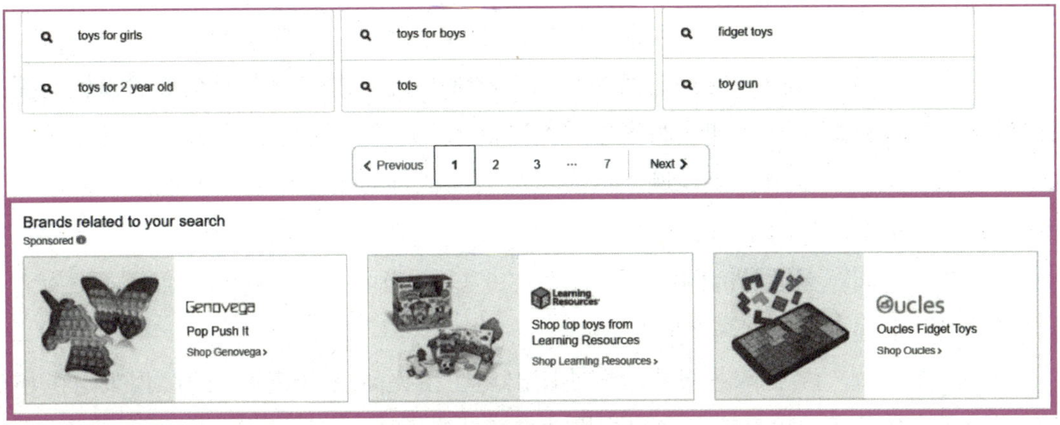

图 5－11 品牌推广搜索页底部显示

图 5－12 品牌推广搜索页视频显示

已进行品牌注册的卖家、供应商、图书供应商以及代表供应商的代理商可以使用品牌推广。

在进行品牌推广时，可以设置顾客点击商品广告时愿意支付的最高金额，这个金额就是竞价。亚马逊品牌推广竞价的设置步骤如图 5－13 所示。竞价越高，广告就越有可能在与亚马逊顾客的搜索内容匹配时展示，采用点击付费模式。

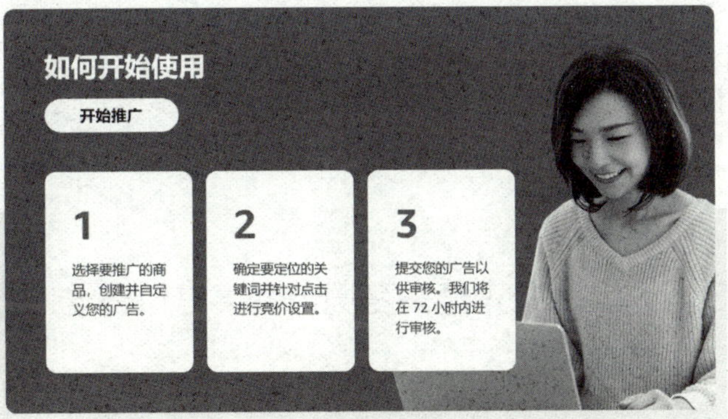

图 5－13 亚马逊品牌推广竞价的设置步骤

3. 展示型推广

展示型推广将买家引导至特定商品页面，此亚马逊站内广告类型是依照投放的买家属性展示，譬如依照买家兴趣、买家常看的商品或买过的商品。已完成亚马逊品牌注册的专业卖家、供应商以及在亚马逊上代表供应商的代理商可使用展示型推广，采用点击付费模式。展示型推广的不同定向方式如下：

（1）浏览定向。在亚马逊网站外，吸引在过去 30 天内查看过商家的商品或类似商品的详情页但并未购买商品的高意向受众。

（2）商品投放。在亚马逊网站内，使用出现在相关商品详情页上的广告来定位相似或互补的商品和品类，提升购买意向或推动交叉销售。

展示型推广不需要设置关键词，会基于买家以前在亚马逊的购物活动，帮助卖家吸引最相关的受众。展示型推广如图 5－14 所示。

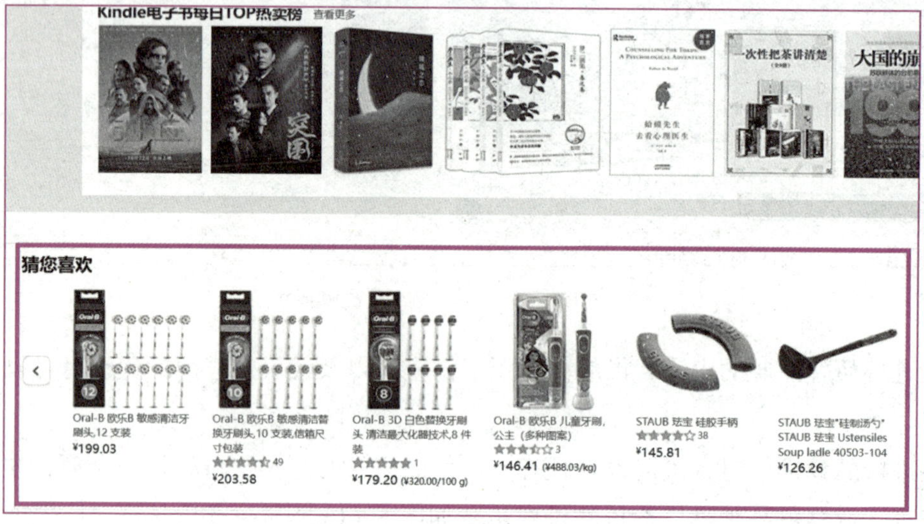

图 5－14　展示型推广

学而思

促销给店铺卖家和买家带来了哪些好处？

思而行

实训任务：上网搜集有关跨境电商平台付费推广的案例

【实训目的】

到各大跨境电商平台寻找付费广告，截图并分析其关键词。

【实训内容】

完成表 5－3 中跨境电商在平台内的付费广告案例，截图并分析其关键词。

表 5－3　付费广告分析

跨境电商平台	跨境电商产品或品牌	付费广告截图	关键词

【实训步骤】

（1）登录搜索各大跨境电商平台，搜索相关付费广告案例。

（2）分析其关键词。

【任务评价】

任务评价表如表 5－4 所示。

表 5－4　任务评价表

项目	学习态度（20%）	团队合作情况（20%）	步骤完成情况（50%）	其他表现（10%）	小计（100%）	综合评价
个人评分（20%）						
小组评分（30%）						
教师评分（50%）						
综合得分（100%）						

任务二 社交媒体营销

任务描述

A 公司针对海外消费者推出了一款主打“天然”“纯净”的面膜，现需要通过社交营销来推广该产品，让更多的用户了解这款产品的功效，并扩大该品牌的影响力。公司营销人员应该如何选择社交网站？该如何进行产品推广呢？

相关知识

根据 2021 年全球社交媒体统计数据，社交媒体用户现在平均每天花费 2 小时 25 分钟在社交网络和消息应用程序上。超过 46 亿人在使用互联网，而社交媒体用户已经突破了 42 亿大关。

一、社交媒体营销概念和特征

（一）社交媒体营销概念

社交媒体（Social Media），指的是互联网上基于用户关系的内容生产与交换平台，比如：脸书（Facebook）、油管（YouTube）、推特（Twitter）、照片墙（Instagram）、抖音（TikTok）等。营销（Marketing），是指企业发现或发掘消费者需求，让消费者了解该产品进而购买该产品的过程。综合来说，社交媒体营销就是企业、个人或机构在社交网络平台上进行营销推广的行为。

（二）社交媒体营销的特征

（1）目标用户精准。社交媒体用户基于真实的社交圈，有着高度的聚类性，用户分别在年龄、喜好、地域、性别、经济水平等各方面呈现较为明显的自然划分，便于企业找准用户群，开展营销推广。

（2）营销成本低。社交媒体营销基本上依靠软性推广，成本远远低于广告投放。同时，由于社交媒体营销是基于社交关系的传播，其传播的主要媒介是用户，主要方式是“口口相传”，因此可以获得自然的二次和多级扩大传播。

（3）互动性强。在社交媒体平台上，人们可以就自己喜欢的、当下热点的话题进行讨论。企业可以发起一些投票和制造话题，调动用户的参与性。

三、海外社交媒体简介

（一）Facebook

Facebook（其页面见图 5－15）是美国最大的社交平台，其平均月活量为 28.53 亿。据了解，2021 年，美国约有 71% 的成人互联网用户使用 Facebook，占美国成年人口总数的 58%，其中 56% 的用户年龄超过 65 岁，女性用户的数量明显比男性用户多。

图 5－15 Facebook 页面

Facebook 有如下运营技巧。

1. 定期发布有吸引力的内容并及时互动

有规律、持续性地更新信息并与粉丝互动，保持账号的活跃性。发文时可以契合热点，比如体育比赛、流行时尚等话题，受众点赞、分享、转发、评论了主页的内容，要及时跟进，与受众进行互动，提升受众的黏性。良好的互动，不仅可以让访问者对服务产生愉悦感，更能促进转化和品牌的建立。

2. 加入 Facebook 群组，提升知名度

Facebook 群组聚集了具有相似兴趣和需求的用户。在这些群组中，可以多分享内容、参与讨论，或对其他群友的帖子发表评论等操作，可快速建立起自己的品牌知名度。

3. 掌握发文时间

Facebook 是世界上是最多人使用的社交媒体平台。据统计，每篇 Facebook 帖文平均只有 6 小时寿命，在发布前的 2 小时内，会有 75% 的受众看到，但随后会慢慢减少，最后会被其他信息所淹没。

Facebook 的最佳发帖时间为周二、周三和周五的 9 : 00—13 : 00（美国时间）；最佳的发帖日子为周二、周三和周五；最差的发帖日子为周末。

（二）Twitter

Twitter（其页面见图 5 - 16）是美国的在线社交网络服务和微博服务网站，中文名为推特，平均月活量 3.97 亿。美国 23% 的成人在线用户使用 Twitter，约占成人总数的 19%，并且在 50 岁以下和受过大学教育的成年人中特别受欢迎。

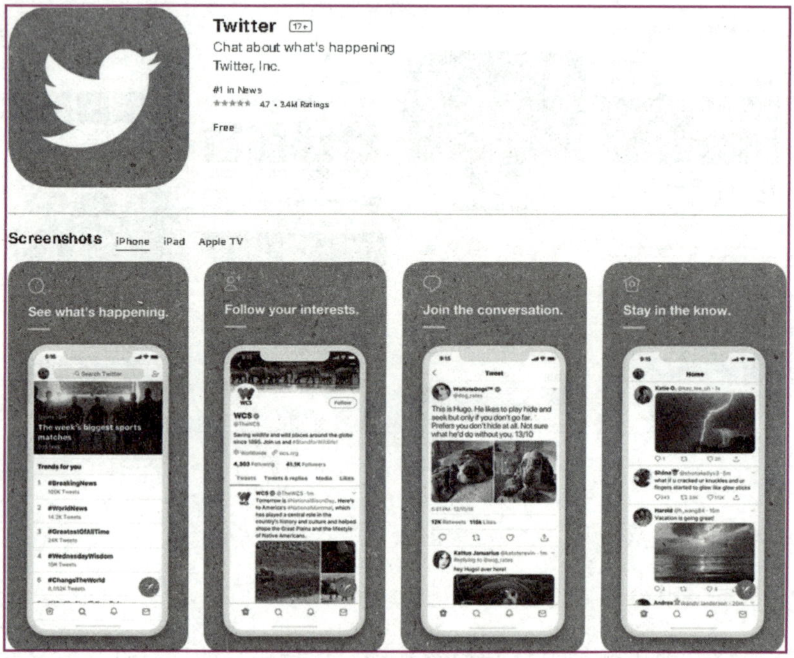

图 5 - 16　Twitter 页面

企业可以在推特上与粉丝互动，回答问题，解决投诉，以及为网站引流。虽然 280 个字符很短，但许多品牌都认为 Twitter 是最快速的与消费者联系互动的方式之一，能随时随地高效解决客户疑问。因此 Twitter 被视为与消费者建立强大互动、为网站引流以及提高转化率的最佳渠道。

Twitter 用户倾向于在清晨关注最新信息，所以最佳发文时间是周三和周五 9 : 00（美国时间）。

（三）Instagram

Instagram（其页面见图 5－17）是一个提供在线照片共享、视频共享和社交网络服务的应用程序，受众主要分布在 18～29 岁，其中女性使用 Instagram 的时间更多。Instagram 允许用户拍摄照片和视频并把它们分享于各种社交网络。Instagram 在所有移动应用程序中用户活跃排名第四，仅次于 Facebook、WhatsApp 和 Facebook Messenger，每月有超过十亿人使用 Instagram。

图 5－17 Instagram 页面

Instagram 引流营销的技巧如下。

1. 发布高质量的图片，分享内容丰富

Instagram 主要用作视觉平台，因此必须重视在页面上发布高质量的图像和视频。对于品牌方来说，高质量的产品美图能够让消费者在瞬间产生购买欲望，或是对品牌产生想要了解的欲望。图片的内容可以是使用场景、产品细节或是幕后花絮。

2. 选择与品牌契合的意见领袖（KOL）进行营销合作

选择与品牌契合的意见领袖进行营销合作，是目前市场上一种行之有效的营销方法。意见领袖在不同的领域中各自拥有着成千上万的订阅者，与意见领袖合作营销能在一定时间内让品牌得到最大曝光和引流。

3. 发帖时添加主题标签

Instagram 的标签（Hashtag）功能，类似于国内发微博时给内容加上热门话题，这样做能让帖子的内容得到最大曝光，吸引目标客户的注意，让粉丝数显著增加，扩大品牌影响。

（四）YouTube

YouTube 是世界上最大的视频网站，拥有大量的流量和观众，超过 13.25 亿人都在使用 YouTube。目前，每天每分钟都有 300 小时的视频上传到 YouTube，每秒的播放量大概是 5 小时的视频内容。使用 YouTube App 可轻松订阅自己最喜爱的频道、创建播放列表、修改和上传视频、通过评论或分享表达自己的想法。

YouTube 具有如下特点：

（1）它是展示企业品牌形象的一个重要渠道。众所周知，视频的传播力比文字或图片更强，同时 YouTube 支持在视频下方简介里加入产品链接，这十分有利于为品牌或店铺引流。

（2）通过生动细致的产品展示，可以激发观众的购买欲。

（3）有利于提升品牌关键词排名。YouTube 视频有很高的谷歌权重，广告商在 YouTube 上传品牌视频有助于搜索引擎优化（SEO），优质的 YouTube 内容及视频链接会极大地提高谷歌搜索结果的排名。

（五）TikTok

TikTok 又称国际版抖音，TikTok 的下载和安装量曾在美国市场跃居第一位，并在日本、泰国、印度尼西亚、德国、法国和俄罗斯等地，多次登上当地 App Store 或 Google Play 总榜的首位。

TikTok 是一款专注于年轻人的社交类软件，60% 的 TikTok 月活跃用户年龄为 16 ～ 24 岁。由于瀑布流视频的推荐机制更易吸引到目标客群，且 TikTok 的用户普遍为“Z 世代”年轻人，因此互动性更强。其中，话题标签挑战赛的营销效果最为突出。高露洁在 TikTok 举办的挑战赛如图 5－18 所示。

图 5－18　高露洁在 TikTok 举办的挑战赛

TikTok 的营销技巧如下。

1. 使用合适的标签

和许多社交媒体软件一样，TikTok 用户依赖标签来分类其视频，并按主题搜索视频片段。用户点击屏幕底部的“Discover（发现）”放大镜，就能看到按热门标签分类的视频列表，如图 5－19 所示（图片来源：fixingport.com）。使用主题标签，可以让我们有效地扩大内容范围、识别竞争对手，还可以获得更多的关注。

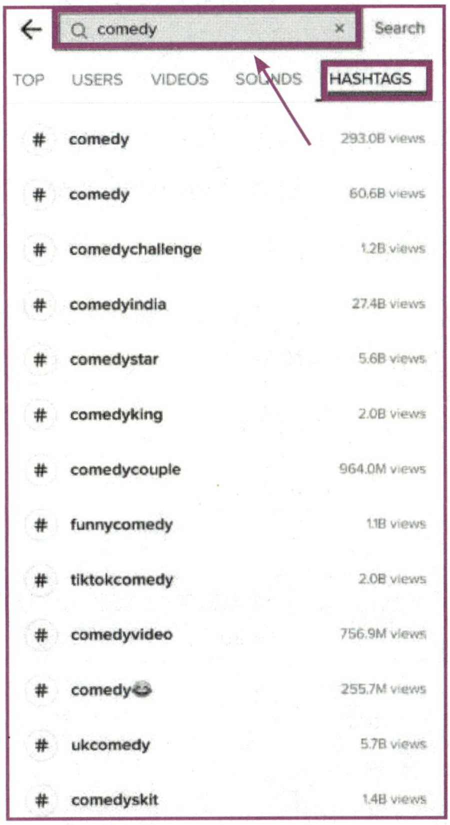

图 5－19 TikTok 热门标签

2. 定期发表评论引流

TikTok 支持用户频繁地参与互动，而评论是实现互动的绝佳方式。营销人员可以在本企业账号所发布的视频下回复互动，也可以在其他热门账号视频下的评论区发布自己的独到见解，获得广大用户的点赞或评论，从而获取关注度，赚得流量。

3. 与意见领袖合作创作视频内容吸引关注

TikTok 目前已经形成了一个大型的意见领袖社区，如何从众多意见领袖中寻找合适的对象，可以参考以下两点：

（1）判断意见领袖的内容风格。通过意见领袖呈现的整体风格，可以了解他们的粉丝类型和兴趣喜好等属性资讯，同时就能判断是否适合通过该意见领袖来推广产品或品牌。

（2）分析意见领袖的粉丝画像以及互动率。粉丝量是可以最先清楚看到的数据，对于意见领袖与产品是否契合，调查中所得出的用户性别比例也是一个十分重要的前提。可以分析该意见领袖视频的播放量、点赞次数以及留言评论，即意见领袖的粉丝画像，从而得知 TikTok 意见领袖拥有的活跃粉丝数以及粉丝黏性。

学而思

分析成功的社交媒体营销案例，简述它们是如何策划社交媒体活动、打造品牌知名度的。

思而行

实训任务：制定 A 公司面膜社交媒体营销的规划

【任务解析】

（1）了解各大海外社交媒体的特征。

（2）分析 A 公司面膜的消费群体，选择其使用较多的社交媒体平台进行营销。

【任务实施】

制定一份产品营销规划，要求通过海外社交媒体向用户推广这款产品，请试着给出营销方案并执行。

【任务评价】

任务评价表如表 5－5 所示。

表 5－5 任务评价表

项目	学习态度（20%）	团队合作情况（20%）	方案可执行性（50%）	创新性（10%）	小计（100%）	综合评价
个人评分（20%）						
小组评分（30%）						
教师评分（50%）						
综合得分（100%）						

拓展阅读

有着 200 多年历史的世界五百强企业高露洁最近加入短视频平台 TikTok，在“世界微笑日”发起了在线主题挑战，收到了 160 多万条用户创作视频，播放量达到 25 亿次。

高露洁整合营销传播总监林登·莫兰特在出席亚太地区 Vidcon 大会期间接受媒体采访时表示，高露洁正在尝试通过 TikTok 平台，在适当的时刻传达品牌观念。TikTok 成为其在 2020 年加快数字化转型的关键，也是高露洁公司 360 度全方位品牌激活计划的一部分。“我们进行品牌激活的机会转瞬即逝，不想在未来后悔。”

高露洁发起的主题挑战“微笑日挑战”配有定制的微笑表情贴纸，可以检测 TikTok 用户的微笑，甚至进行虚拟评分。本次活动覆盖印度、马来西亚、新加坡、泰国和菲律宾共五个国家。

莫兰特解释道："高渗透率和创意社区的组合，促使我们决定在 TikTok 上投下重注。所以这并不是一次试水，我们的观点是要做就要做大。在这些国家，我们有一些难以触及的群体，但 TikTok 恰恰有非常高的影响力和渗透率，我们正是被它的这一优势所吸引。"高露洁还邀请了来自这五个国家的上百名 TikTok 内容创作者拍摄并上传视频参加话题挑战，以鼓励更多用户积极参与。

TikTok 数据显示，为期 6 天的"微笑日挑战"活动中，共产生了 160 万条由用户创作的视频，总观看次数达到 25 亿次。莫兰特认为，这次活动非常成功。"它的互动热度、规模和知名度远远超出了我们的预期，毕竟 TikTok 产生的'光晕效应'很难量化。"

活动结束后，依旧有用户在使用活动主题拍摄。莫兰特认为这对品牌是一种褒奖，证明公司的工作取得了成效，因为此次活动完全符合品牌的形象，而不是"一次咄咄逼人的销售转化"。并且公司相信，新获得的品牌受众通过此次活动产生了共鸣。

莫兰特指出："品牌是公司宣传在人们脑海中留下的印象。如今，品牌宣传不再是用辞藻华丽、意图明显的广告对人们进行狂轰滥炸，而是要让人们心甘情愿地接受我们的品牌。所以我们设计活动时希望'留白'，让消费者自由发挥，进行互动。TikTok 中的贴纸和主题挑战帮助我们做到了这一点。"

他还表示，虽然活动期间整合了各种品牌设计要素，但高露洁的目的不是向人们推广电子商务，推销某个子品牌，或者指导口腔护理行为等。相反，该品牌只是希望帮助用户看到微笑的力量。

莫兰特说道："我们没有最大程度淡化品牌，这确实是故意为之，但我们还是将标签挑战命名为'微笑日挑战'，而不是'高露洁微笑日挑战'。此前 TikTok 没有这个标签。因此，只要消费者愿意重新审视自己的微笑，能够意识到他们以前竟然没有思考过微笑的力量，那么我们的工作就是有意义的。"

资料来源：科技芯天地．高露洁要用 TikTok 实现数字化转型 "微笑日挑战"播放量破 25 亿［EB/OL］.（2019-12-18）［2022-04-13］.https://www.sohu.com/a/361181310_120498118.

行而悟

素养园地

速卖通卖家必知的知识产权规则

知识产权是指"权利人对其所创作的智力劳动成果所享有的专有权利"。未经知识产权所有人的许可，使用其依法享有的知识产权，即为知识产权侵权。

1. 知识产权有哪些？

知识产权包括工业产权和著作权。工业产权又包含专利权和商标权，专利权又包含了发明、实用新型和外观。

2. 速卖通平台的知识产权规则是什么？

全球速卖通平台严禁用户未经授权发布、销售涉嫌侵犯第三方知识产权的商品。

若你发布、销售涉嫌侵犯第三方知识产权的商品，则有可能被知识产权所有人或者买家投诉，平台也会随机对商品（包含下架商品）信息进行抽查，若涉嫌侵权，则信息会被退回或删除。投诉成立或者信息被退回、删除，卖家会被扣一定的分数，一旦分数累积到相应标准，平台会执行处罚措施。

3. 发布产品时，如何避免品牌侵权呢？

首先，参考速卖通规则专区下的品牌参考列表，如果其中没有列举，可以去国家商标网查询，确定你的商品是否构成侵权。

如果依然不确定，那么要注意所有产品、店铺等发布到网上的信息（包括文字和图片）都不能使用他人品牌名称或衍生词；产品图片中不能含有他人品牌名称或衍生词、LOGO 或相似 LOGO；不发布含有模仿他人品牌代表性图案、底纹或款式的产品。

一旦发布了侵权产品，在没有被投诉之前，如果你及时发现，立即删除就不会受到任何处罚。如果收到了知识产权所有人的投诉，那么也不必惊慌，采取积极有效的方法应对，可以将店铺的损失减少到最小。你需要做的是登录知识产权保护系统：http:/legal.alibaba.com，点击“我要回应投诉”按钮，查看知识产权编号名称，积极联系投诉方，取得对方的谅解和撤诉的机会。如果有证据证明自己的产品不涉及侵权，那么可以主动发起反投诉。

如果你收到的是盗图的投诉，那么首先必须要确认这个行为是否真实存在。盗图不可取，但是有时候你所用的图片来自供货商平台，在沟通不到位的情况下，产生误会也是在所难免的。如果遇到盗图的投诉，一旦投诉成立则一次扣 6 分，首次违规 5 天内算一次（不扣分）；从第 6 天开始，每次被投诉扣 6 分；如果一天内有多次被投诉则扣一次分，时间以投诉受理时间为准。

资料来源：连连国际.速卖通卖家必知的知识产权规则[EB/OL].（2022-02-17）[2022-04-13].https://global.lianlianpay.com/channel/73-44585.html.

项目六

跨境电商物流

学习目标

- 了解跨境电商物流的定义；
- 掌握跨境电商物流的主要模式及特征；
- 掌握跨境电商物流中的通关与报关；
- 掌握海外仓的选品定位与思路。

思维导图

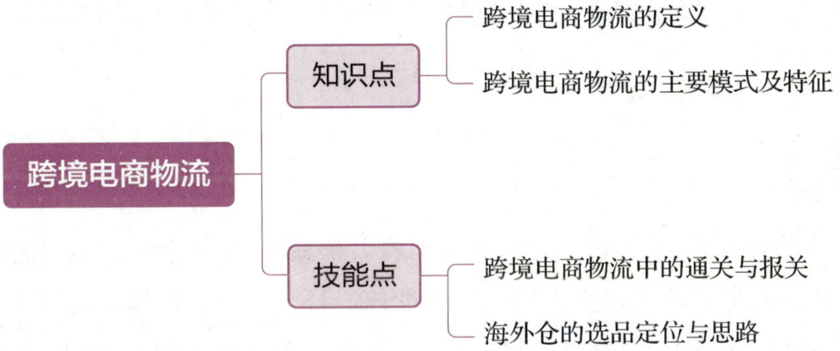

项目导入

跨境电商的发展是物流、信息流和资金流的协调发展，跨境电商物流作为重要的一个环节，其发展状况影响着整个跨境电商的发展。2017 年以来，我国跨境电子商务规模 5 年增长近 10 倍，2021 年进出口额达到 1.98 万亿元人民币，同比增长 15%。依靠跨境物流、海外仓等基础设施的搭建，一条中国品牌出海的新丝绸之路也正在形成。中国品牌正在向全球化发展，对跨境物流，则是挑战与机遇并存。

项目任务书

表 6-1 项目任务书

任务编号	分项任务	职业能力目标	知识目标	参考课时
任务一	跨境电商物流的模式与特征	能分析物流模式的优劣并选用恰当的物流模式	1. 了解跨境电商物流的定义； 2. 掌握跨境电商物流的主要模式及特征	1
任务二	跨境电商物流中的通关与报关	能完成跨境电商物流中的报关材料准备及通关手续	1. 了解跨境电商物流中的报关模式； 2. 掌握跨境电商物流中的通关流程	1～2
任务三	海外仓的选品定位与思路	能完成海外仓的数据调研及选品工作	1. 了解海外仓的定义及特点； 2. 掌握海外仓的选品定位及思路	1～2
职业素养目标	1. 培养学习力及创新能力，能快速适应新政策及新技术； 2. 具备一定的统筹合作能力，有全局意识； 3. 具备良好的数据意识及信息素养			

任务一 跨境电商物流的模式与特征

任务描述

小白是某外贸企业的员工，由于公司即将开展跨境电商业务，小白需要了解跨境电商业务所涉及的主要环节。作为跨境电商的核心环节之一，跨境电商物流与传统物流方式有哪些差异？跨境电商物流的基本定义是什么？跨境电商物流主要有哪些模式及特征？这些都是小白面临的问题，小白决定通过资料搜索先了解这些问题及相关的背景知识。

相关知识

近年来，我国跨境电商行业发展迅猛，突出的表现受到了世界的广泛关注。从微信推出的“微信指数”可以看出，跨境电商的发展势头迅猛且有持续发展的趋势。跨境物流也逐渐受到关注，跨境电商从业者也逐步认识到了跨境物流对于跨境电商的重要意义。

一、跨境电商物流的定义及一般流程

（一）跨境电商物流的定义

跨境电商包括线上的信息流、电子商务、资金流和线下的物流，其中前面三个都是基于互联网运行的，只有跨境电商物流必须有线下实体环境才能完成。跨境物流是指把货物从一个国家或地区通过海运、陆运或空运送到另外一个国家或地区，再通过目的地当地的物流公司，把货物送达客户的手中，实现买家和卖家的最短路径连接和最快速度成交，完成跨境商品配送的全过程。

（二）跨境电商物流的一般流程

跨境电商物流的一般流程包括卖方所在国的国内运输、仓储服务、报关、海运/空运/陆运、目的国清关、中转仓储服务、目的国国内运输及配送等环节，具体如图6-1所示。

图6-1 跨境电商物流的一般流程

二、跨境电商物流的主要模式

（一）国际商业快递

国际商业快递有四大巨头，即 DHL、TNT、FedEx 和 UPS（Logo 见图 6－2），这些国际快递服务商通过自建的全球网络，利用强大的 IT 系统和遍布世界各地的本地化服务，为跨境电子商务平台网购中国产品的海外用户带来极好的物流体验。商业快递的时效基本为 3 ～ 5 个工作日，最快可在 48 小时内把货物送到买家手中。

图 6－2　常见国际商业快递的 Logo

（二）邮政包裹模式

全球邮政网络覆盖 220 个国家，邮政包裹模式得益于万国邮政联盟。据统计，中国出口跨境电子商务 70% 的包裹都是通过邮政系统投递的，其中中国邮政占据 50% 左右。中国邮政旗下的主要服务如图 6－3 所示。除此之外，中国卖家还经常使用新加坡邮政和香港邮政等。邮政物流包括中国邮政小包、中国邮政大包、香港地区邮政小包、EMS、国际 e 邮宝、新加坡小包、瑞士邮政小包等。

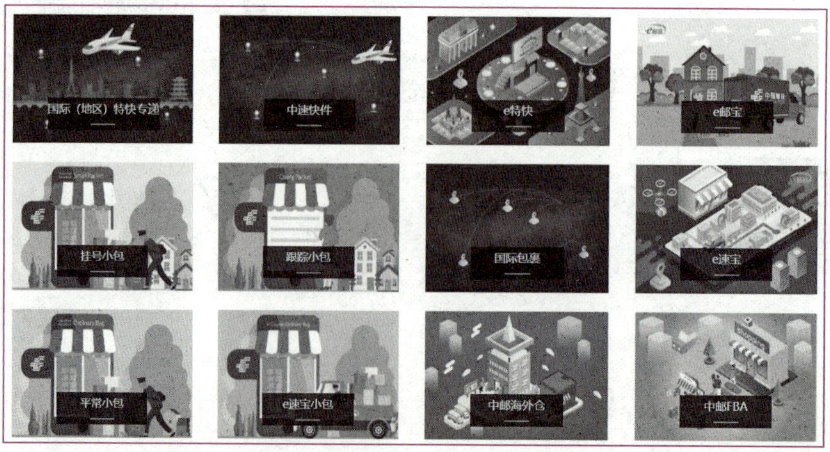

图 6－3　中国邮政旗下的主要服务

（三）海外仓模式

海外仓储物流服务，是指物流服务商为卖家在销售目的国建有海外仓，通过海外仓进行货物仓储、分拣、包装和派送的一站式管理服务。海外仓储的成本包括头程运输、仓储管理和本地配送三个部分。

头程运输是指中国商家通过海运、空运、陆运或者联运将商品运送至海外仓库。仓储管理是指中国商家通过物流信息系统，远程操作海外仓储货物，实时管理库存。本地配送是指海外仓储中心根据订单信息通过当地邮政或快递使商品完成最后一千米的配送服务。

（四）国际物流专线

国际物流专线是指针对特定国家或地区推出的跨境专用物流线路。其物流起点、终点、线路、运输工具、时间、周期基本固定。物流专线的时效比国际邮政小包快，这种模式的一大优势是可以大批量运送，成本比国际快递低，能够规避清关与商检风险。相对于特定区域的跨境电子商务而言，国际物流专线是一种有效的跨境物流方案。

常见的专线物流方式有中环旗下的“俄邮宝”和“澳邮宝”、俄速通、燕文专线、Aramex 专线等。

（五）自贸区或保税区物流

自贸区或保税区物流是指预先将商品送至自贸区或保税区仓库，通过跨境电子商务实现商品的销售，再通过自贸区或保税区的仓储实现分拣、包装等，通过集中运输实现商品的物流与配送。保税区物流仓储服务如图 6－4 所示。

图 6－4　保税区物流仓储服务

这一新兴物流模式是依托自贸区或保税区的新兴物流服务模式，有利于降低物流成本、缩短物流时间，还有利于享受自贸区或保税区的综合优势与优惠政策，尤其是在物流、通关、商检、收付汇、退税等方面的政策，简化跨境电子商务与跨境物流的烦琐流程。

（六）集货物流

集货物流是跨境电子商务发展的一种产物，是指先将商品运输到本地或当地的仓储中心，达到一定数量或形成一定规模后，通过与国际物流公司合作，将商品运到境外买家手中，或者将各地发来的商品先进行聚集，然后再批量配送，或者与一些交易类似商品的跨境电子商务企业形成战略联盟，成立共同的跨境物流运营中心，利用规模优势和优势互补实现降低跨境物流费用的目的。集货物流的进口流程如图 6－5 所示。

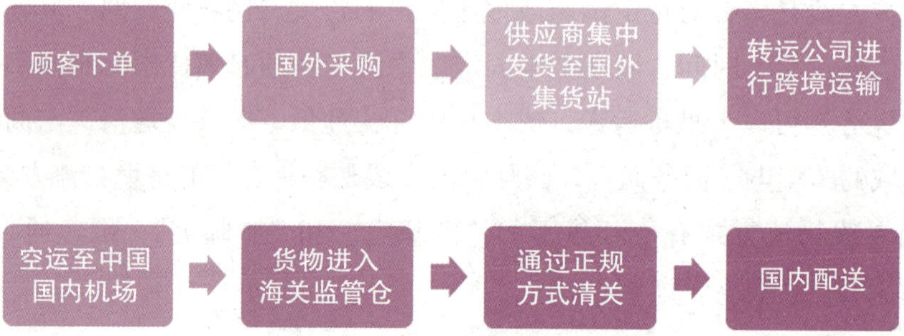

图 6－5　集货物流的进口流程

集货模式的优点：一是品类无限制；二是集运成本低于直邮。

集货模式的缺点：一方面必须要有国外仓，租仓成本高；另一方面国外人工费用较高。

（七）第四方物流

第四方物流服务是物流企业利用其智力资源、信息与技术优势为所服务客户提供的涉及物流管理、供应链管理等方面的规划、设计和咨询服务。相比于其他物流增值服务，第四方物流服务是最具价值、最具技术含量和难度最高的服务类型，也是最具潜力的高端增值服务。

三、跨境电商物流的特征

目前我国跨境电子商务业务以 B2B 出口为主，跨境电子商务物流模式更倾向于传统的“集装箱”式运输。随着订单碎片化以及中后段供应链的建立，B2C 市场的交易额增加，跨境电子商务物流逐渐转变为“小批量、多批次、快速高效”的运输形式，因此对跨境电子商务物流服务提出了更高的要求。

（一）物流流转的快捷化

跨境电子商务要求国际物流上下游的物流配送需求反应的速度越来越快，前置时间和配送的间隔越来越短，商品周转和物流配送时效越来越快。

（二）物流功能的集成化

跨境电子商务要求将国际物流与供应链的其他环节进行集成，如物流渠道与产品渠道的集成、各种类型的物流渠道之间的集成、物流环节与物流功能的集成等。

（三）物流作业的规范化

跨境电子商务国际物流强调作业流程的标准化，可以考核物流的操作方式，包括物流订单处理模板的标准化、物流渠道管理的标准化等，从而使复杂的物流作业流程变成简单的、可量化的流程。

（四）物流信息的电子化

跨境电子商务国际物流强调订单处理、信息处理的系统化和电子化，用 ERP 信息系统功能完成标准化的物流订单处理和物流仓储管理。通过 ERP 信息系统对物流渠道的成本、时效、安全性进行有效的关键业绩指标（KPI）考核，对物流仓储中的库存积压、产品延迟到货、物流配送不及时等进行有效风险控制。国际快递管理系统 XMS 功能蓝图如图 6－6 所示。

微学习

全球最大自贸区域来临！RCEP 来了！

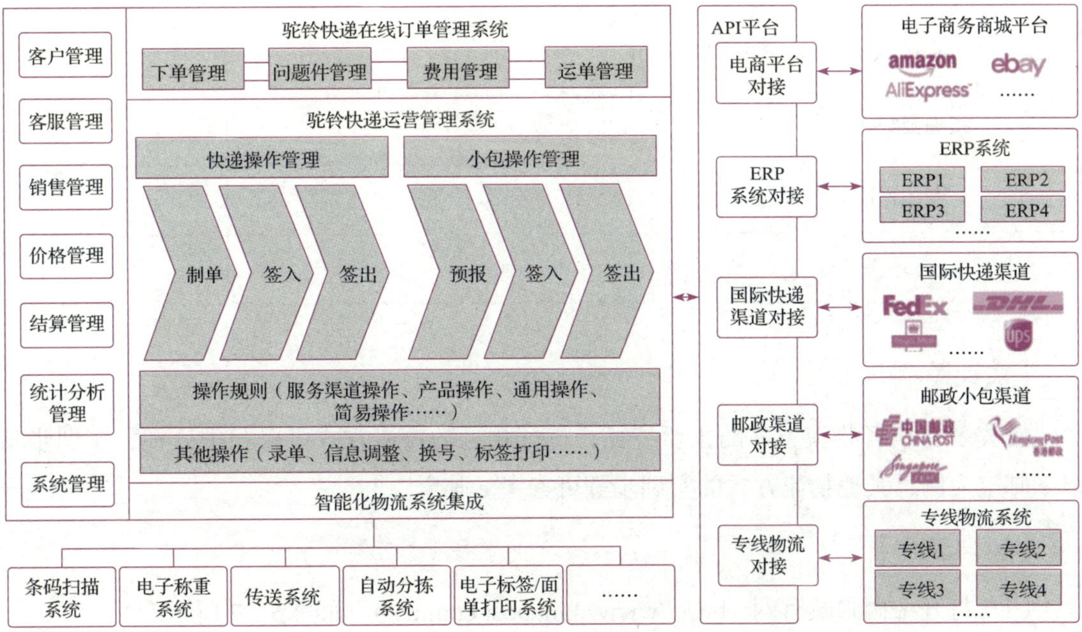

图 6－6　国际快递管理系统 XMS 功能蓝图

学而思

活动讨论 1：跨境电商物流有哪些特点？

活动讨论 2：邮政小包模式的优缺点有哪些？

思而行

实训任务：跨境物流模式对比

【实训目的】

了解不同的跨境物流模式的特点，对比分析主流的跨境物流方式的优缺点及运费，能根据产品类型、国别、重量等信息，选择合理的跨境物流模式。

【实训内容】

对比邮政小包、e 邮宝、中邮 EMS、四大国际快递、专线物流、海外仓的优缺点及价格，完成表 6－2。

表 6－2　跨境物流方式对比

跨境物流方式	优势	劣势	价格
邮政小包			
e 邮宝			
中邮 EMS			
四大国际快递			
专线物流			
海外仓			

【实训提示】

首先要分析各物流方式的主要特征，特征相近的物流方式可以归类处理，实训步骤以 e 邮宝为例，其他物流方式的实训步骤可参考 e 邮宝。

【实训步骤】

（1）打开中国邮政官网（http://www.chinapost.com.cn/），如图 6－7 所示。

图 6－7　中国邮政官网

（2）单击“产品服务”，如图 6－8 所示。

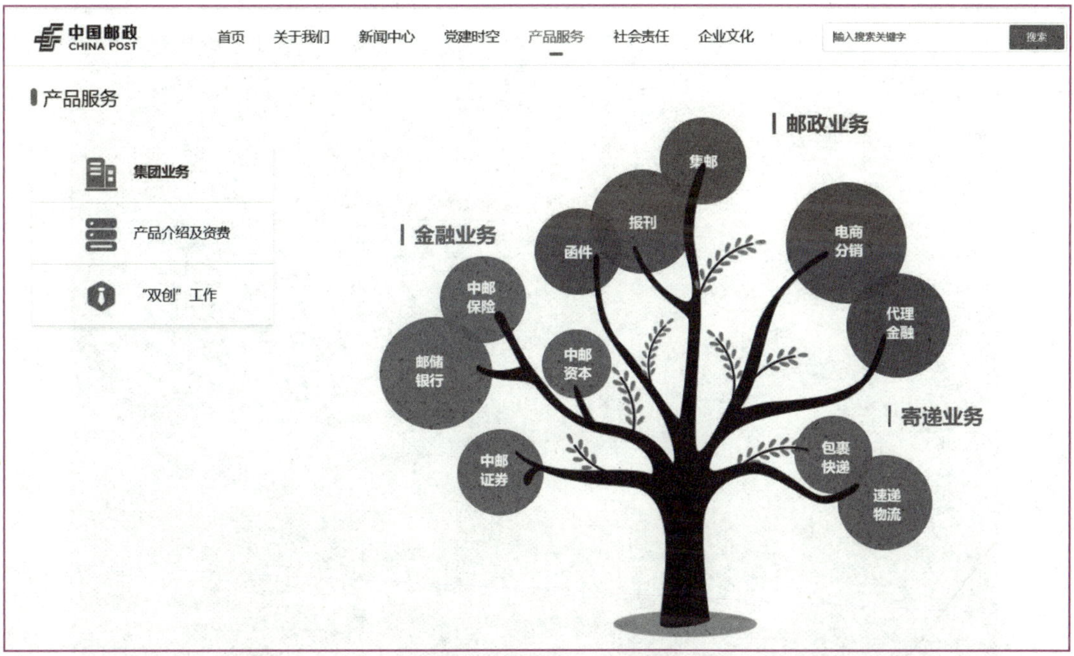

图 6－8　中国邮政产品和服务

（3）单击“包裹快递”，如图 6－9 所示。

图 6－9　中国邮政包裹快递服务

（4）单击“国际包裹”，如图 6－10 所示。

图 6－10　中国邮政国际包裹

（5）单击“产品介绍”，如图 6－11 所示。

图 6－11　中国邮政国际包裹产品介绍

（6）选择 e 邮宝，单击“了解更多”，如图 6－12 所示。

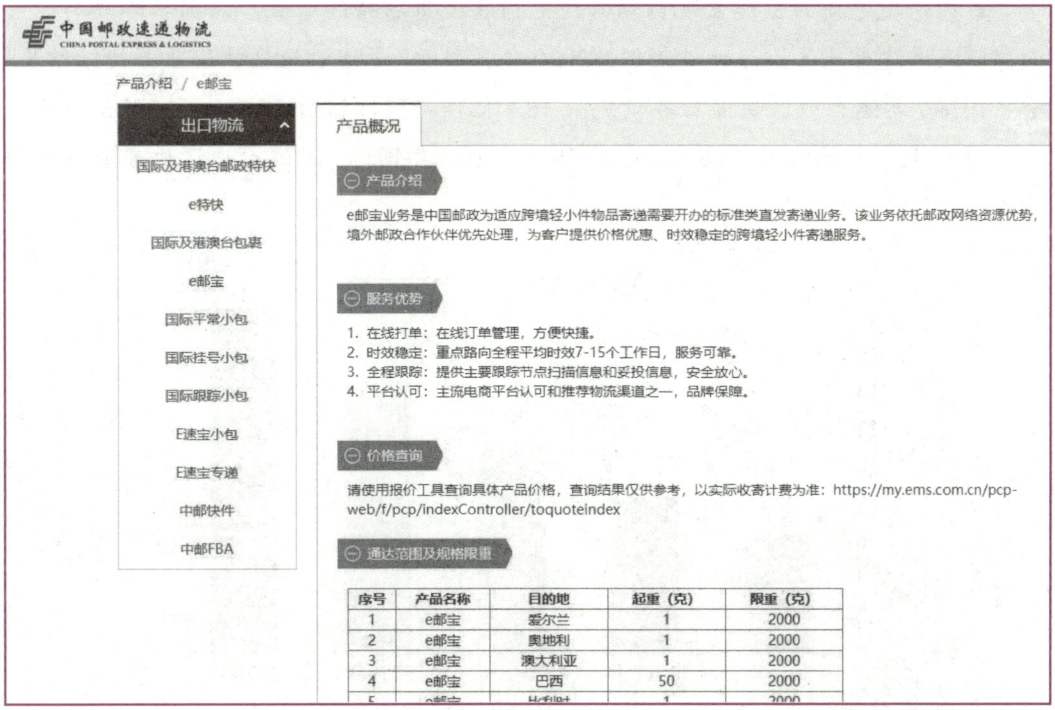

图 6－12　中国邮政 e 邮宝产品介绍

根据网页所列信息总结 e 邮宝的优缺点，并查询 e 邮宝的运费价格。

【任务评价】

任务评价表如表 6－3 所示。

表 6－3　任务评价表

项目	学习态度（20%）	团队合作情况（20%）	步骤完成情况（50%）	其他表现（10%）	小计（100%）	综合评价
个人评分（20%）						
小组评分（30%）						
教师评分（50%）						
综合得分（100%）						

延伸阅读

加快跨境电商与跨境物流协同发展

我国跨境电商的快速发展驱动跨境电商物流市场持续增长。以国家邮政局披露的国际及港澳台地区快递件量为例，2020 年，国际 / 港澳台地区快递业务持续增长。全年国际 / 港澳台地区快递业务量完成 18.4 亿件，同比增长 27.7%；实现业务收入 1 073.4 亿元，同比增长 43.6%。我国 2016—2020 年国际 / 港澳台地区快递业务量如图 6－13 所示。

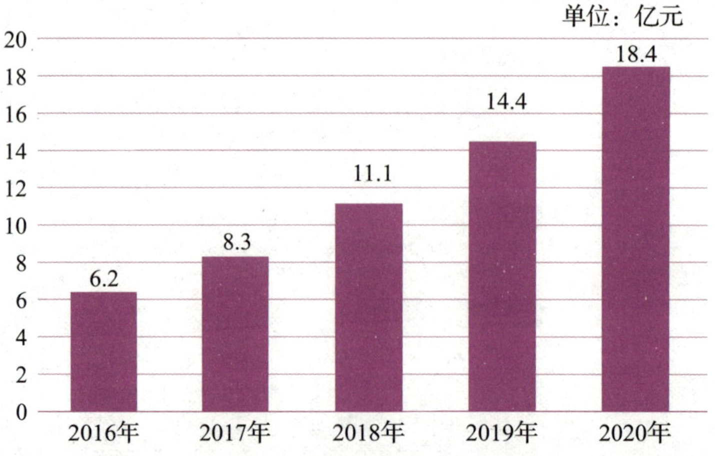

图 6－13　我国 2016—2020 年国际 / 港澳台地区快递业务量

与国内物流相比，跨境物流最明显的问题在于时效慢、成本高、退换货难，提升跨境物流效率、降低跨境物流成本是当前跨境物流企业面临的两大痛点，构建强大的跨境供应链体系，是高效、快捷地提升跨境电商综合竞争力的重要手段。

一是要充分利用“一带一路”倡议的有利条件，有效整合海内外供应链资源，积极打造覆盖全球的跨境物流综合服务网络。

二是鼓励大型电商企业与航空公司在航空物流、航空客运业务、品牌宣传、企业采购、会员体系、信息化建设等多领域展开合作，通过共享场站资源，实现流程和系统对接，开通安检和交货的绿色通道，搭建全球航空货运网络，提升航空物流的履约时效。

三是要创建跨境电商物流一站式服务平台，通过链接跨境物流企业以及跨境电商企业，将包裹货物信息与物流资源信息进行有效对接，解决跨境物流方面常见的丢件、损坏件、难以退换等售后问题。

四是利用大数据等数字化技术对跨境物流的运营流程进行优化，比如在配送环节，通过对货、车、人进行有效整合，优化配送路线，提升配送的及时性，降低配送成本，提升客户满意度。

同步延伸

1. 请简要陈述我国跨境物流的发展历程。
2. 目前有哪些新技术应用于跨境电商物流？
3. 当前跨境电商物流存在哪些问题？

任务二 跨境电商物流中的通关与报关

任务描述

小白通过查阅资料，对跨境物流的定义、模式及特点有了较为全面的了解，也认识到了跨境物流对于跨境电商行业的重要意义。然而，小白在物流的具体环节上遇到了新的问题：如何完成跨境电商中的通关手续？

相关知识

一、跨境电商进出口报关模式

目前跨境电商进出口具有代表性的报关模式包括一般出口模式、市场采购模式、网购保税进口模式、直购出口模式、跨境电商B2B直接出口模式、跨境电商出口海外仓模式等六种报关模式。

（一）一般出口模式（0110模式）

一般出口模式是指境外个人跨境网购后，电商企业或其代理人、物流企业分别向海关传输交易、收款、物流等电子信息。

在一般出口模式下，主要包括单独报关和买单报关两种。单独报关需要报关单、发票、合同、箱单、申报要素等报关资料。一般出口模式下单独报关流程如图6-14所示。

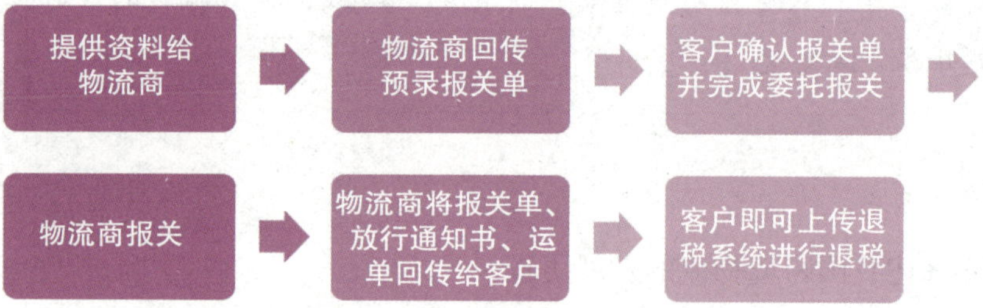

图6-14　一般出口模式下单独报关流程

买单报关是指当出口方没有出口权或其他原因不能单独报关的情况下，出口方可以通过报关行买其他有出口权公司的出口单证，用来报关。

（二）市场采购模式（1039模式）

市场采购模式是指专门针对市场多品种、小批量、多批次的交易方式，由符合条件的经营者在经认定的市场集聚区内采购的、单票报关单货值不超过15万美元、在指定口岸办理出口商品通关手续的贸易方式，简称“一划定二联网三备案”。市场采购模式的一般流程如图6-15所示。

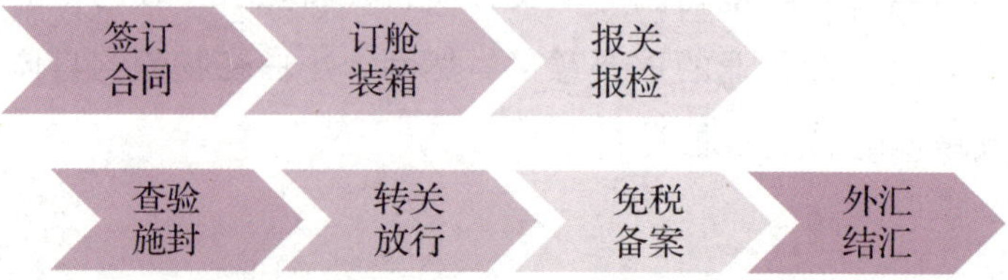

图6-15　市场采购模式的一般流程

（三）网购保税进口（1210 模式）

网购保税进口是指跨境电商企业将整批商品运入海关特殊监管区域或保税物流中心（B型）内并向海关报关，海关实施账册管理。网购保税进口模式的主要流程如图 6－16 所示。

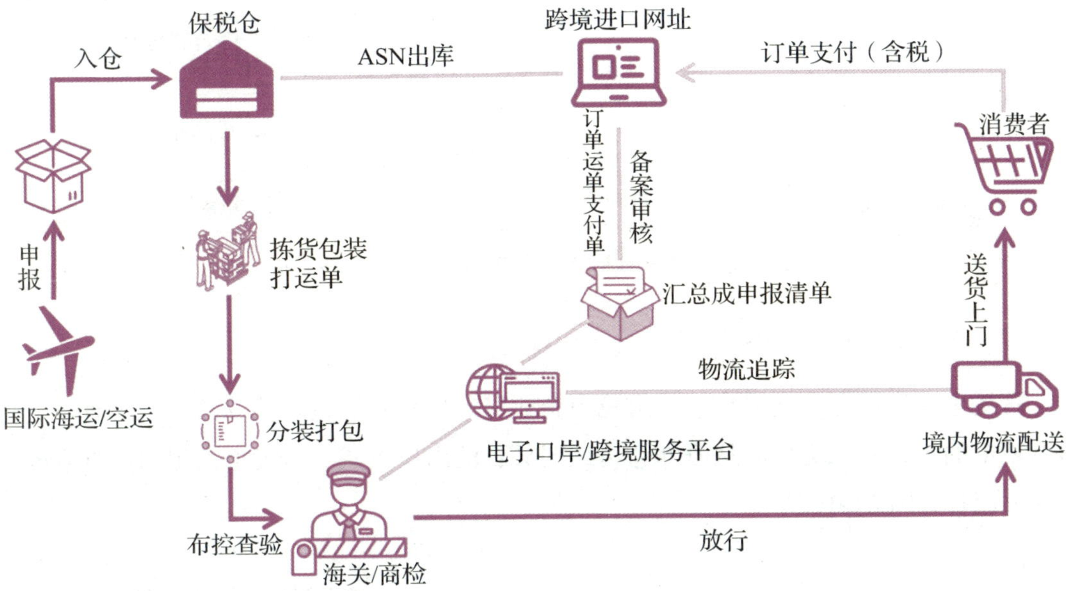

图 6－16　网购保税进口模式的主要流程

（四）直购出口模式（9610 出口模式）

直购出口模式适用于境内个人或电子商务企业通过电子商务交易平台实现交易，并采用“清单核放、汇总申报”模式办理通关手续的电子商务零售出口商品。直购出口模式的主要流程如图 6－17 所示。

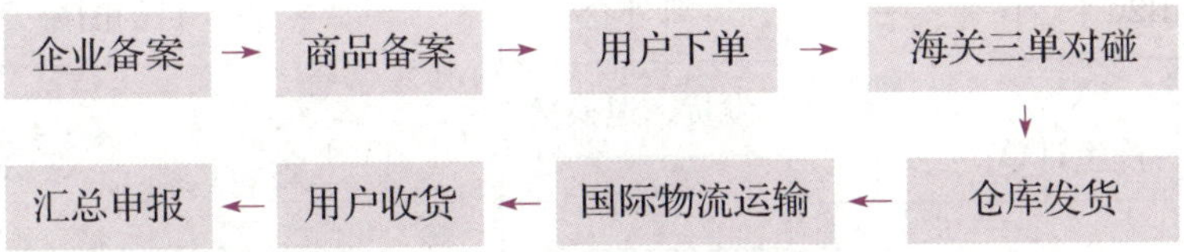

图 6－17　直购出口模式的主要流程

（五）跨境电商 B2B 直接出口模式（9710 模式）

跨境电商 B2B 直接出口，是指国内企业通过跨境电商平台开展线上商品、企业信息展示并与国外企业建立联系，在线上或线下完成沟通、下单、支付、履约流程，实现货物出口的模式。跨境电商 B2B 直接出口模式的主要流程如图 6－18 所示。

微学习

跨境电商的整体报关流程

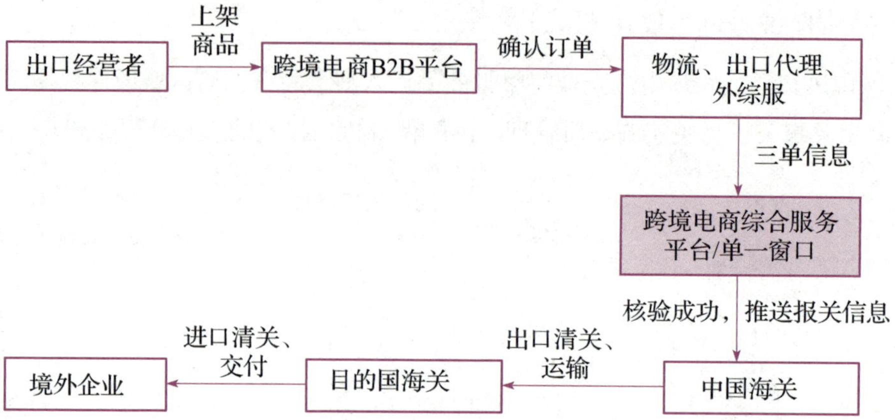

图 6-18　跨境电商 B2B 直接出口模式的主要流程

（六）跨境电商出口海外仓模式（9810 模式）

跨境电商出口海外仓模式，是指境内企业将出口货物通过跨境物流送达海外仓，通过跨境电商平台实现交易后从海外仓送达购买者的出口模式。跨境电商出口海外仓模式的主要流程如图 6-19 所示。

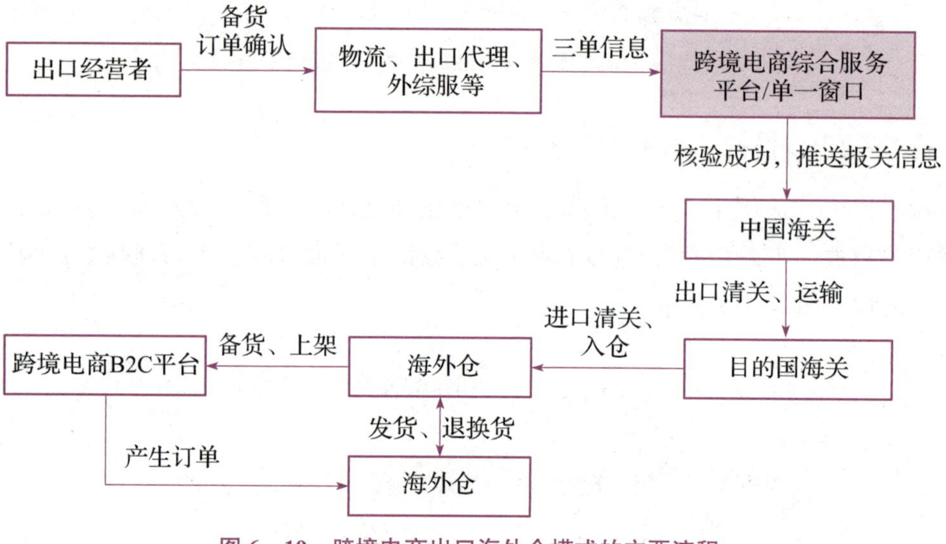

图 6-19　跨境电商出口海外仓模式的主要流程

案例分析

跨境电商出口退税

A 公司是在杭州“单一窗口”平台登记备案并注册的一家电子商务企业，该公司属于增值税小规模纳税人。2016 年 6 月，该公司通过互联网与国外客户 B 签订了一批电子玩具出口合同，销售额总计 2 000 元人民币。

A 公司随后在义乌小商场批发市场采购此批出口电子玩具，采购总价合计为 1 500 元，未开具相关单据。当月，A 公司将该批电子玩具出口报关，并结清收汇。

根据相关文件的规定，对中国（杭州）跨境电商综合实验区企业出口未取得有效的进货凭证货物，同时符合下列条件的，在 2016 年 12 月 31 日前实行增值税免税政策：

（1）该批货物纳入中国（杭州）跨境电商综合试验区“单一窗口”平台监管。

（2）该出口企业在税务机关如实登记，且该批货物的销售公司名称和纳税人识别号、销售日期、货物名称、数量、单价、总金额等信息属实一致。

（3）该企业具备在杭州“单一窗口”登记备案的出口企业资质。

三、通关模式对比

代码“0110”：一般贸易出口“0110”适用于境内企业与境外企业通过传统贸易方式达成的交易。

代码“1210”：海关监管方式“1210”适用于消费者在购买海外产品时选择了保税的发货模式。

代码“9610”：跨境电商 B2C 出口“9610”适用于境内跨境电商企业与境外消费者通过跨境电商销售平台达成的交易。

代码“9710”：跨境电商 B2B 直接出口“9710”适用于跨境电商 B2B 直接出口的货物。

代码“9810”：跨境电商出口海外仓“9810”适用于跨境电商出口海外仓的货物。

拓展阅读

跨境电商的海关监管模式

B2C

B2C（Business to Customer）模式是我国企业直接面对国外消费者，是商家和消费者之间的电商交易，以销售个人消费品为主，物流方面主要采用航空小包、邮寄、快递等形式。

由于进出口货物在不同贸易方式下的海关监管、征税、统计作业的要求不尽相同，因此，为了满足海关管理的需求，在海关报关单中设置海关监管方式代码字段加以区分。

针对跨境电商 B2C 模式，海关总署制定了代码为“9610”和“1210”的海关监管方式。

微学习

海关监管方式代码

B2B

B2B（Business to Business）的全称是“跨境电商企业对企业出口”，是指境内企业通过跨境物流将货物运送至境外企业或海外仓，并通过跨境电商平台完成交易的贸易形式，企业根据海关要求传输相关电子数据。

跨境电商B2B出口主要包括两种模式：“9710”和“9810”，企业可根据自身业务类型，选择相应方式向海关申报。

学而思

简述跨境电商通关的主要模式及特点。

思而行

实训任务1：绘制我国自由贸易区地图

【实训目的】

了解我国自贸区的总体情况、区域分布、相关政策等。

【实训内容】

利用搜索引擎收集我国自由贸易区获批的相关文件，在中国地图上绘制出自由贸易区的区域，并标出获批的时间。

【实训步骤】

（1）利用搜索引擎搜索我国自由贸易区获批的文件（中国政府网）。

（2）下载中国地图，利用PPT、PS等软件标注自贸区。

（3）分析自贸区的相关政策。

【任务评价】

任务评价表如表6-4所示。

表6-4　任务评价表

项目	学习态度（20%）	团队合作情况（20%）	步骤完成情况（50%）	其他表现（10%）	小计（100%）	综合评价
个人评分（20%）						
小组评分（30%）						

续表

项目	学习态度（20%）	团队合作情况（20%）	步骤完成情况（50%）	其他表现（10%）	小计（100%）	综合评价
教师评分（50%）						
综合得分（100%）						

实训任务 2：计算国际商业快递物流运费

【实训目的】

掌握国际商业快递的运费计算方法。

【实训内容】

一名西班牙顾客从某服装品牌网站定制了一件服装，包装重量为 800g，包装尺寸为 40cm × 20cm × 8cm，拟选用 UPS 商业快递邮寄，请计算运费。

（经查，UPS 中国到西班牙的报价为 230 元 /0.5kg，货物重量每增加 0.5kg，运费增加 62 元。）

【实训步骤】

1. 查阅 UPS 官网，了解 UPS 的运费收费标准。
2. 利用公式计算运费。

【任务评价】

任务评价表如表 6－5 所示。

表 6－5 任务评价表

项目	学习态度（20%）	团队合作情况（20%）	步骤完成情况（50%）	其他表现（10%）	小计（100%）	综合评价
个人评分（20%）						
小组评分（30%）						
教师评分（50%）						
综合得分（100%）						

任务三　海外仓的选品定位与思路

任务描述

随着全球电商业务的爆发式增长，得益于更快的到货速度、更低的物流成本，海外仓模式受到众多跨境电商从业者的青睐，需求也持续增加。小白需要知道下面这个问题的答案：到底哪些产品适合采用海外仓模式？

相关知识

一、海外仓的定义

海外仓是建立在海外的仓储设施。在跨境贸易电子商务中，海外仓是指国内企业将商品通过大宗运输的方式运往目标市场国家，在当地建立仓库，储存商品，然后再根据当地的销售订单，第一时间作出响应，及时从当地仓库直接进行分拣、包装和配送。

目前我国海外仓数量已经超过 1 900 个，总面积超过 1 350 万平方米，业务范围辐射全球，其中北美、欧洲、亚洲等地区海外仓数量占比近 90%。

二、海外仓的优势

（一）降低物流成本

从海外仓发货，特别是在当地发货，物流成本远远低于从我国境内发货，例如在我国发 DHL 到美国，一千克货物运费为 124 元，在美国发货海外仓集团只需 5.05 美元。

（二）加快物流时效

从海外仓发货，可以节省报关清关所用的时间，并且按照卖家平时的发货方式，DHL 需 5 ～ 7 天，Fedex 需 7 ～ 10 天，UPS 需 10 天以上。若是在当地发货，客户就可以在 1 ～ 3 天收到货，大大缩短了运输时间，加快了物流的时效性。

（三）提高产品曝光率

如果平台或者店铺在海外有自己的仓库，那么当地的客户在选择购物时一般会优先选择当地发货。海外仓的优势在于缩短收货的时间，也能够让卖家拥有自己的优势，从而提高产品的曝光率，提升店铺的销量。

（四）提升客户满意度

并不是所有的跨境电商贸易产品都能让客户满意，这中间可能会出现货物破损、短装、发错货物等情况。在有海外仓的前提下，退货、换货、重发等情况在海外仓内便可调整，这在一定程度上不仅能够受到买家的青睐，也能为卖家节省运输成本，减少损失。

（五）有利于开拓市场

因为海外仓更能得到国外买家的认可，如果卖家注意口碑营销，卖家的商品在当地不仅能够获得买家的认可，也有利于卖家积累更多的资源去拓展市场，扩大产品销售领域与销售范围。

三、海外仓的运作流程及费用

（一）海外仓的运作流程

（1）卖家自己将商品运至海外仓储中心，或者委托承运商将货发至承运商海外的仓库，这段国际货运可采取海运、空运或者快递方式到达仓库，称为头程物流。

（2）卖家在线远程管理海外仓储，使用海外仓公司的物流信息系统，远程操作海外仓储的货物，并且保持实时更新。

（3）海外仓公司根据卖家指令进行货物操作，即海外仓公司通过自动化操作设备，严格按照卖家指令对货物进行存储、分拣、包装、配送等操作。

（4）海外仓公司发货完成后会及时更新系统，让卖家实时掌握库存状况。

海外仓的运作流程如图 6－20 所示。

图 6－20 海外仓的运作流程

（二）海外仓的费用

海外仓的费用主要包括头程费用、处理费、仓储费、尾程费用及其他费用，具体如图 6－21 所示。

海外仓费用 = 头程费用 + 处理费 + 仓储费 + 尾程费用 + 其他费用

头程费用	卖家将货物送到海外仓的目的国，分为空运、海运散货、海运整柜、当地拖车等。
处理费	入库费用、出库费用、订单处理费等。
仓储费	分为淡季和旺季，一般下半年的仓储费更高。
尾程费用	本地的派送运费，包括FedEx、DHL、UPS、当地邮政等。
其他费用	关税、增值税、杂费等。

图 6－21　海外仓的费用

四、海外仓的选品定位和思路

（一）海外仓的选品定位

微学习

海外仓的服务

要根据海外仓的特点选择适用的产品，产品定位如下：

（1）体积大、超重的大件产品，国际小包、快递无法送达或者运费太贵的产品，比如大件家具、户外产品、大型汽配产品等。

（2）重量不大，但国际小包、快递无法运送的产品，比如带电池的产品，液体、粉末类产品。洗手液、消毒液就属于这类产品。

（3）日用快消品，需要快速送达的产品，比如工具类、家居必备用品、母婴用品等。这类产品消费者一般习惯随买随到，难以接受长时间派送。

（4）海外爆款且竞争较激烈的产品。这类产品的市场需求较大，销量稳定，需要通过海运或者批量运输降低成本，以获得更高的利润或者竞争力，但要避开时尚类、季节性强的产品。

（二）海外仓的选品思路

海外仓的选品应根据当地买家市场的需求情况而定，卖家可以查阅平台上其他卖家的产品情况，依据购买需求进行选品。

（1）把跨境平台作为搜索平台，确定热销产品，这是目前很多卖家最常规的做法。具体操作方法是：进入某个平台，输入某个关键词，搜索框就会出现对应的产品，再把这类热词结合第三方工具进行分析。

（2）浏览国外网站选择热销产品，比如在 Google 中输入关键词，搜索一些海外市场的网站，点击进入这些海外网站的热销排行，进而了解热销产品。

（3）跨境店铺的生命力在于抓住终端客户，现在最大的市场信息聚集地是社交软件，比如 ins、Facebook 等。通过相关社交软件，卖家可以了解消费者的习惯和爱好，关注社交媒体热词。可以说，抓住社交媒体，就抓住了市场风口。

（4）快速增加店铺产品流量，通过增加产品类目的关键词，大类目多覆盖中小词，长尾词。

拓展阅读

六步打造爆款产品

一、选品

选品是打造爆款的首要条件，不好的产品再怎么努力营销都没用。选品的宗旨是：品质的商品、优势的价格、符合跨境销售特性、满足目标海外市场需求、突出自己的特色竞争优势。尽可能地把控进货渠道甚至生产渠道，建议选择与生活息息相关的产品，最好是对应站点用户的使用率非常高的，爆款追求的是销量，所以产品一定要是大众款。

另外，选品时一定要注意避免侵权，侵权的产品虽然短时间内见效很快，但是一旦被告发得不偿失。

二、图片处理

图片是展现给客户最直观也是最有效的媒介，图片的处理不在于复杂，追求的是吸引眼球，如何能在众多的商品中让你的产品凸显出来，这是必须要考虑的问题。

面对不同的客户群体也要有不同的风格，比如目标客户是东南亚的，产品图片需要注重使用体验、制作风格和品牌特色。如果目标客户是欧美的，产品图片的设计则需要侧重实用性，最好是全白背景，并从多个角度展示商品。另外，简洁、具有时尚感的设计比较通用。

三、产品定价

价格是制胜的关键之一。爆款属于走量的产品，价格需要有诱惑力才能更好地刺激购买，有时候卖家要适度牺牲自身利润率，做生意只看眼前是不行的，爆款为店铺带来的流量和关注度才是最重要的。

成本与利润的压缩可以在价格上形成优势，这一点全球通用，“货比三家”是大多数买家的习惯，面对东南亚市场客单价偏低的用户群体时更是如此。

四、推广运营

这个时代是被数据淹没的时代，如果你的推广做得不够，再好的产品没有曝光也没有用。

运营者可以购买所在平台的广告，比如 Shopee 的按点击付费广告。在这一过程中总结出广告投放的时间段与位置所带来的点击量，这一点就要结合用户的使用高峰时间。

五、优化 listing

优化 listing，各个细节都不要放过，其中最重要的莫过于标题、关键词。经过优化的 listing 可以起到很好的引流作用，但要注意的是，产品的卖点一定要在 listing 中体现，这是你的商品区别于其他商品的关键点，很可能就能击中用户痛点，从而使其下单消费。

六、备货

充足的库存是完成爆款的最后一环，当然，做到这一点需要自身的资金或者其他基础。

除去现货库存，持续的产品更新和研发也是非常重要的。不管是在何种网购平台，持续的成交和点击会使卖家被系统以及用户认定为高质量卖家。

学而思

讨论：海外仓一件代发如何操作？

案例分析

Wish 2020 年海外仓数据：西欧和中欧占欧洲海外仓主要市场

Wish 2020 年欧洲海外仓选品数据报告显示，2020 年海外仓销售额，以及海外仓对比直发物流的占比，都呈现总体上升的趋势。欧洲海外仓销售额占比前三的分别是德国、英国和法国（见图 6－22）。就欧洲海外仓订单分布而言，西欧和中欧仍占据欧洲海外仓的主要市场，但南欧（尤其是意大利）更具潜力。

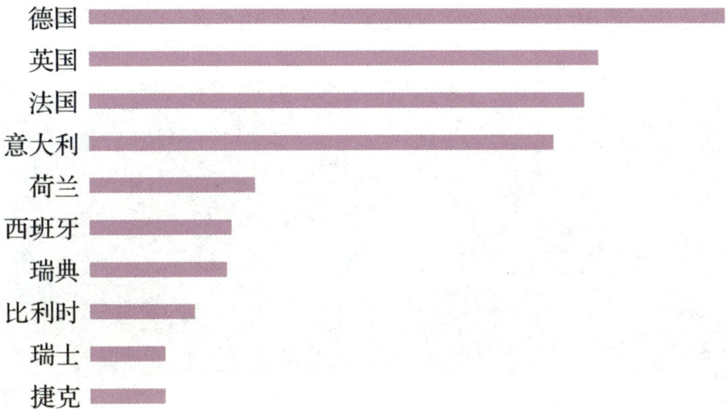

图 6－22　欧洲各国海外仓销售额占比

欧洲海外仓销售额排名前十的国家，就方位而言，有 1 个国家位于北欧，2 个国家位于南欧，4 个国家位于西欧，3 个国家位于中欧。就销售额而言，西欧 > 中欧 > 南欧 > 北欧。因此，商户的海外仓的选址应尽可能覆盖西欧。

根据 2020 年 Wish 欧洲海外仓数据来看，具有高（或较高）市场占有率和高销售额的一级类目有：Hobbies、Gadgets、Home Decor、Makeup & Beauty。这些类目享受高（或较高）市场占有率和销售额，是消费者倾向购买的产品类目，也是商户开发海外仓产品时不可错过的热销类目。

2020 年欧洲海外仓热销二级类目中，Gadgets 共有 19 个热销子类目。大部分 Gadgets 热销子类目的平均客单价为 50～100 美元。同样是 Gadgets 类目，欧洲与美国的热销子类目呈现不同的销售现象。

美国海外仓的消费者更倾向于各类配件、电缆线、耳机、转接线等游戏和家庭影音类配件；欧洲海外仓的消费者热衷于购买 Led 设备灯、遥控车和安全监控设备。美国海外仓 500g 以上的长销售期 Gadgets 产品为 DVD 播放器和鼠标；欧洲海外仓 500g 以上的长销售期 Gadgets 产品为冲牙器、牙齿护理和手机三脚架。

思而行

实训任务：利用 Google Trends 进行选品调研

【任务解析】

（1）打开 Google Trends。

（2）进行关键词热度趋势分析、区域热度分析、关键词对比、功能查询。

（3）完成选品分析报告。

【实训步骤】

1. 打开浏览器，登录 https://trends.google.com/（Google Trends 主页见图 6－23）。

图 6－23　Google Trends 主页

（2）我们以“sneaker”作为关键词举例，在搜索框输入“sneaker”，可以根据需要选择时间周期进行趋势查看，如图 6－24 所示。

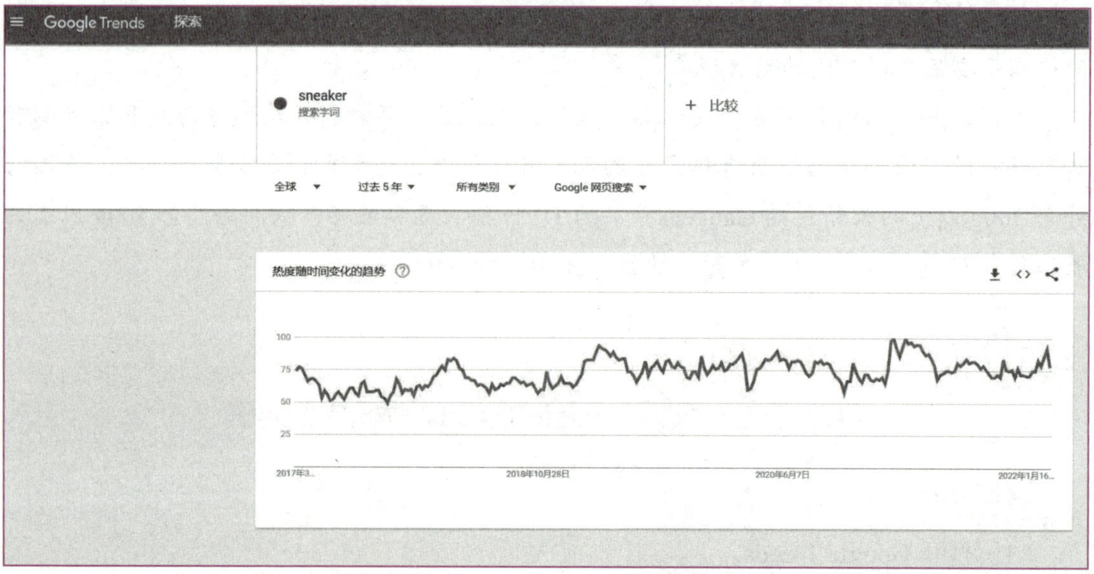

图 6－24　Google Trends 关键词搜索

（3）查看关键词在不同市场地区的热度数据，区域可以精确到城市，如图 6－25 所示。

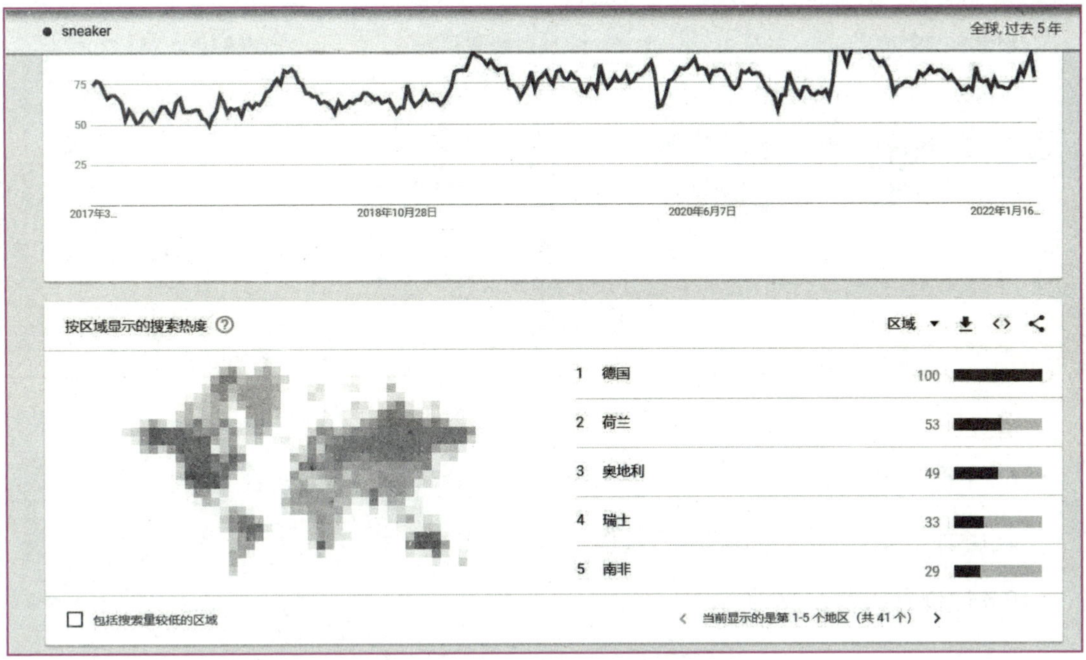

图 6－25　Google Trends 关键词分析

（4）选取 sneaker 和 shoes 进行热度对比分析，从时间和区域等不同的维度进行对比分析，如图 6－26 所示。

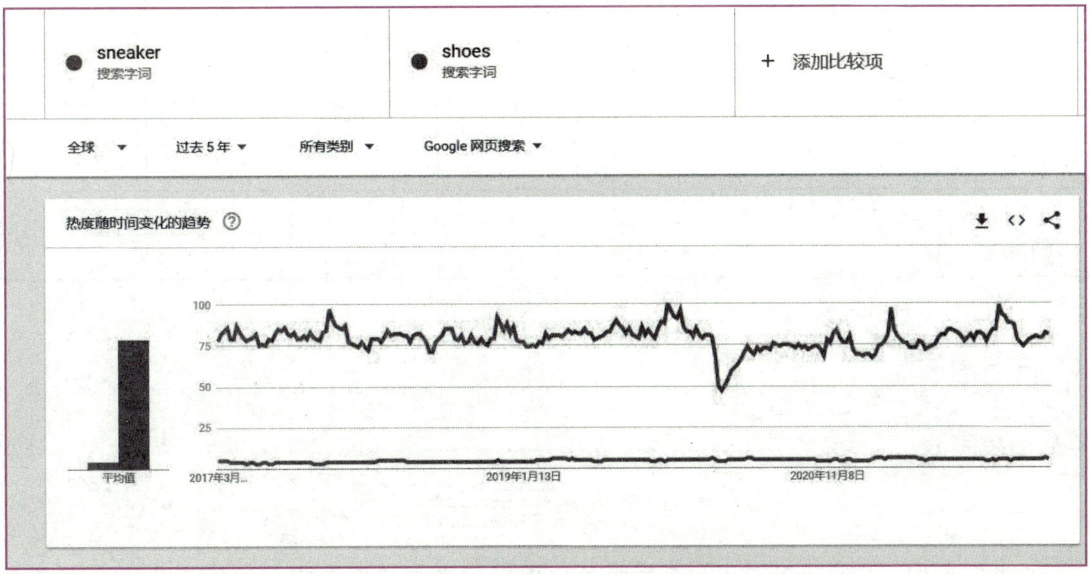

图 6－26　Google Trends 关键词热度变化

（5）进行相关查询分析，如图 6－27 所示。

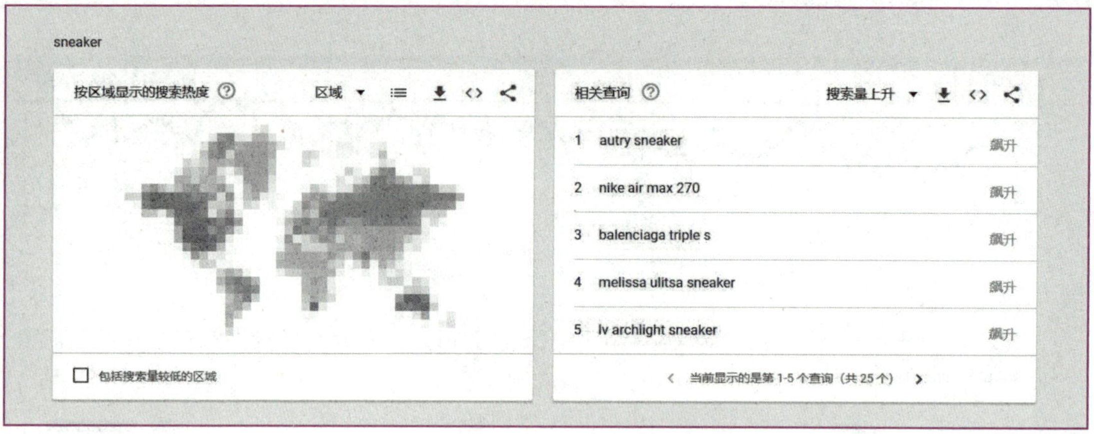

图 6－27 Google Trends 关键词相关查询

（6）撰写分析报告。

【任务评价】

任务评价表如表 6－6 所示。

表 6－6 任务评价表

项目	学习态度（20%）	团队合作情况（20%）	步骤完成情况（50%）	其他表现（10%）	小计（100%）	综合评价
个人评分（20%）						
小组评分（30%）						
教师评分（50%）						
综合得分（100%）						

行而悟

素养园地

开放进博共赢世界

“明年我们一定还会再来！”在第四届中国国际进口博览会上，达能全球执委会成员谢伟博这样说。

斩获更大订单、结识更多伙伴、憧憬更美前景……进博会越办越好，给展商留下了更多期待。作为世界上首个以进口为主题的国家级展会，进博会连续四年成功举办，为各国企业提供着源源不断的发展动力，进一步展示了中国持续扩大开放、推动包容普惠、坚持互利共赢的魄力和决心。

大门越开越大

进博会的魅力，在于中国经济持续扩大开放的持久活力。

20 多年来，中国不断降低关税总水平，清理法律法规、放宽外资准入。作为国际贸易发展史上的一大创举，进博会越办越好，给世界经济注入动力。第四届进博会上，来自 127 个国家和地区的近 3 000 家参展商亮相企业展，总展览面积超过上届。

磁力越来越强

进博会的魅力，在于中国坚持与全球共享机遇的强大引力。

海纳百川，进博会吸引越来越多国家与企业参加。本届展会上，世界 500 强和行业龙头企业云集，参展回头率超过八成，更有来自 33 个最不发达国家的约 90 家企业参展。在这个开放型合作平台上，各类企业深耕中国市场，分享发展红利。

“我们没有出海口，我们的‘海洋’就是中国。”组织哈萨克斯坦中小企业参展的哈贸易政策发展中心相关人士发出了这样的感慨。

道路越走越宽

进博会的魅力，在于中国坚持与各国互利共赢的实践引领。

塞尔维亚驻上海副总领事萨沙·耶里米奇告诉记者，在进博会设置展台，不仅为了展示商品，更重要的是增进与中国人民的友谊，“我们想把最好的产品与中国消费者分享”。

作为开放合作的国际公共产品，进博会国际采购、投资促进、人文交流、开放合作四大平台综合效应不断显现。

节能节水、可循环利用、数字智能……新科技、新产品、新服务勾勒出未来生活景象，为美好生活提供崭新愿景。本届进博会专门设立能源低碳及环保技术专区，相关展示面积超过 1 万平方米。

中国积极构建开放型世界经济的步伐没有停歇。“一带一路”建设不断取得新进展，中欧班列运量持续增长；区域一体化合作不断取得积极进展……中国坚定推动经济全球化，持续迎来世界回响。

项目七

跨境支付与结算

学习目标

- 了解跨境支付的定义；
- 了解跨境支付与结算的相关政策；
- 掌握主流的跨境支付方式及特点；
- 掌握跨境支付与结算的风险与防范。

思维导图

- 跨境支付与结算
  - 知识点
    - 跨境支付与结算的相关政策
    - 跨境支付与结算的风险与防范
    - 跨境支付的主要方式及特点
  - 技能点
    - PayPal的账户申请流程
    - PayPal支付的相关设置
    - Swift Code的查询方法

项目导入

近年来，随着全球跨境电商行业的迅猛发展，跨境支付的需求也在不断扩大，国内巨头以及相关企业纷纷布局跨境支付领域，跨境支付的市场竞争日趋激烈，这也促使跨境支付服务商不断提升服务水平和服务范围，获取更大的规模效应。

在跨境电子商务大发展的驱动之下，跨境支付作为跨境电商交易的重要一环，也得到了快速发展。第三方跨境支付方式是目前跨境电商在交易过程中使用率较高的方式。第三方支付机构作为跨境电子商务支付渠道的新平台，正发挥着越来越大的作用。

项目任务书

表 7－1 项目任务书

任务编号	分项任务	职业能力目标	知识目标	参考课时
任务一	跨境支付方式	能正确地选取和设置跨境支付方式	1. 了解跨境支付的定义； 2. 了解跨境支付的相关政策； 3. 掌握跨境支付的主要方式及特点	1～2
任务二	跨境支付与国际结算	能掌握不同的跨境支付方式的风险并做好防范	1. 掌握跨境支付与结算流程； 2. 掌握跨境支付的风险与防范	1～2
职业素养目标	1. 具有国际视野，提升对国际形势的分析能力及敏感度； 2. 培养终身学习的习惯			

任务一 跨境支付方式

任务描述

近年来第三方跨境支付蓬勃发展。跨境支付平台不仅凭借技术手段降低了金融服务的成本和门槛，提高了用户使用频次，同时具有快速便捷、安全性较高的优势，已成为不可或缺的支付渠道。小白需要掌握的主流跨境支付方式有哪些？它们有什么样的优缺点呢？

相关知识

自 2020 年以来，国际交流出现阻滞，进一步加速了 B2B 外贸业务由线下向线上转移。叠加 B2B 外贸订单的小型化、碎片化趋势，我国外贸企业对于更高效的支付系统、资金管理系统有了更大的需求。

近年来，我国从事各类进出口贸易的企业数量已达数百万之多。其中，中小微企业占据着出口贸易的 60% 以上，且逐年递增。与个人消费端支付的迅猛发展相比，B2B 跨境支付由于涉及多方机构、多个环节，支付手续更加复杂烦琐。第三方跨境支付服务作为传统金融机构之外的有力补充，帮助中小微外贸企业解决了其海外开户难、资金流转效率低、成本高等难题。

一、跨境支付的定义

跨境支付（Cross-border Payment）是指两个或两个以上国家或地区之间因国际贸易、国际投资及其他方面发生的国际债权债务，借助一定的结算工具和支付系统实现的资金跨国或跨地区转移的行为。

与境内支付相比，跨境支付的付款方所支付的币种可能与收款方要求的币种不一致，或涉及外币兑换及外汇管制政策问题。如境内消费者在网上购买境外商家产品或境外消费者购买境内产品时，由于币种不一样，就需要通过一定的结算工具和支付系统实现两个国家或地区之间的资金转换，最终完成交易。

二、跨境支付的业务

跨境支付业务按照资金流向可分为进口业务和出口业务。进口业务是资金出境，跨境支付公司通过与境外的银行、第三方支付公司建立合作，利用国际卡组织建立的清算网络，帮助境内的企业实现境外资金分发，在境内扮演收单服务商的角色。出口业务是资金入境，跨境支付公司与境内的第三方支付公司合作建立分发渠道，帮助境外的买家和支付机构完成资金入境及境内分发。

跨境支付包括跨境收单、跨境汇款和结售汇三个业务大类。

（一）跨境收单

跨境收单即帮助一个国家（地区）的商户从另一个国家（地区）的客户收钱。具体包括以下方面：

（1）外卡收单：帮助商家收取境外消费者的货款，出现在出口业务中，收的是境外的信用卡或其他支付工具支付的货款。

（2）境外收单：商家在境外，消费者在境内，即进口业务，如海淘等。

（3）国际收单：商家、消费者和支付机构分属不同的国家（地区），如 PayPal 在中国开展跨境支付业务的情况。收单业务主要服务于企业 B 端商户，支付公司本身不需要建立账户体系，其核心是在商户和收单行之间建立联系，通过网关进行账户信息和支付指令的加密传输。

（二）跨境汇款

汇款业务在大部分国家（地区）需要牌照，专业汇款公司以西联、速汇金等为代表，但这类机构的市场份额正在减少，而 PayPal（贝宝）、Payoneer（派安盈）和 WorldFirst（万里汇）等支付机构日渐成为跨境汇款的主流公司。我国的跨境支付公司正在与这些外资公司争夺市场份额。国际支付公司具有一定的先发优势，目前掌握较多的大客户资源，针对跨境出口电商的汇款业务快速增长。跨境电商呈现平台化趋势，我国商家也在亚马逊、Wish 等美国的第三方电商平台上销售产品，而第三方电商平台都有指定的支付方式，新的支付工具很难切入，但我国商家有境外收款、汇款入境的真实需求。在相关外汇政策的支持下，在美国获得汇款牌照的支付公司可为我国商家开立美国的银行账户（虚拟账户），再将货款汇入境内结汇或在我国香港地区结成人民币再汇入境内。

（三）结售汇

结汇即“外汇结算”，是指外汇收入所有者将其外汇收入出售给外汇指定银行，外汇指定银行按一定汇率付给等值本币的行为。售汇即“外汇出售”，是指外汇指定银行将外汇卖给外汇使用者，并根据交易行为发生之日的人民币汇率收取等值人民币的行为。

二、主流的跨境支付方式

（一）国际信用卡支付

国际信用卡除了可在线下 POS 刷卡交易外，还能通过在线网关进行支付，实现全球范围内的收单和资金结算。目前国际上六大信用卡品牌有威士（VISA）、万事达卡（MasterCard）、美国运通（American Express）、日本国际信用卡（JCB）、大莱信用卡（Diners Club）、中国银联（UnionPay），如图 7－1 所示。

图 7－1　常见国际信用卡

跨境电商网站可通过与国际信用卡组织合作，或直接与海外银行合作，开通接收海外银行信用卡支付的端口。国际信用卡支付是欧美最流行的支付方式，信用卡的用户群体非常庞大，但接入方式麻烦，需预存保证金，收费高昂，付款额度偏小，且黑卡多，存在拒付风险。国际信用卡主要适用于从事跨境电商零售的平台和独立 B2C。

（二）PayPal 与贝宝

目前，PayPal 作为全球大型在线支付公司，在第三方支付机构中占据着重要地位。PayPal 业务支持全球 190 个国家和地区的 25 种货币交易，尤其在欧美的普及率极高。同时，PayPal 还是在线支付行业标准的制定者，在全球支付市场中获得认可，拥有很高的知名度和品牌影响力。我国跨境交易的用户也受此影响，选择 PayPal 的用户较多，尤其是个人海淘用户和跨境 B2C 出口企业的使用率更高。

贝宝是由上海网付易信息技术有限公司和 PayPal 合作为中国市场量身定制的网络支付服务。由于我国现行的外汇管理制度，贝宝在我国仅受理人民币业务。因此，我们通常说的是 PayPal 账户是指 PayPal 国际账户，即针对具有国际收付款需求用户设计的账户类型。PayPal 交易完全在线上完成。收付双方必须都是 PayPal 用户，以此形成闭环交易，风控好。但 PayPal 对买家过度保护，交易费用主要由卖家支付；买家有任何不满意都可以提出纠纷，使卖家无法拿到钱。PayPal 支持内地电汇提现、香港地区账户提现、美国账户提现和支票提现四种提现方式。这种支付方式尤其适用于跨境电商零售行业，几十到几百美元的小额交易更划算。

（三）支付宝（Alipay）与国际支付宝（Escrow）

支付宝凭借国内第三方支付的良好基础，逐步进军跨境电商支付领域。2007 年 8 月，支付宝成为首家获批开展跨境支付业务的第三方支付机构。随后，支付宝与中国银行等银行机构合作，推出跨境支付服务。从 2009 年开始，支付宝先后与威士、万事达卡进行合作，这两大全球发卡机构在我国港澳台地区的持卡用户都可通过支付宝在境内的淘宝网进行购物，从而完成双向的跨境支付服务。

目前支付宝已经具备“全球收全球付”的能力，可以为全球 200 多个国家和地区的用户提供服务，支持 18 种货币结算，包括美元、英镑、欧元、日元等。2010 年，阿里巴巴全球速卖通上线。平台通过对买家调研，发现买家群体更加喜欢和信赖“Escrow”一词，因此在买家端将国内支付宝（Alipay）改名为国际支付宝（Escrow）。买家可通过国际支付宝使用多种方式（信用卡、借记卡、西联汇款、T/T 银行汇款、Boleto、Qiwi Wallet、WebMoney、PayPal）进行支付。

（四）西联汇款（Western Union）

西联国际汇款公司是世界上领先的特快汇款公司，可以在全球大多数国家（地区）的西联代理所在地汇出和提款。西联有三种汇款方式可供选择，即合作银行网点汇款、网上银行和手机银行汇款，其中后两种为电子渠道。西联有四种收款方式可供选择，即合作银行网点收款、直接到账、网上银行和手机银行收款。

西联手续费由汇款人承担，收款人免付手续费。对于卖家来说，安全性好，可先提钱再发货，而且到账速度快。反之，对买家来说风险极高，因此买家不易接受。买家和卖家需要去西联线下柜台操作，且手续费较高。西联汇款适用于1万美元以下的小额支付。

三、其他跨境支付的方式

（一）速汇金汇款（Money Gram）

速汇金是一家与西联相似的汇款机构。目前该公司在全球150个国家和地区有50 000多个代理网点。速汇金汇款是该公司推出的一种快捷、简单、可靠的个人间的环球快速汇款业务，可在十几分钟内完成汇款过程，具有快捷便利的特点。收款人凭汇款人提供的编号即可收款。

速汇金的优点是：在一定的汇款金额内，汇款的费用相对较低，无中间行费，无电报费；手续简单，汇款人无须选择复杂的汇款路径，收款人无须预先开立银行账户，即可实现资金划转。

速汇金的缺点是：汇款人及收款人均须为个人；客户如持现钞账户汇款，还需缴纳一定的钞变汇手续费。

目前中国银行、工商银行、交通银行、中信银行代理了速汇金收付款服务。

（二）派安盈（Payoneer）

派安盈是一家总部位于纽约的在线支付公司，其主要业务是帮助合作伙伴将资金下发到全球，同时也为全球客户提供美国银行 / 欧洲银行的收款账户，用于接收欧美电商平台和企业的贸易款项。

派安盈的优点是：注册简单，审核效率高，有个人账户和企业账户两种类型，用户只要有身份证和银联借记卡即可注册派安盈的个人账户，只要有营业执照和法人或股东的银联储蓄卡即可注册派安盈的企业账户，无须提供地址证明；费用相对便宜，2014年6月开始派安盈对部分客户优惠减免1%的入账手续费、2%的提现手续费；2017年，派安盈更是让利给老客户，全币种只收取1.2%的提现费；派安盈可无条件开通美元、欧元、英镑、日元、加元和澳元共6个币种的收款账户，且没有汇损。

派安盈适用于单笔资金额度小但是客户群分布广的跨境电商网站或卖家。除了速卖通和eBay外，派安盈几乎支持所有国内外热门跨境电商平台进行收款。

（三）联动支付（UMPay）

联动优势电子商务有限公司于 2011 年注册成立，为联动优势科技有限公司全资子公司。联动优势作为一家中国第三方支付企业，获得跨境外币、跨境人民币、支付业务许可证三张权威牌照，接受国家外汇管理局、中国人民银行双重监管。联动优势跨境支付业务的合作伙伴已遍及全球，包括 Wish、蜜芽、海淘乐等。

（四）易联支付（PayEco）

易联支付有限公司成立于 2005 年，是国内大型非金融支付服务机构，公司总部设在广州，并在北京、上海、深圳、成都、宁波、香港设有分公司。2009 年，公司拿到了 PCI-DSS 的国际认证；2011 年，获中国人民银行颁发的支付业务许可证；2013 年，易联支付获中国人民银行许可开展跨境人民币支付结算业务；2014 年，易联支付获基金销售支付结算业务许可，新增互联网支付业务。易联支付的优势在于能提供多种支付服务方式，支持互联网、手机、呼叫中心多种渠道支付；能实现全球支付高效率服务，跨境结算较快可实现当天办理，跨境交易高效便捷；由中信银行全程资金管理、中国人民银行全程资金风险监控，安全可靠。

（五）WebMoney

WebMoney 是由成立于 1998 年的 WebMoney Transfer Technology 公司开发的一种在线电子商务支付系统，是俄罗斯最主流的电子支付方式，俄罗斯各大银行均支持自主充值取款，目前有包括我国在内的全球 70 个国家（或地区）使用，支持多币种收付，许多国际性网站都与其合作。WebMoney 的优势在于使用人数较多，适用范围广。

（六）Qiwi Wallet

Qiwi Wallet 是俄罗斯 mail.ru 旗下公司出品的类似于支付宝的产品，是俄罗斯最大的第三方支付工具之一。Qiwi Wallet 帮助客户快速、方便地在线支付水电费、手机话费、网络购物和银行贷款等。买家可以根据自己的情况选择合适的付款方式，支持多个币种付款。俄罗斯人对 Qiwi 非常信任，俄罗斯买家可以先对 Qiwi 进行充值，再到对应的商户网站购买产品。Qiwi Wallet 的优势在于其拥有较完善的风险保障机制。不同于 PayPal 或者信用卡有 180 天的“风险观察期”，Qiwi 不存在拒付风险。如果买家通过 Qiwi 钱包支付，通过资金审核（一般在 24 小时内）即可到账。

2012 年阿里巴巴与 Qiwi 签署战略合作协议。合作后，俄罗斯用户可通过 Qiwi Wallet 在阿里巴巴平台上购买我国产品。

（七）Yandex.Money

Yandex.Money 是俄罗斯领先的网络平台及搜索引擎 Yandex 旗下的电子支付工具，

拥有 1 800 万活跃用户。Yandex.Money 的优势在于其充值方便，可通过支付终端、电子货币、预付卡和银行转账（银行卡）等方式向钱包内充值，实时到账，无拒付风险，使用范围广。

（八）CASHU

CASHU 自 2002 年起隶属于阿拉伯门户网站 Maktoob（Yahoo 于 2009 年完成对 Maktoob 的收购），主要应用于在线游戏、电信、IT 服务方面的支付和外汇交易。CASHU 允许客户使用任何货币进行支付，但该账户将始终以美元显示客户的资金。CASHU 现已成为中东和北非地区应用最广泛的电子支付方式之一。

（九）Boleto

Boleto 是由多家巴西银行共同支持的一种支付方式，在巴西占据绝对主导地位，客户可以到巴西任何一家银行、ATM、彩票网点或使用网上银行授权银行转账。该支付渠道有如下特点：

（1）一旦付款，不会产生拒付和伪冒，保障了商家的交易安全。

（2）无须预付交易保证金，降低了门槛。

（3）单笔支付限额为 1 ～ 3 000 美元，月累计支付不超过 3 000 美元。

（4）不是网上实时付款，消费者需在网上打印付款单并通过网上银行、线下银行或其他指定网点进行付款。

消费者可以在 1 ～ 3 天内付款，各个银行需要 1 ～ 3 个工作日完成数据交换，所以每笔交易一般需 2 天到一周的时间才能支付完成。因此，当买家使用 Boleto 支付时，卖家需要等待几天才能看到付款成功。

除以上跨境支付方式之外，还有 Cashpay、Skrill、ClickandBuy、PaysafeCard、LiqPay、Neteller 等。目前信用卡是消费者网购付款的第一选择，除了全球使用范围最广的 VISA、MasterCard 外，还有很多境外当地卡（含预付卡），如美国的 Discover、英国的 Maestro 和 Solo、西班牙的 4B、爱尔兰的 Laser、法国的 CarteBleue、丹麦的 Dankort、意大利的 CartaSi、中东地区的 CASHU 和 OneCard。

全球性的第三方跨境支付公司也多达几十家，具备银行卡交易、在线汇兑、转账汇款、国际结算等服务功能，如美国的 PayPal、英国的 Payza、俄罗斯的 Qiwi 和 WebMoney、荷兰的 iDeal、德国的 Sofort、澳大利亚的 POLi、波兰的 Przelewy24、印度的 PayTM、巴西的 Boleto 和 Pagseguro、欧洲的 PaysafeCard 和 TrustPay 等。我们不仅要熟悉全球使用最广泛的跨境支付方式，也要了解一些国家或区域性的支付方式，作为收付款的辅助手段。

四、跨境支付的付款和收款流程

（一）跨境付款和收款

由于币种不一样，跨境付款和收款时就需要通过一定的结算工具和支付系统实现两个国家或地区之间的资金转换，最终完成款项的收付。跨境付款和收款的基本流程是境内个人在境外网站按显示的外币报价购买商品后，向非金融机构支付对应的人民币金额货款，再由非金融机构的境内合作银行进行批量购汇并录入外汇局个人结售汇管理系统。境外商户在收到非金融机构发出的支付成功信息后，通过邮寄向境内居民发出商品。境内居民收到货物后，将向非金融机构发送清算指令。非金融机构按照与境外商户的结算约定，通过境内合作银行将外币货款向境外商户银行结算账户汇款，并完成跨境结算。

外卡收单是指境内非金融机构代境内网站收取境外个人向境内支付的外汇货款。其业务流程是境外个人在境内网站购买商品后，通过与境内非金融机构合作的境外支付公司向境内非金融机构开立在境外的银行账户支付外汇货款。境内非金融机构在确认收到外汇货款后，通知境内网站向境外个人发货。境外个人收到货物后，确认并指令境内非金融机构向境内网站划转货款。境内非金融机构的合作银行根据指令办理外汇资金的跨境结算，经结汇后，将人民币资金划转给境内网站。外卡收单流程如图 7－2 所示。

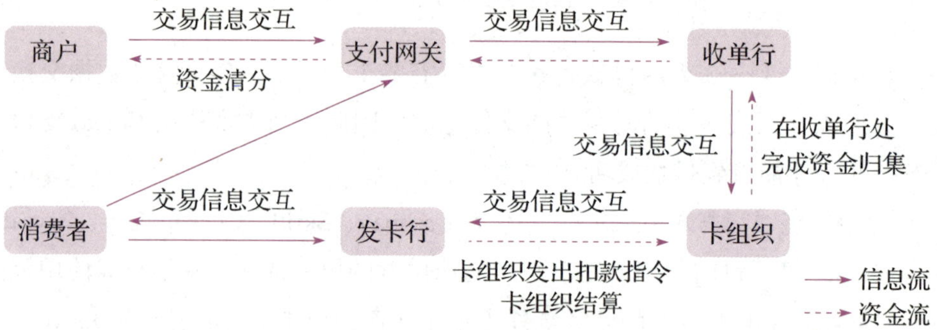

图 7－2 外卡收单流程

（二）跨境支付付款

跨境支付付款的流程是：境内消费者登录境外网站确定要购买的商品或服务，并下订单；境外电商将消费者的订单里的商品信息发送给第三方支付；第三方支付获取境内消费者认证信息；境内消费者输入信息并选择支付方式；第三方支付将支付信息发送给托管银行；第三方支付向托管银行购汇；境外电商收到第三方支付的汇款，向境内消费者发送产品和有关服务。这些过程看似十分烦琐，但所有信息通过网络传输与电脑识别，速度很快。

学而思

活动讨论 1：目前，主流跨境电商支付与结算的方式有几种？请说一说不同支付方式的优缺点。

活动讨论 2：跨境支付购汇的主要方式有哪几种？请画出跨境购付汇业务中资金的出境流程图。

案例分析

SWIFT 宣布将提供全球跨境瞬时支付服务

2019 年 9 月，SWIFT（环球银行间金融通信协会）宣布推出一项新服务。将 gpi 瞬时跨境支付服务与全球各地的国内瞬时支付系统进行整合，提供全球跨境瞬时支付服务。

SWIFT 将与采用 gpi 的银行一起为汇款方提供服务，同时确保在全球提供瞬时跨境支付服务。据官方介绍，这项服务将面向所有类型的银行终端客户，能够提高跨境支付速度、预先显示费用，并能预测款项到达最终收款人账户的时间。

SWIFT 是一个国际银行同业间的国际合作组织，成立于 1973 年，目前全球大多数国家的大多数银行已使用 SWIFT 系统。SWIFT 的使用，为银行的结算提供了安全、可靠、快捷、标准化、自动化的通信业务，从而大大提高了银行的结算速度。

2019 年 7 月末，SWIFT 曾就不同国家之间的跨境瞬时支付效率进行了测试，该测试涉及 7 个国家的 17 家银行。结果显示，澳大利亚、中国、加拿大、卢森堡、荷兰、新加坡和泰国之间在 25 秒内可完成支付，其中澳大利亚支付至新加坡用时最短，仅需 13 秒。

问题：全球跨境瞬时支付能为跨境电商发展带来了哪些优势？

资料来源：移动支付网 .SWIFT 发布全新小额跨境汇款服务［EB/OL］.（2021-07-13）［2022-08-13］.https://xueqiu.com/2744910577/192680377.

思而行

实训任务：速卖通常见支付方式调研

【实训目的】

了解电商平台的常见支付方式，掌握不同支付方式的特点。

【实训内容】

通过查阅速卖通官网及相关网站，总结速卖通常见的支付方式，填写完成表 7－2。

表 7－2 速卖通常见支付方式

支付方式	主要流通国别	特点

【任务评价】

任务评价表如表 7－3 所示。

表 7－3 任务评价表

项目	学习态度（20%）	团队合作情况（20%）	步骤完成情况（50%）	其他表现（10%）	小计（100%）	综合评价
个人评分（20%）						
小组评分（30%）						
教师评分（50%）						
综合得分（100%）						

延伸阅读

SWIFT 在欧洲成功完成“秒级”跨境瞬时支付测试

SWIFT 将 gpi 瞬时跨境支付服务与全球各地的国内瞬时支付系统进行了整合，提供全球跨境瞬时支付服务。

据悉，通过 gpi 与测试国国内瞬时支付网络的结合，SWIFT 与采用 gpi 的银行一起为汇款方提供透明化的服务，使费用和外汇成本透明可见，同时确保在全球提供无处不在的瞬时跨境支付服务。这项服务面向所有类型的银行终端客户，从大型跨国公司到中小企业，从零售商到电子商务平台，都能从中获益。该服务能够提高跨境支付速度、预先显示费用，并能预测款项到达最终收款人账户的时间。

多次测试验证了 gpi 可以与多个国家的国内瞬时支付系统进行整合，使端到端的跨境支付迈入“秒级”。测试结果表明：多家银行参与了对澳大利亚的瞬时支付平台

NPP 的测试，其中从中国到澳大利亚的汇款只需 18 秒。

与新加坡国内瞬时支付服务 FAST 的测试中，最快的一笔跨境支付是从澳大利亚支付至新加坡，仅用时 13 秒。所有支付均能在 25 秒内完成端到端（即发起付款到给收款人入账）处理。本次测试涉及 7 个国家的 17 家银行。

SWIFT 银行业务主管哈里 · 纽曼（Harry Newman）表示：“SWIFT 正致力于使未来的跨境支付像当今的境内支付一样便利。现在是时候让整个社群团结一心、抓住先机、打造全球瞬时支付服务了。我们将与参与测试的市场基础设施机构讨论如何推进实时运营，并邀请所有境内实时支付系统参与这个令人振奋的项目。这项技术已经到位，并经过验证，现在跨境支付和境内支付一样便捷了。”

中国银行支付清算部相关人士表示：“gpi 在跨境支付领域的覆盖广度和深度不断提升，gpi 即时支付项目已在多个国家和地区开展测试，体现了 gpi 与境内实时支付相结合，打造跨境实时支付的探索前景，这将极大提升跨境支付效率，为客户带来更好的跨境支付体验。中国银行是最早参与 gpi 国际支付创新的银行之一，前期全程参与了 gpi 即时支付在澳大利亚、新加坡及欧元区的测试，我们期待这一创新项目快速投产运行，希望以此为契机，为广大客户提供更优质的跨境支付服务。”

中国工商银行运行管理部相关人士表示：“在 2019 年 8 月，得益于 gpi 与 TIPS 系统连接，中国工商银行总行作为发起银行将瞬时跨境支付业务范围更深入地扩展到欧洲市场。该测试是在全球范围内迈向更快速、安全、无缝跨境瞬时支付服务的关键一步。中国工商银行认为 gpi 瞬时支付计划将为跨境汇款基础设施注入新动力，为客户带来巨大利益，并通过 SWIFT 促进银行间的紧密合作。”

同步延伸

1. 跨境支付与境内支付有哪些差异？
2. 什么是 SWIFT 国际结算系统？

任务二 跨境支付与国际结算

任务描述

小白通过查阅网上资料，已经了解了跨境支付的定义、支付方式及特点。接下来，小白还需要进一步掌握国际结算的方式与特点、支付风险与防范等知识。

相关知识

一、国际结算的定义

国际结算是指通过货币收付来实现的国际支付或资金转移行为，包括贸易结算，资本和利润转移，劳务的提供和偿付，国际交通、航运、保险费用的收支，侨汇、旅游、政府的外事活动等。

二、国际结算的方式

国际结算方式是指以一定条件实现国际货币收付的方式。按照使用工具、支付手段的不同，国际结算方式大体可分为以下四类。

（一）现金 / 货币结算

这是原始结算方式，即买方一手交钱，卖方一手交货，钱货两清，通常称为现金交货（Cash on Delivery），现在较少采用。

（二）票据结算

票据是出票人签发的无条件约定自己或要求其他人支付一定金额，经背书可以转让的书面支付凭证。票据一般包括汇票、本票、支票。例如，托收是出口方开立汇票，委托出口地银行通过进口地代收银行向进口方收款的一种国际贸易结算方式。托收根据是否随附单据又可分为跟单托收和光票托收。

（三）凭单结算

在大多数国际贸易中，结算还需另附单据，包括基本单据和附属单据。其中基本单据是出口方向进口方提供的单据，有商业发票、运输单据、保险单据等；附属单据是出口方为符合进口方法律法规或其他原因而提供的特殊单据。例如，信用证业务作为一种纯粹的单据业务，其结算方式就是凭单付款，即在信用证结算方式下，银行付款的依据是单证一致、单单一致，而不管货物是否与单证一致。

（四）电信结算

电汇、环球同业银行金融电信协会电开信用证、电子交单及保理业务中的电子数据交换（Electronic Data Interchange，EDI），都属于电信结算的范畴。

三、国际结算的特点

由于国际结算本身有国际性、科学性、融资性、知识性和惯例多、发展快等特点，因而国际结算中产生的风险具有以下特点：涉及范围的国际性、与结算工具有相关性、与融资活动的相伴性、形成原因的多样性、表现手段的欺诈性、防范过程的复杂性。上述特点，决定了国际结算的风险是指在国际货币收支调节过程中由于技术上、经营上和管理上的问题而引起的一系列可能发生的危险。

在漫长的历史时期，国际结算的具体形式随着整个社会政治、经济以及科学技术的发展而发展，形成各种为世界各国都能接受的结算工具和方式。当货币作为一般等价物的形式出现后，最初的国际结算形式是现金结算。

中国从汉代开始，在对中亚及中、近东的陆上贸易和对日本及南洋各国的海上贸易，以及在古代和中世纪初期欧洲地中海沿岸各国的对外贸易，都长期采用现金结算。从15世纪末起，封建社会逐渐向资本主义社会过渡，在重商主义思想的影响下，各国都很重视发展出口贸易。由于在交易中携带现金既不方便，也不安全，促使国际结算从现金结算方式逐步转变为非现金的票据结算方式。

近代银行的产生和发展，使国际结算从商人间的直接结算逐渐转变为通过银行中介的间接结算，银行成为沟通国际结算的渠道。由于银行信用较商业信用有更多的优越性，因而银行发展成为国际债权债务的清算中心，这是国际结算的一个进步。

四、跨境支付的风险与防范

（一）跨境支付的风险

1. 交易真实性识别风险

交易的真实性是跨境电商运行和发展的生命线，是跨境电商平台必须守住的底线。若非如此，跨境电商交易会沦为欺诈盛行之地和各种犯罪滋生的温床，成为逃避监管的法外之地。同时，交易真实性也是国际收支申报、个人结售汇管理、反洗钱义务履行的前提和保证。交易真实性包括交易主体的真实性和交易内容或背景的真实性。与一般进出口贸易相比，跨境电商支付的真实性更加难以把握。

第三方支付机构可以通过比对订单信息、物流信息、支付信息等方式，确认现金流与货物流或服务流是否匹配。总之，第三方支付机构审核跨境交易内容真实性和主体真实性都存在不少困难，跨境电商支付存在交易真实性识别风险。

2. 资金非法流动风险

目前甄别资金非法流动和合法流动缺乏可靠手段。对于同一个跨境交易主体既在境内注册成为第三方支付机构客户，又在境外注册成为境外商户，或者境内机构客户通过在境外设立关联公司的方式，自己与自己交易，绕过国家外汇管理限制，进行跨境资金转移等行为，目前缺乏有效的甄别手段。

3. 逃避个人结售汇限制的风险

我国目前实行的资本项目下的外汇管制，经常项目基本可自由兑换。但对于个人结售汇实行年度限额管理，个人年度结售汇限额不超过等值 5 万美元。通过第三方支付机构进行的跨境支付，境内消费者在完成订单确认后，需要向第三方支付机构付款，再由第三方支付机构向银行集中购汇，银行再按照第三方支付机构的指令，将资金划入目标账户。

一方面，第三方支付机构只能获取交易双方有限的交易信息，如订单号、银行账号等，银行无法获取个人信息，这样就很难执行个人年度结售汇管理政策。另一方面，如何认定分拆结售汇也存在一定的困难。从国家外汇管理局前期试点监测情况来看，试点业务多为 C2C 个人"海淘"等小额交易，平均结售汇金额不足 60 美元。对于境内消费者一天之内几次或十几次小额购物是否认定为分拆结售汇，并没有明确规定。大多银行并没有按照国家外汇管理局颁布的《关于进一步完善个人结售汇业务管理的通知》的规定进行业务办理，就是说默认了 PayPal 使用虚拟电子账户来识别用户，对银行账号和信用卡账号保密，屏蔽资金的真实来源与去向。这将影响国际收支核查工作的有效性，使银行无法正常履行相关部门的规定，不利于跨境电子商务支付在国际收支方面的申报。

4. 跨境支付交易的风险

跨境支付交易欺诈预防最大的挑战，就是缺乏统一的市场交易规范机制。跨境交易量不断增加，也给欺诈预防带来很大的困难。不同国家和地区的欺诈预防工具也有很大的差异。语言障碍和将货物跨境发往单一客户的复杂流程，让跨境交易欺诈更加难以防范。由于跨境支付的整个交易流程涉及各方主体的交互，跨境电商的卖家或多或少都遭遇过支付欺诈；网络支付安全问题又给用户带来了隐私信息被盗、账号被盗、银行卡被盗用、支付信息丢失等风险。

（二）跨境支付风险的防范

1. 履行相关责任，保证交易真实

在跨境支付交易的过程中，支付机构应严格按照相关法律法规，并遵循有关部门发布的指导意见审核交易信息的真实性及交易双方的身份。支付机构可适当增加交易过程中的信息交互环节，并留存交易双方的信息备查，对有异常的交易及账号进行及时预警，

按时将自身的相关业务信息上报给国家相关部门。国家相关部门也应定期抽查并审核交易双方的身份信息，并对没有严格执行规定的第三方支付机构进行处罚。同时应制定科学的监管方案对支付机构进行监管，并促进支付机构和海关、市场监管部门、税务部门进行合作，建立跨境贸易信息共享平台，使得跨境交易的监测更加准确和高效。

在加强监管的同时，支付机构也应加大技术研发力度，提升跨境支付过程的安全性，增加跨境支付交易数据的保密程度，利用大数据及云技术的优势对跨境交易的双方进行身份审核并分级，为境内外客户提供更加安全、有保障的购物环境。

2. 尊重知识产权，合法申诉

随着跨境电商的快速发展，国家的大力推动让跨境电商从原来的粗放模式向精细模式发展。从事跨境电商的卖家要真正解决跨境交易的资金风险，首先要做的就是合规经营，以知识产权为核心，同时注重企业产品品质，并且要努力、持续地学习各个跨境电商平台的规则和条款，尤其是涉及资金安全的条款；其次，在遭遇跨境电商交易纠纷的时候，中小跨境电商卖家应该认识到个体的力量是弱小的，遭到资金冻结的卖家一方面应积极了解相关法律法规，另一方面也可以聚拢起来，通过抱团的方式积极应诉，取得诉讼的主动权，保证自己的资金安全。

3. 建立风险管控，开展数据监控

建立起一套完整的风险管理架构无论是对跨境电商还是对支付机构而言都是非常重要的。面对不断发生的跨境电商欺诈交易，企业可以通过账户安全、交易安全、卖家安全、信息安全、系统安全等五大安全模块的组合来实现风险管理架构的搭建，从而防止账户盗用和信息泄露，并最终借助管控交易数据等手段降低交易风险欺诈的可能性。除了搭建风险管理架构外，企业还可以通过建立以数据驱动为核心的反欺诈系统来进行风险管控。

跨境支付反欺诈系统应拥有强大的实施模型、灵活的风险规则和专业的反欺诈人员判断。第三方支付机构还应该加强行业内部的风险共享和合作机制，因为一般犯罪分子在盗取一批信用卡信息之后会在多个交易平台上反复使用，实现价值的最大化，且往往把风控能力最弱的一方作为突破口，所以建立风险共享及合作机制就显得非常必要。只有大家齐心协力，才能从根本上有效提升跨境支付交易的整体风险防控能力。

延伸阅读

联动优势推出微信国际支付，打造国际零距离

在移动支付和跨境支付不断发展的今天，随处可见的绿色LOGO，超市里的微信自助结账机，大街小巷的微信二维码立牌，交通出行、餐饮消费、购物、景点游玩

的扫码支付智慧生活，无一不说明了便利的微信移动支付已经日益融入人们的生活，改变着人们的支付方式。随着国人跨境支付需求的日益增长，代购行业的拔地而起，跨境电商的蓬勃发展，都预示着微信国际支付将成为未来全球化支付的大趋势之一。

联动优势作为第三方支付行业的资深持牌支付公司，一直在积极推动跨境支付业务的发展，从试点到正式获牌已走过4年之久。如今，联动优势已经培养出一支经验丰富的团队，为商户定制一站式跨境支付解决方案，并提供全面的技术支持、高质的运营服务，保障用户和商家的资金安全。安派国际作为联动优势的子公司，拥有香港地区 MSO 牌照，并取得了微信国际支付机构服务商的代理权，在自有跨境支付产业链上，依托于微信支付形态，推出了便捷、高效的全球化行业解决方案——微信国际支付。

微信国际支付致力为全球商户提供收单支付和购付汇结算汇款等一系列金融服务。其产品覆盖了微信主扫、小程序、App、公众号、线下立码付等多种支付方式，能满足目前市场上绝大多数跨境贸易平台的支付需求和业务场景。

微信国际支付业务流程如图7-3所示。

（1）消费者在境外网站选购商品或服务支付，商户请求联动优势香港公司下单。

（2）商户展示微信二维码，消费者通过微信支付使用人民币完成付款，款项由微信即时从消费者账户中划出。

（3）微信达到起结金额结算港币给安派国际香港账户。

（4）安派国际香港账户完成结算币种换汇。

（5）安派国际根据商户起结金额做资金划拨结算。

注：结算港币的商户不存在第（5）步。

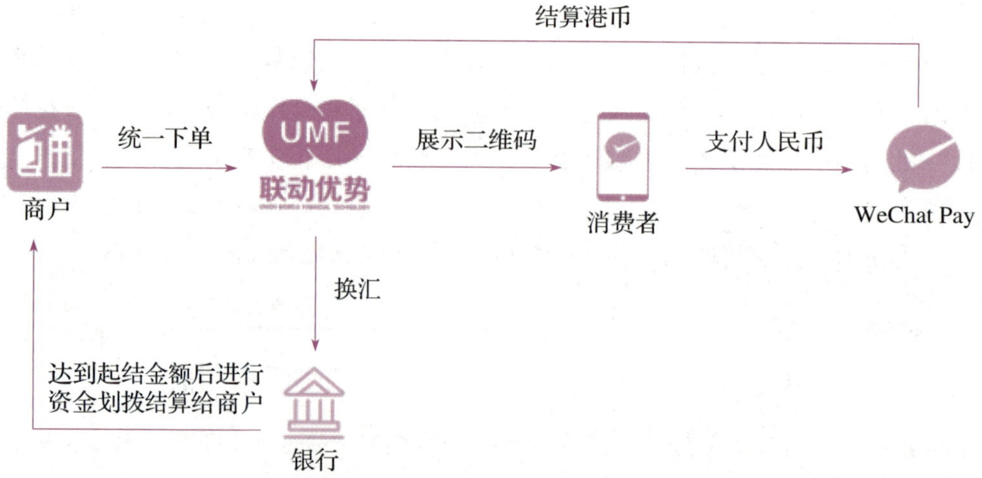

图7-3 微信国际支付业务流程

结算币种：微信结算币种为港币。

支持行业：货物电商、留学教育、机票行业、酒店住宿、旅游票务、国际物流、国际会议、软件服务、医疗服务、国际租车等。

支持海关推送：广州（总署版）、杭州（总署版）、宁波、郑州（保税物流中心）、重庆、上海（总署版）、深圳、郑州综保（总署版）、天津。

国检：广州黄埔国检、广州南沙。

随着跨境贸易规模持续高速增长，我国逐步构建完整、健康、可持续发展的跨境结算生态体系。作为互联网金融科技公司，联动优势将充分发挥金融科技优势，持续为行业伙伴提供高效、稳定的支付服务，以科技为支点赋能跨境支付市场。

学而思

简述跨境支付和国际结算的主要方式，以及当前全球跨境电商各区域主要支付工具。

思而行

实训任务 1：PayPal 账户的注册与登录

【实训目的】

了解 PayPal 的注册方式及功能，熟悉 PayPal 的账户申请流程。

【实训内容】

完成 PayPal 账户的申请，并登录账号，查阅 PayPal 支付的相关设置。

【实训步骤】

（1）打开 PayPal 的官网，点击注册 PayPal 账户。

（2）填写注册信息，完成注册。

（3）查看账户的相关功能。

（4）了解 PayPal 的收款功能。

【任务评价】

任务评价表如表 7－4 所示。

表 7-4　任务评价表

项目	学习态度（20%）	团队合作情况（20%）	步骤完成情况（50%）	其他表现（10%）	小计（100%）	综合评价
个人评分（20%）						
小组评分（30%）						
教师评分（50%）						
综合得分（100%）						

实训任务 2：查询银行的 SWIFT Code

【实训目的】

了解 SWIFT Code，熟悉网站功能，掌握 SWIFT Code 的查询方法。

【实训内容】

SWIFT Code 的 11 位数字或字母可以拆分为银行代码、国家代码、地区代码和分行代码四部分。以中国农业银行广州分行为例，其 SWIFT Code 为 ABOCCNBJ190，其中 ABOC 为银行代码，CN 为国家代码，BJ 为地区代码，190 为分行代码。

【实训步骤】

（1）打开 SWIFT 的官网（见图 7-4）。

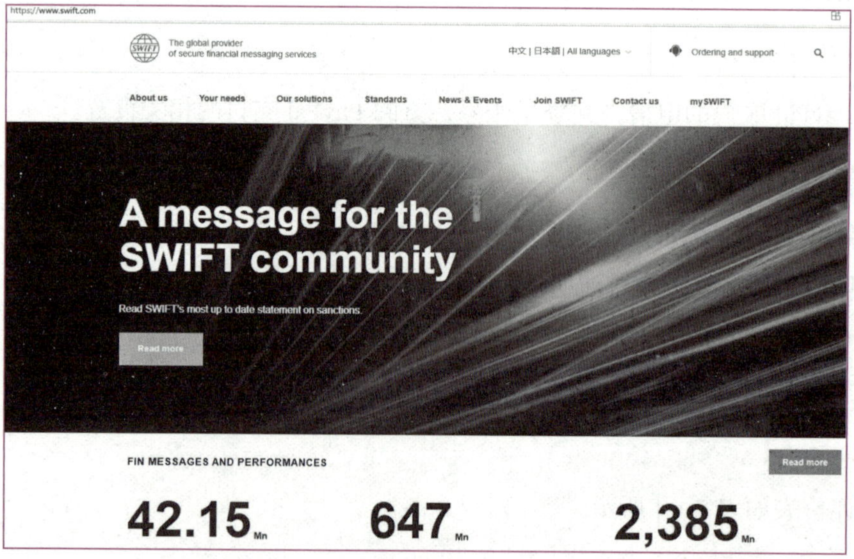

图 7-4　SWIFT 官网

（2）选择 Online BIC Search（见图 7－5）。

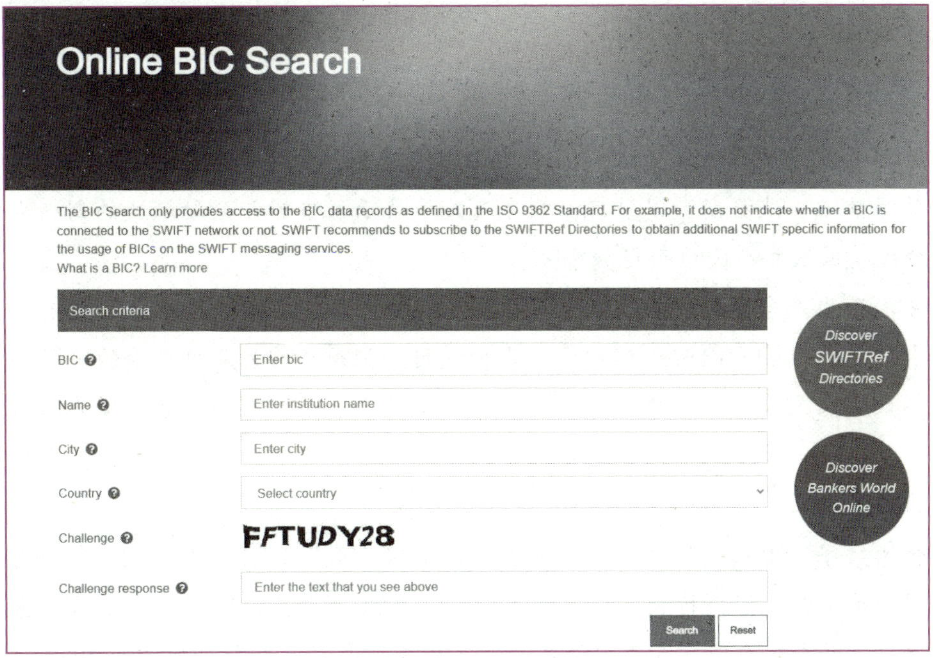

图 7－5　SWIFT 官网 BIC 查询

（3）输入银行名称、城市、国别、验证码。

（4）点击“Search”，即可查阅 SWIFT Code。

【任务评价】

任务评价表如表 7－5 所示。

表 7－5　任务评价表

项目	学习态度（20%）	团队合作情况（20%）	步骤完成情况（50%）	其他表现（10%）	小计（100%）	综合评价
个人评分（20%）						
小组评分（30%）						
教师评分（50%）						
综合得分（100%）						

行而悟

素养园地

抢购冰墩墩、“碰一碰”付款……央行数字货币未来可期

抢购冰墩墩、“碰一碰”付款……借助北京冬奥会，数字人民币完成了全球首秀，成为各方关注焦点。俄罗斯专家赞叹，数字人民币展示了中国在金融领域的创新成就，北京冬奥会也将因数字人民币而更加耀眼。

数字人民币是冬奥村一个美丽的“例外”。由于冬奥品牌权益方面的规定，冬奥场馆内原来仅支持维萨（VISA）信用卡和现金支付。但是，作为主权货币的一种创新性存在形式，数字人民币与现金享有相同的法偿性，因此未受到限制。这不仅为国内用户带来了便利，也给国外友人提供了更多支付选择，同时还实现了非接触支付，充分满足了冬奥会的防疫要求。

如今，数字货币正成为全球金融发展的大趋势。截至目前，已有110多个国家和地区在不同程度上开展了央行数字货币相关工作。2021年7月，欧洲中央银行宣布启动数字欧元项目，并表示希望在5年内使数字欧元成为现实。俄罗斯央行计划2022年测试数字卢布，同时确定该国数字货币下一步发展的路线图。尼日利亚政府2017年开始研究发行数字货币，2021年“e奈拉”的推出使尼日利亚成为首个正式启用数字货币的非洲国家，同时成为全球率先发行数字货币的国家和地区之一。

随着数字经济迎来巨大风口，各国纷纷加快研发数字货币的步伐，以应对未来的国际经济竞争。对于中国而言，未来数字人民币发展可以大力发挥国家背书、央行发行等核心竞争优势，探索易使用、可持续、广连接的支付渠道，推动数字货币更大规模地落地，赋能实体经济高质量发展，同时开展跨境支付和国际合作试点，积极向外寻求合作伙伴，多措并举加快人民币国际化步伐。

资料来源：新浪科技 . 抢购冰墩墩、“碰一碰”付款……央行数字货币未来可期［EB/OL］.（2000-02-08）［2023-02-26］. https://baijiahao.baidu.com/s?id=1725960722611685749&wfr=spider&for=pc.

项目八

跨境电商客服与纠纷处理

学习目标

- 掌握跨境电商客服的基本职能及所需职业技能素质；
- 掌握售前咨询回复的技巧；
- 熟悉销售过程中常见问题的回复技巧；
- 掌握收货后服务的评价跟进技巧；
- 掌握跨境电商纠纷的类型及规避纠纷的技巧。

思维导图

- 跨境电商客服与纠纷处理
  - 知识点
    - 跨境电商客服职能及技能素质
    - 售前、售中、售后工作常见问题
    - 纠纷类型及纠纷规避技巧
  - 技能点
    - 掌握售前咨询回复技巧
    - 掌握售中服务回复技巧
    - 掌握售后服务评价跟进技巧
    - 能根据纠纷类型制订解决方案

项目导入

“一带一路”倡议的提出，加速了我国对外贸易的发展，斯里兰卡的锡兰红茶、尼泊尔的手串、埃及的棉制品、捷克的水晶制品、缅甸的翡翠玉石、保加利亚的玫瑰精油……随着跨境电商的发展，世界各国的特色产品现在都能方便地在跨境电商平台上买到。同时，中国商品也在不断销往俄罗斯、巴基斯坦、泰国、埃及、沙特阿拉伯等国，在一定程度上为跨境电商平台创造了许多新的发展机遇。跨境电商订单的“小单化”“碎片化”“多频次”，使得企业对跨境电商在线服务的需求也日益增大。由于跨境电商行业的客服工作所面临的环节多，情况复杂，涉及多种跨境运输渠道，以及不同国家在语言、文化、商品标准与规范上的差异，这就需要以专业化的客服工作方式去适应行业的发展与客户的需求。

项目任务书

表 8-1　项目任务书

任务编号	分项任务	职业能力目标	知识目标	参考课时
任务一	客服职能与售前咨询服务	对售前客服咨询问题进行分析，归纳出售前商品咨询、物流咨询的应对策略	1. 了解跨境电商客服职能及基本技能素养； 2. 掌握售前咨询回复技巧	1～2
任务二	售中的服务沟通	根据售中环节常见的催付款、关联营销、物流跟踪等问题，分析售中服务的沟通技巧	1. 掌握销售过程中常见问题 2. 售中问题回复技巧	1
任务三	客服售后评价与纠纷处理	总结跨境电子商务售后准备工作和常见问题，并有效处理跨境电商售后工作	1. 售后评价回复技巧； 2. 掌握跨境电商纠纷的类型及解决和规避纠纷的技巧	2
职业素养目标	1. 终身学习，利用互联网不断学习新知识、新技术、有一定的创新意识； 2. 具备良好的心理素质及良好的人际关系沟通能力，锻炼情绪的自我掌握及调节能力； 3. 有一定的团队合作精神与应变能力			

任务一　客服职能与售前咨询服务

任务描述

小白是某学校跨境电子商务专业的应届毕业生，即将面临就业的他通过互联网开始查找与跨境电商相关的工作岗位。当他输入关键词“跨境电商岗位”，出现了“跨境电商平台运营专员”“选品采购运营专员”“跨境电商推广专员”“跨境电商客服”等岗位。小白心想：跨境电商客服岗位不仅要做好安抚客户的工作，还要控制好退款退货率，并满足各跨境电商平台对于店铺的评分要求，这个岗位应该很具有挑战性。

相关知识

跨境电子商务客户服务工作承担着卖家与境外客户之间信息沟通的重任，是联系买卖双方的桥梁与纽带。跨境电子商务的客户服务人员需要了解跨境电子商务环境下客户服务工作的流程和内容，履行岗位职责，实现工作价值，保证卖家利益不受损害。

一、跨境电商客服的基本职责

跨境电商客服的基本职责主要是解答客户咨询、解决售后问题、促进商品销售及监控管理运营。

（一）解答客户咨询

跨境电商客服人员解答咨询工作主要包括解答客户关于商品的咨询和关于服务的咨询。

1. 解答关于商品的咨询

目前跨境电商涉及经营商品种类繁多，从 3C 商品，即计算机（Computers）、通信（Communication）和消费类电子商品（Consumer Electronics），到玩具、服装、配饰、家具用品、珠宝等。这些商品类目涉及多个行业、不同种类，这使得跨境电子商务客服工作变得更加复杂，从业人员需要掌握更多商品的专业知识。此外，各国产品差异大。以衣服尺码为例，国际上有几种常见的标法，如欧洲尺码、美国尺码、中国尺码；再如电器的电压，国内的电压是 220V，日本的电压是 110V，英国的电压是 200V。另外，电器插头在各国的标准也不尽相同，常见的有英标插头、美标插头等。所以就会出现中国卖家卖出的电器能使用澳大利亚的电源插座，但是到了英国可能就完全不能用了。

因此，跨境电子商务客服人员一方面要充分掌握各种产品信息，另一方面也要把握不同国家的产品规格要求，这样才能给客户作出完整解答，提出可能的解决方案。

2. 解答关于服务的咨询

与境内电商不同，跨境电商的交易流程、服务内容更复杂，跨境电商客服经常需要处理客户对于产品运输方式、海关申报清关、运输时间以及产品是否符合其他国家的安全标准等问题。为了提升客户购物体验，客服人员需主动联系客户，力求让客户满意。

（二）解决售后问题

在跨境电子商务交易中，当买家联系卖家时，往往是产品或是物流运输出现了问题，或是其他服务方面出现了重大问题，而这些问题是买家自己无法解决的。因此，在跨境电子商务交易中，一旦买家联系客服通常就是买家投诉。据统计，跨境电商卖家每天收到的邮件中有将近七成都是关于产品和服务的投诉。也就是说，跨境客服人员在日常工作中处理的主要问题就是解决各种售后问题。而售后服务是影响买家满意度的重要方面。

（三）促进商品销售

跨境电商客服对于商品的销售作用不仅仅体现在售前的商品咨询上，更体现在销售后的二次营销上。跨境客服的工作，不是一次简单的交易到买家确认收货并给予好评就结束了，还需通过买家交易数据的整理，识别出有潜力持续交易的买家和有机会做大单的买家，从而有针对性地维系与他们的关系并推荐优质产品，从而使老顾客持续稳定下单。因此，优秀的客服人员需要具备营销的意识和技巧，能够把零售客户中的潜在批发客户转化为稳定的长期客户。

（四）监控管理运营

跨境电商涉及产品开发、采购、包装、仓储、物流或是海关清关等一系列复杂环节，出现问题的概率都会比国内的电商更大。而在某个环节出现问题，责任无法确定归属，将导致问题进一步扩大与恶化。如果企业和团队中存在的问题长期无法得到有效解决，就会随时给企业和团队带来损失。因此，对于一个企业和团队来说，必须建立一套完整的问题发现和解决机制，以便出现问题之后及时有效地进行处理。

在跨境电子商务中，客服适合充当发现问题者的角色。客服作为直接接触广大客户的人，直接聆听客户提出的问题，是团队最先发现所有问题的接触点，因此，在跨境电子商务团队中，客服不一定要直接参与到团队的管理当中，而是发挥着监控管理运营的职能，定期将客户提出的问题进行分类总结，并及时向团队负责人反馈，为团队进行岗位调整和工作流程优化提供重要参考。

二、跨境电商客服的技能素质要求

随着跨境电商行业的竞争越来越激烈，优质的客户服务就显得越来越重要。提高客户服务质量，建立客户对商品或服务的忠诚度，可以争取客户信任，赢得市场。因此，一名合格的跨境客服人员需要具备以下必要的职业技能。

（一）专业的行业和商品知识

作为跨境客服，对产品的用途、材质、尺寸、使用注意事项，都必须有足够的了解。此外，跨境客服要对不同国家之间产品不同规格有清晰的认识，如在面对国内外服装尺寸的差异，或是面对国内外电器类产品电压、电流、插头等各项规格不同的情况下，能够给国外买家推荐合适的商品。

（二）了解跨境电商平台的相关交易规则

客服要充分了解各跨境电商平台的交易规则，不能违规操作。只有对平台规则相当熟悉，才能在面对各种情况时做到游刃有余、镇定自若，使交易有条不紊地进行。

此外，客服还需要在不违背相关交易规则的前提下，熟练操作平台的各个模块，包括修改商品价格、付款流程、修改评价、申请退款等。

（三）熟练掌握跨境电商运作

客服要了解跨境电子商务交易中产品开发、物流选择、海关清关等各个环节的运作流程，以便在卖家提出疑问时能够及时准确地作出解答，进而促成客户下单。

（四）处理问题时有效控制损失的能力

任何商业模式，当产生投诉时经营者都必须采取有效的方案解决，而这些处理方案，都会产生一些售后成本。

当产品出现问题后，跨境电子商务的售后处理方式与国内采取退换货的方式完全不同。因为跨境电商运输周期长、运输成本高，如采取退换货的方式解决，将会产生高额的运费，有时退货运费会高过商品本身的价值。所以，跨境电商交易一旦出现产品问题，最常见的处理方式就是退款或是免费重发产品，而在这些处理方式中，卖家需要承担的成本不同。一名合格的客服需要从多种处理方案中引导买家选择对卖家来说成本最低的处理方案。

（五）挖掘潜在大客户的敏锐性

在跨境电子商务交易中，客服应发挥促进产品销售职能，敏锐挖掘潜在大客户。例如，与普通的客户相比，批发客户重视的是与卖家合作过程中是否能够获得最大利润、卖家是否能稳定地供应产品。因此供应稳定、批发折扣力度大、运输方案灵活的卖家更加容易获得批发客户的青睐。由此可见，客服可在与客户沟通交流的过程中不断观察和总结，培养自己挖掘潜在大客户的敏锐度。

（六）了解产品交易的成本预算

客服被赋予促进订单成交的职能后，在某种情况下，他们就相当于业务人员。因此，在传统询盘、报价的模式中，客服也会遇到物流成本、产品成本计算等问题，这就需要客服充分掌握企业经营的产品成本情况、运输方式的选择及各项费用的计算等技能。

（七）了解各种付款、物流方式及流程

客服应对各跨境支付方式有一定程度的了解，能够正确引导客户并帮助客户解决付款环节产生的问题。同时，对于业务量比较大的卖家来说，为了能够及时地将商品发送到买家手中，一般情况下会根据不同物流公司的不同特点和优势、不同买家的需求来选

择和不同的物流公司合作。客服不仅要了解常用物流公司的优缺点，明白什么情况应该选择哪家物流，还要了解不同物流方式在速度上的区别、物流方式的查询方法等。

为了有效应对意外情况，除了以上准备工作之外，客服还应对各种物流方式包裹的撤回、更改地址、状态查询、保价、问题件退回、索赔的处理等有所了解，以保证意外状况发生时能够在第一时间作出反应，将店铺和买家的损失降到最低。

（八）及时发现问题并向上级反映的能力

客服承担监控管理运营的职能，在发现问题和反馈问题上不能简单地理解为一事一报，而是应该有一套完整的“发现—统计—反馈”问题的制度。客服通过客户的投诉发现问题，将各类问题进行分类，明确问题涉及的具体部门，同时统计所涉及的损失，及时与问题涉及部门进行沟通，要求该部门及时更正错误，并防止类似错误再次发生。

（九）与其他部门协调沟通的能力

无论是进行问题分类统计向上级汇报，还是与问题涉及部门进行沟通，客服都扮演着重要的交易信息提供者的角色，客服要具备与其他部门协调沟通的能力。同时，管理者也应该对客服进行培训，帮助他们处理好与各部门沟通的问题，让其他部门的工作人员意识到客服所反馈的问题对整个团队发展的影响。

三、售前咨询回复

在跨境平台中，一般售前的工作内容是解答客户咨询有关数量、库存、用途、运输等方面的问题，客服人员需要用通俗易懂的方式向客户解释和说明，促使客户尽快下单。范例如下。

（一）初次问候

To whom it may concern,

Thanks for visiting our page. We hope you have found the products you need. If you have not found the wanted items, please feel free to contact us, and we can help you find the goods you are looking for.

Look forward to hearing from you!

Sincerely,

×××

译文：

尊敬的客户：

感谢光临。希望您在我们店里找到了您需要的产品。如果您没有找到所需产品，请您随时与我们联系，我们将帮您找到您所需的货源。

盼复！

谨上。

×××

（二）催促下单

Dear Sir/Madam,

We appreciate your interest in our product!

We have this item in stock now. Could you please tell us how much you need? There are ××× ones left. Due to its popularity, we fear it may soon be sold out. We recommend placing your order without any delay.

Look forward to hearing from you!

Sincerely,

×××

译文：

尊敬的顾客：

很高兴您对我们的产品感兴趣！

这款产品我们有库存，您想要多少？现在，我们还剩下×××。由于这款产品很受欢迎，我们担心它很快就会销售一空，建议您请尽快下单。

盼复！

谨上。

×××

（三）断货提醒

Dear Sir/Madam,

We are sorry to inform you that this item is out of stock at the moment. We are now contacting the factory to check when it will be available again. As soon as there are any updates, we will let you know.

Meanwhile, we would like to recommend you some great alternative items for the product you need. You can check out the product listing by clicking the following link (https://www.××××××). We hope you can find the items you are interested in!

Please contact us if you need further help!

Sincerely,

×××

译文：

尊敬的顾客：

我们很遗憾地通知您，此商品目前缺货。我们将与厂家联系，看什么时候有货。一有消息我们就立刻通知您。

另外，我们想向您推荐您所需的其他同类型商品。您可以点击链接 http://www.××××××查看商品清单，希望您能找到您喜欢的商品。

如需进一步帮助，请联系我们。

谨上。

×××

（四）客户议价

Dear Sir/Madam,

We are very grateful for your interest in our goods. However, I'm afraid we cannot provide the discount you have requested. Our offered pricing has been carefully determined to strike a balance between expenses and prices, leaving us with very little room for profit.

However, if you order more than × pieces in a single order, we will give you a special discount of ×%. Please let us know if you have any other questions.

Thank you again, and look forward to hearing from you!

Sincerely,

×××

译文：

尊敬的顾客：

感谢您对我们的商品感兴趣。但是很抱歉，我们恐怕不能同意您提出的折扣。我们的报价是经过仔细测算的，我们的利润空间已经很有限了。

不过，如果您一次性订购×件以上，我们可以给您×%的特别折扣。如果您还有其他问题，请告诉我们。

再次向您表示感谢，盼复！

谨上。

×××

（五）索要样品

Dear Sir/Madam,

We appreciate your interest in our product very much.

In response to your request, I am afraid that we are not able to offer free samples. You can order one unit of our product to evaluate its quality (albeit the cost may be slightly more than ordering in bulk). Otherwise, you can only order the entire quantity you need.

We always do our best to ensure that our items are high quality. Our crew thoroughly inspects every one of them. As a result, we are confident in the quality of our products. We also believe honesty is the key to success. Give the item you're interested in a try, and we believe you'll be pleasantly surprised by the quality!

If you have any further questions or needs, please feel free to contact us.

Sincerely,

×××

译文：

尊敬的顾客：

非常感谢您喜爱我们的产品。

关于您的需求，恐怕我们无法向您提供免费的样品。您可以先订购一件商品以评估商品质量（尽管成本可能比批量订购稍高），否则您只能订购您所需的全部数量了。

我们总是尽最大努力保证我们的产品是高质量的，我们的工作人员也会仔细检查每一件产品。因此，我们对产品质量充满信心。我们也相信诚信是成功的关键所在。请尝试订购您感兴趣的产品，我们相信它的质量将会让您印象深刻！

如果您有任何问题或其他需要，请随时与我们联系。

谨上。

×××

微学习

中国跨境电商战“疫”指南——网站和客服优化策略

学而思

活动讨论1：跨境电商客服的常见工作内容有哪些？

活动讨论2：浏览主流招聘网站，搜集关于跨境客服的招聘广告三则，并总结企业对跨境电商客服的入职要求。

思而行

实训任务：售前商品咨询策略

微学习

跨境电商各国消费者网络购物特征

【实训目的】

对售前客服咨询问题进行分析，掌握售前商品咨询、物流咨询的应对策略。

【实训内容】

在亚马逊平台上以 Longjing tea（龙井茶）为销售商品。针对售前商品常见问题咨询用英文编制相关对话，促使境外客户购买商品，完成表 8－2。

表 8－2　售前商品咨询策略

问题	境外客户	客服人员
冲泡方法		
物流时间问题		
议价		

【任务评价】

任务评价表如表 8－3 所示。

表 8－3　任务评价表

项目	学习态度（20%）	团队合作（20%）	步骤完成情况（50%）	其他表现（10%）	小计（100%）	综合评价
个人评分（20%）						
小组评分（30%）						
教师评分（50%）						
综合得分（100%）						

同步延伸

国外网络消费群体与国内网络消费群体在购物方面有哪些差异？

任务二 售中的服务沟通

任务描述

小白成为跨境电商客服人员之后，通过设置售前咨询回复模板，工作效率提高了很多。然而，最近小白又遇到了一系列售中问题：有的客户通过后台咨询价格问题，有的客户索取优惠券，有的客户想要折扣，有的客户将商品加入购物车但没有继续操作，有的客户提交了订单却没有付款等。小白冷静思考，通过分析，进行有效沟通，促成了多笔交易，提高了店铺销售额。

相关知识

售中是指客户下单后到客户签收货物这个阶段。这个阶段的客户服务与沟通也是体现卖家服务质量的重要环节。

一、售中服务与沟通业务范围

售中客服工作主要是订单处理和物流跟踪，让客户及时掌握商品的动向。

（一）订单处理

订单处理是跨境电子商务的核心业务流程。订单状态分为等待客户付款、客户已付款、卖家发货、交易成功四个环节。

（二）物流跟踪

发货结束并不意味着卖家的工作结束了。卖家关注物流进展并告诉客户，能够提升客户的购物体验。卖家在产品到达客户所在城市时应告知客户货物的投递进展；如果遇到货物滞留情况，卖家应对客户表示歉意；如果产品需要报关，可以预先告知客户。

当前跨境电商物流发展仍不完善，当包裹出境后，经常会出现无法及时获取包裹物流信息的情况。无论是国际小包、国际专线，还是国际快递，一旦买家问到包裹物流跟踪情况，客服工作人员要知道如何回复，尽量帮助客户解决物流跟踪问题。包裹物流跟踪常见状态如表 8－4 所示。

表 8-4 包裹物流跟踪常见状态

状态	原因分析
包裹查无信息（Not Found）	包裹信息未上网，官网未更新
包裹正在运输中（Transit）	包裹还在运输中
包裹到达待取（Pick Up）	包裹显示已经到达目的地国家
包裹投递成功（Delivered）	包裹显示投妥，而收件人声称未收到
包裹运输过久（Expired）	大部分为时效延误、目的地国家未查到投妥、官网未更新
包裹可能异常（Ai**）	大部分为退件、损坏、丢失等问题

二、售中客户服务沟通范例

（一）未付款

Dear Sir/Madam,

We are writing to remind you that you have not paid for the order you placed yet. If you have any questions about the product specification, price and payment procedure, please do not hesitate to let us know, and then we can figure out how we can help.

Yours faithfully,

×××

译文：

尊敬的顾客：

我们写信提醒您，您提交的订单还未付款。如果您对产品的型号、价格或付款流程有疑问，请告知我们，我们将尽快为您提供帮助。

谨上。

×××

（二）发货通知

Dear Sir/Madam,

Thanks for your order. We are glad to inform you that your parcels have been shipped! The tracking number is ×××××. It will take about 7 to 10 days to reach you. To track your parcels and check the shipping status, please visit the website below: https://www.××××.com.

If you need any help, please do not hesitate to contact us. Thank you!

Yours sincerely,

×××

译文：

尊敬的顾客：

感谢您的订单。我们很高兴地通知您，您的包裹已发出。订单号为：×××××。您的包裹需要7～10天可到达。您可以通过访问下面的网站来跟踪您的包裹和查询包裹的状态：https://www.××××××.com。

如果您需要任何帮助，请不要犹豫，立刻联系我们。谢谢！

谨上。

×××

（三）断货

Dear Sir/Madam,

Thank you for your order. We are very sorry to inform you that the shoes you ordered are temporarily out of stock in the near future. Would you mind to choose another one to replace? If you agree to replace them with other products, please feel free to send us the product links, and we will prepare these for you.

Thank you so much for your time.

Yours sincerely,

×××

译文：

尊敬的顾客：

感谢您的订购。我们非常抱歉地通知您，您订购的鞋子近期暂时无货。您能选择另一款替换吗？如果您同意替换，请告知我们商品的链接，我们将为您准备好对应的货品。

非常感谢您抽出时间！

谨上。

×××

（四）包裹未妥投

Dear Sir/Madam,

Sorry for bothering you. We have noticed that your parcel has been delivered to your address but does not reach you successfully. As in this case, could you please help contact your local post office to get your parcel? If not, it will be returned to us.

Please let us know if there is any news or updates. Thank you for your time and cooperation!

Yours sincerely,

×××

译文：

尊敬的顾客：

很抱歉打扰您。我们注意到您的包裹已达到您所在的地方，但还未签收成功。在这样的情况下，可以请您联系您所在地的邮局取回您的包裹吗？如果不能，它将被退回给我们。

如有任何消息，请告知我们。谢谢您的合作！

谨上。

×××

（五）通关出现问题

Dear Sir/Madam,

The logistics company just informed us that the Customs office is inspecting large parcels more strictly these days. To get the goods to reach you on time, we would like to recommend delaying the shipment by a few days. Please take this advice into account.

We are looking forward to your early reply. Thanks!

Yours sincerely,

×××

译文：

尊敬的顾客：

我们刚刚接到物流公司的通知，近期海关正在对大件包裹进行更为严格的检查。为了让货物能按时送达，我们建议推迟几天发货。希望您可以认真考虑这个建议。

期待尽快得到您的回复。谢谢！

谨上。

×××

学而思

分析：客户提交订单却未付款的原因可能有哪些？

拓展阅读

Wish 平台的跨境电商客户服务介绍

Wish 作为美国最大的移动端电商平台，目前吸引了许多中国卖家，同时越来越多的国内消费者愿意通过 Wish 电商平台购物。那么，Wish 电商平台是怎样为客户提供优质的服务的呢？

一、多种形式的 Wish 跨境电商客户服务沟通渠道

1. 在线客服：进入 Wish 商户平台登录自己的账号，找到 Wish 平台的官方客服——“客服小智”，点开就可以进行在线沟通了。

2. 微信客服：首先要关注“ Wish 商户平台”这个官方微信，然后在对话框内输入“人工服务”，会自动弹出界面，这样就可以联系到 Wish 的官方客服了。

3. 电话客服：直接拨打电话 400-650-5595 即可联系电话客服小智。服务时间为工作日 9:00—18:00。

二、完善的 Wish 跨境电商客户服务平台规划

Wish 公司吸取之前的经验教训，从平台流量、品类支撑、库存管理、物流改善等方面来完善平台，让服务更贴心。

首先，引入品牌化的产品，加速这些产品在平台的效应，完善流量评价体系，基于智能化的产品推荐，让客户选择的余地更大。

其次，寻找对新品类、新功能的引导，满足不同客户的不同需求。

最后，深化库存管理，包括 FBW-US/EUROPE 和 FBW-CN，积极推进物流改善，形成卖家直发、海外仓、国内仓这样一个动态结合的结构，让物流更畅通，完善诸多库存、物流方面的问题，进而实现 Wish 跨境电商客户服务更全面、及时、准确的全流程监控体系。

三、技术赋能的 Wish 跨境电商客户服务

Wish 在创立初期就明确了以技术为核心的发展思路。Wish 跨境电商客户服务平台根据用户注册的信息和以往购买行为进行综合分析，运用特别的算法来推测出用户的喜好，在不影响用户购物体验的情况下，在平台首页展示用户期待看到的产品的类型、产品种类等。

资料来源：连连国际 .Wish 平台的跨境电商客户服务介绍［EB/OL］.（2021-04-09）［2023-03-06］. https://global.lianlianpay.com/article_platform_wish/39-27931.html.

思而行

实训任务：售中服务沟通

【实训目的】

熟悉售中环节常见的催付款、关联营销、物流跟踪等问题，掌握售中服务的沟通技巧。

【实训内容】

假设你在 Aliexpress 上经营一家网店卖服装。莉萨（Lisa）女士在你的店里下单买了一条裙子，具体情况如下：

（1）Lisa 下单后 1 天都没有付款，折扣活动就要结束了，你该如何与 Lisa 沟通？

（2）Lisa 付款后，你如何将店里的一件上衣作为关联产品推荐给她？

（3）你会及时将货物发送给她。

请给她写一封邮件，包含以下内容：

（1）告诉她如何跟踪物流。

（2）提醒她货物大约 7 天后到达。

（3）希望她收到货物能给好评。

货物到达海关后，遭遇海关严格检查，导致邮递延误，请你再写一封邮件进行解释。

【任务评价】

任务评价表如表 8－5 所示。

表 8－5　任务评价表

项目	学习态度（20%）	团队合作情况（20%）	任务完成情况（50%）	其他表现（10%）	小计（100%）	综合评价
个人评分（20%）						
小组评分（30%）						
教师评分（50%）						
综合得分（100%）						

任务三　客服售后评价与纠纷处理

任务描述

小白做店铺客服工作已经有一段时间了，他跟进的订单客户已签收。但他发现有的客户收到货后马上给予评价，而有的客户则没有留下任何评价。在客户留下的评价中有好评也有差评。他意识到客户的评价极为重要，售后客服工作需要及时提醒客户给予好评，对于留下中差评的客户要及时跟进沟通。

相关知识

售后评价指的是跨境电子商务平台上客户对卖家提供的商品和服务给出的反馈。研究表明，在跨境电商中有超过 90% 的消费者在购买产品前会翻看评论，好的评价可以给客户展示更多的信息。亚马逊的评价能够有效提升 Listing 的排名，进而带来更多的流量和曝光。我们可以通过竞品的评价估计对手的销量，分析产品的潜力。从评价中了解客户对产品的关注点，分析其中的差评，并及早发现问题、改善问题，让自己的产品在同类中脱颖而出。

一、跨境电商售后评价跟进服务

（一）提醒好评

客户的好评是跨境卖家声誉的延伸，好评率越高，潜在客户就越信赖卖家，店铺及商品的权重排名越靠前，销量也越高。因此，客服人员应树立诚信意识，培养诚信理念，杜绝虚假评价，并对客户评价及时跟进，这有助于商品或店铺的长久发展。

但是，有许多客户在收到货后无论商品好坏，没有给予评价的习惯。在这种情况下，客服人员查询到客户已签收货物后，可通过发送邮件或是站内信咨询客户对货物是否满意，委婉提醒客户给予评价，并给客户提供一定的评价指导。对买家的评价，客服人员要及时回复，保持与客户的有效沟通。下列范文可供参考。

1. 提醒好评

Dear Sir/Madam,

Thanks for your continuous support of our store. With your support, we are striving to improve our product, service, quality, etc. We would highly appreciate it if you could leave us a positive review, which would be a great encouragement for us.

If you have any problems, you can contact us at any time.

Best Regards！

译文：

尊敬的顾客：

感谢您一直以来对我们店铺的支持。因为有您的支持，我们正在尽力改善我们的产品、服务和质量等。如果您能给我们一个积极的评价，我们将会非常感激，因为这对我们来说是一个莫大的鼓励。

如果您有任何疑问，请随时联系我们。

致以最诚挚的祝福！

2. 收到好评

Dear Sir/Madam,

Thank you for your fascinating review! Your satisfaction is our driving force. Here's a coupon for your next shopping. Welcome to visit our store again! Thank you!

Yours sincerely,

译文：

尊敬的顾客：

非常感谢您精彩的评论！您的满意是我们继续前进的动力。送您一张优惠券，您可以在下次购物时使用。欢迎再次光临本店！谢谢！

谨上。

（二）对中差评的处理

当店铺订单越来越多时，收到客户的中评或差评是常见的现象。客户给予的中评或差评不仅会影响其他客户下单转化，还会影响店铺的动态评分，甚至会影响到店铺几天甚至是几个月的销量，绝对不容小觑。有时候，恶意评价也是存在的。客服要客观对待客户给出的评价，明辨是非，尽可能消除差评带来的不利影响，积极创造好评。

1. 客户给予中评时，及时沟通

如果客户给予了中评，一般来讲，是因为产品没有预期的好。客服首先要及时联系客户，问清原因，了解客户的实际需求、价值观念等，同时疏导客户心理，争取获得客户的理解。

2. 客户给予差评时，请求修改差评

差评对店铺的影响很大，一定要及时处理。客服人员务必理性对待，遇到差评时切不可慌张，要在第一时间联系客户，安抚其情绪，核实客户提出的问题，商议解决办法，问题解决后指导客户删除或修改评价。

可能引起差评的原因及应对策略如表 8－6 所示。

表 8－6　可能引起差评的原因及应对策略

导致差评的原因	具体表现	应对策略
商品图片与实物不符	为了使图片更加美观，在商品图片中添加一些商品本身没有的效果，导致商品实物与图片在颜色、形状上存在差别	主动向买家解释原因，并提供商品原图。此外，在上传商品图片的时候，可以多展示一些不同角度的细节图，尽量让买家对商品有一个全面的视觉印象
标题上有“Free shipping”，实际上买家却需要付费	卖家的标题上写着“Free shipping”，但由于一些国家进口政策的原因，仍然需要买家支付关税，由此导致买家的疑虑	在发商业快递时，要注意填写申报价值，弄清楚是否会产生关税，且要提前与买家沟通好关于关税的问题

续表

导致差评的原因	具体表现	应对策略
发错货或长时间未收到货	发错货或客户长时间未收到货	与买家协商退货或是退款

总之，对于客户的差评，客服人员要耐心对待，尊重客户的意见，尽力争取让客户将差评改为好评。下列范文可供参考。

（1）道歉并寻找差评原因。

Dear Sir/Madam,

Thank you for your review of our product. We realized that the product did not meet your needs. We feel sorry about that.

If you do not mind, could you please tell us more details about your order and the reason behind your dissatisfaction? Our team is open to reviews and feedback, whether positive or negative. We sincerely hope that you can point out our mistakes and shortcomings so that we can improve our products and services in time.

Hope we can fix this reasonably and friendly. Thank you, and have a nice day!

Yours sincerely,

×××

译文：

尊敬的顾客：

感谢您对我们产品的评价。很抱歉我们的产品没有满足您的需求。

如果您不介意，可以告诉我们关于您订单的更多信息，以及您如此失望的原因吗？我们对好评和差评都抱持着开放的态度。我们非常真诚地希望您可以指出我们的错误和不足，帮助我们及时提升产品和服务。

希望我们可以合理、友好地解决这一问题。谢谢，祝您愉快！

谨上。

×××

（2）追加好评（假设差评原因是商品质量问题）。

Dear Sir/Madam,

Your recent order arrived with some damaged items, which we regret to hear. While we carefully checked and packaged the products before shipping, the damage may have occurred during transportation.

Please accept our sincere apologies for any inconvenience this has caused you. We hope to resolve this matter satisfactorily. To that end, we are offering the following options:

1）You can keep the damaged items, and you will receive a partial refund of $×××;

2）You can return the items for a full refund, and you will pay the return shipping cost.

Regardless of your choice, we value you a lot and offer a 3% discount on your next order. If you are pleased with how this was handled, you may change your prior review by going to "Published Feedback" – "Leave more Feedback."

Please let me know which option you prefer or if you have an alternative solution in mind. Thank you in advance for your understanding.

Looking forward to hearing from you.

Yours sincerely,

×××

译文：

尊敬的顾客：

您最近订购产品中有一些损坏，对此我们深表抱歉。虽然我们在装运前仔细检查和包装了产品，但运输过程中可能还是发生了损坏。

对于给您造成的不便，请您接受我们诚挚的歉意。我们十分希望可以圆满地解决这一问题，所以我们为您提供了以下两个解决方案：

1）您可以保留损坏的产品，并获得×××美元的退款；

2）您可以退货并获得全额退款，但您将承担退货的运费。

无论您选择何种方案，我们都将继续视您为我们尊贵的客户，并为您的新订单提供3%的折扣。如果您对上述处理方式感到满意，您可以通过"Published Feedback"–"Leave more Feedback"更改之前的评论。

请与我同步您的选择，或者如果您有其它替代方案，也请告知我们。提前感谢您的理解。

期待您的回复！

谨上。

×××

二、跨境电商客户纠纷提交与处理

在跨境电商运营中，卖家难免会遇到纠纷问题。如果客户的投诉、退货等问题得不到很好的处理，将会直接影响店铺的服务指标，导致店铺排名靠后，权重下降，订单量减少，损害卖家利益。

（一）常见纠纷的类型

跨境电商交易中售后问题主要出现在物流运输方面和商品方面，常见的纠纷有两种：

一是买家未收到货物；二是买家收到的货物与约定不符。具体表现如表8-7所示。

表8-7 跨境电商中常见的纠纷类型

纠纷类型	具体表现
买家未收到货物	货物被海关扣留
	物流显示货物在运输途中
	包裹原件退回
	包裹被寄往或投寄在非买家地址
	物流显示货物已经妥投
	无法查到物流信息或物流信息异常
	物流显示货物原件退回
	买家拒绝签收
买家收到的货物与约定不符	货物与描述不相符
	质量问题
	假货
	货物短装
	货物破损

（二）纠纷的解决原则及规避技巧

由于跨境电子商务的发展，市场不断扩大和订单持续增加，难免会遇到交易纠纷，此时就需要客服人员做好充分准备，积极面对，主动与客户协商解决，尽量消除纠纷造成的负面影响，最大限度地提升客户的满意度。

1. 纠纷处理的原则

客服人员在解决纠纷时，需注意以下几个问题：

（1）及时有效地沟通。

纠纷具有较强的时效性，如果不能及时作出回应，会逐渐形成对卖家不利的影响。在解决纠纷的过程中，跨境客服人员要积极主动，对于客户的遭遇表示理解，并承诺会积极地去解决问题。买家有不满意时，马上作出回应，与买家进行友好协商。若是迟迟未收到货物，在承受范围内可以给买家重新发送货物或是采用其他替代方案；若是买家对货物质量或其他事项不满，客服人员要积极与买家进行协商，提前考虑好解决方案。

与客户沟通时，客服人员要注意沟通的技巧和语言的运用，时刻注意买家心理的变化。当买家不满意时，要尽量引导买家朝着能保留订单的方向走，同时也适当满足买家其他的一些需求；当出现退款时，要尽量引导买家同意部分退款，避免全额退款退货。总之，客服人员要努力做到“尽管货物不能让买家满意，态度也要让买家无可挑剔”。

（2）将心比心。

解决纠纷问题的前提是保持“同理心”，站在客户的立场上思考问题，与客户友好协商。同时，客服人员也要了解客户所在地的风俗习惯及政策法规，以便在沟通时能拉近彼此的距离，有针对性地对客户进行回复。

（3）保留证据。

客服人员应将交易过程中的有效信息保留下来，如果出现纠纷，可以作为证据来帮助解决问题。出现纠纷后，客服人员应及时充分举证，将相关信息提供给客户进行协商，或是提供给平台帮助裁决。

2. 纠纷的规避技巧

除了积极有效地解决纠纷外，客服人员还应该以减少纠纷发生为目标，尽量避免纠纷的产生。针对“客户未收到货纠纷”和“客户收到货物与约定不符纠纷”，卖家可以采取相应措施预防纠纷。

（1）规避客户未收到货纠纷。

要想有效避免因客户未收到货而引起的纠纷，卖家应做好选择最优物流方式和与客户有效沟通两个方面的工作。

1）选择最优物流方式。

跨境电商选择正确的物流方式很重要。国际物流运输时间长，途中不确定因素多，海关清关延误、包裹丢失、派送时间过长都是经常会发生的事情。对于买家来说，长时间无法收到货物或者长时间不能查询到物流更新信息将会直接导致买家提起纠纷。因此，在选择物流的时候，可以结合不同地区、不同快递公司的清关能力以及包裹的运输期限，选择 FedEx、EMS、TNT、DHL、SF 等有保障、有效率的物流，同时尽可能选择可以时刻跟踪订单信息的快递公司，尽力保证卖家利益不受损害。

2）与客户有效沟通。

客户下单后，客服人员应及时告知其预计发货及收货时间，及时发货，主动缩短客户的等待时间，及时、友好的沟通能够有效提升客户的交易感受。

（2）规避客户收到货物与约定不符纠纷。

货物与约定不符纠纷的产生主要是由商品描述不真实、商品质量没有保证和出售假货引起的。为了有效预防纠纷，卖家可以从以下三个方面着手：

1）商品描述真实全面。

买家了解商品详细信息主要依靠商品描述，买家有权获得真实、客观、全面的商品信息。如实描述商品可使买家了解商品的真实状态。卖家在编辑商品信息时，需要从事实出发，全面细致地描述商品。例如，服装和鞋类商品要把尺码写上去，方便客户选择，避免客户收到货之后因为尺寸问题发生纠纷；电子类产品要把产品功能和使用方法在详情页上全面说明，防止因买家不会使用而产生纠纷；对于产品的瑕疵要在详情页表述清楚，图片中也不要隐藏瑕疵，能接受瑕疵的客户肯定不会出现纠纷。另外，在商品描述中，建议标明货运方式、可送达地区、预期所需的运输时间，同时建议向客户解释海关清关缴税、商品退回责任和责任承担方等内容。详情页是买家了解产品最好的地方，因此，真实、客观、全面地描述商品是预防纠纷产生的关键。

2）商品质量保证。

在发货之前尽可能避免寄出残次品，所以发货前要进行充分的质检，检查产品的外观是否完好、功能是否正常、产品是否短装、产品的包装能否经得起长途运输的碰撞和挤压。若发现问题，应及时联系厂家或上游供应商进行更换，预防因产生纠纷而退换货。在跨境电商交易中，退换货的运输成本是很高的。

3）杜绝假货。

为保证跨境电商市场经营环境的健康、公平、有序，多家跨境电商平台都强调保护第三方知识产权。以全球速卖通平台为例，若买家投诉卖家“销售假货”，而卖家无法提供产品的授权证明的，将被速卖通平台直接裁定为卖家全责，卖家在遭受经济损失的同时也将受到平台相关规则的处罚。因此，对于涉及第三方知识产权，且无法提供授权证明的产品，卖家不要在跨境电商平台上进行销售。

微学习

跨境电商典型纠纷投诉案例

学而思

在交易过程中，若买家提起退款申请，交易就进入纠纷阶段，卖家需要与买家协商解决。请用思维导图画出具体的纠纷处理流程。

思而行

实训任务：模拟客户与跨境客服售后沟通

【实训目的】

掌握跨境电子商务售后客户服务的准备工作和售后客服的常见问题，能够处理跨境电子商务售后客户服务与客户沟通工作，培养自主学习和独立思考能力。

【实训内容】

全班同学分组，每组 2 人，模拟跨境电子商务售后客户服务过程，要求 1 人饰演购买商品的境外客户，1 人饰演跨境电子商务售后服务人员。

要求：

（1）“境外客户”自拟三个售后问题，用英语对“客服”进行咨询。

问题一：

问题二：

问题三：

（2）“客服”针对“境外客户”的提问，用英语给予答复。

【实训步骤】

（1）按照教师要求分组，每组2人，提前准备好所饰演角色（“境外客户”或“跨境电商售后客服人员”）。

（2）小组成员提前准备好问与答的内容。

（3）每个小组上台进行角色饰演，完成沟通。

（4）教师对每个小组的沟通进行评价，指出优点和不足之处。

【任务评价】

任务评价表如表8-8所示。

表8-8　任务评价表

项目	学习态度（20%）	团队合作情况（20%）	步骤完成情况（50%）	其他表现（10%）	小计（100%）	综合评价
个人评分（20%）						
小组评分（30%）						
教师评分（50%）						
综合得分（100%）						

行而悟

素养园地

如何利用线上争议解决机制解决海外购的烦恼？

近年来，网络技术的发展、物流服务的完善和通关程序的改革，为跨境贸易插上了腾飞的翅膀，普通民众也能和外贸商人一样，足不出户享受海外购的服务。但是，在跨境电子商务迅猛发展的背后，也隐藏有大量的小额交易产生的争议。此类争议一旦无法通过客服解决，大部分人只能放弃追诉。因此，如何为海外购提供一种便捷、高效、经济的争议解决机制，成为人们研究的重要课题。一场关于线上争议解决机制（Online

Dispute Resolution，ODR）的变革正在全球范围内酝酿和发酵。

跨境电子商务借助网络技术替代传统的跨国贸易，但仍需面对因此所产生的语言习惯、法律规范差异。在运用 ODR 处理此类争议时，除了要考虑解决争议的经济成本和时间成本外，还要考虑因跨境所产生的语言障碍以及法律适用问题。

国外在运用 ODR 解决跨境电子商务争议的经验

欧盟国家之间的“纠纷”并不少见，为了解决这个问题，欧盟在全境内设置了唯一的 ODR 平台，避免了令出多门、九龙治水的情况出现。此外，ODR 平台建立了统一的 ADR 机构接入标准，有效连接欧盟全境 750 多个 ADR 机构。

欧盟 ODR 的特别之处如下。

1. 确立法律适用的规则

欧盟 ODR 平台并没有明确如何在跨境电子商务纠纷中确认适用的法律，而是采用“曲线救国”的方式，通过当事人共同选定 ADR 机构，进而由 ADR 机构确定纠纷解决的程序及法律，避免了程序的烦琐。

2. 运用信息技术解决语言障碍

语言障碍是跨境电子商务争议解决过程中的主要障碍之一，欧盟内部存在多种语言，为此，ODR 平台采取的办法是向申请人提供涵盖所有 24 种欧盟官方语言的争议解决申请表格，申请人提交表格后，ODR 平台会运用数据库技术，将内容转化为被申请人习惯使用的语言。

3. 强化 ODR 平台知名度

ODR 作为新兴事物，消费者及商家对其的认识难免有所不够。为了强化 ODR 平台的知名度，欧盟通过立法，要求在欧盟境内从事在线销售合同或在线服务合同业务的商家在其网站上提供一个通向 ODR 平台的链接。

对我国跨境 ODR 的启示

ODR 服务有内部 ODR 和外部 ODR 两种模式之分。目前，我国内部 ODR 机制正在加快自身的演化和发展。同时，传统的争议专业解决机构也在为外部 ODR 寻求运用网络技术变革。外部 ODR 的出现，将为在线争议的解决提供多元化的选择。

商事仲裁凭借专业性、中立性、便捷性、一裁终局性以及境外执行度高等特点，是我国发展跨境 ODR 的最佳选择之一。由于在线电子商务争议的金额普遍偏低，并且存在因跨境而产生的语言差异、法律适用差异的问题，网络仲裁要实现有效运作，不能仅仅是对原有仲裁规则的改良，而需要运用网络思维，建立一种全新的运行架构，以确保有关争议可以在低成本、便捷操作的大前提下予以解决。正如联合国贸易法委员会所指出的，一个全球性或者地区性的网上争议解决体系，才是解决消费者跨境电子商务争议的最佳方案。

项目九

跨境电商法律法规与知识产权

学习目标

- 了解我国跨境电子商务相关的法律政策；
- 了解主要国际组织和国外主要国家跨境电子商务法律法规；
- 掌握跨境电子商务中知识产权侵权的常见形式；
- 能够分析跨境电子商务中存在的法律问题。

思维导图

- 跨境电商法律法规与知识产权
  - 知识点
    - 我国跨境电商相关政策
    - 我国及国外主要国家跨境电商法律法规
    - 知识产权侵权常见形式
  - 技能点
    - 掌握跨境电商政策的发展历程
    - 能够分析跨境电子商务领域存在的法律问题

项目导入

近年来，我国政府非常重视跨境电商的发展，政府工作报告中多次提及“跨境电商”，国家层面的政策支持力度不断加强，陆续出台了一系列政策措施，电商立法建设取得重大突破。特别是 2019 年 1 月 1 日正式实施的《电子商务法》，除了明确规定跨境电商从业者应该遵守进出口监管的法律规定外，更加明确了解决跨境电商消费投诉热点问题的法律依据，多角度地促进了跨境电商行业的健康发展。

项目任务书

表 9-1 项目任务书

任务编号	分项任务	职业能力目标	知识目标	参考课时
任务一	中国境内跨境电商政策	能解读我国跨境电商政策	1. 了解我国跨境电商政策的发展历程； 2. 熟悉我国及各地区的跨境电商政策的主要内容； 3. 了解我国主要跨境电商综试区城市及综试区享受的利好政策	1
任务二	跨境电商法律法规	能根据跨境电商法律法规分析法律问题，在跨境电商运营中知法守法并维护自己的权益	1. 了解我国及其他一些国家跨境电商的法律法规； 2.《电子商务法》对跨境电商的影响； 3. 了解知识产权相关法律法规	1
职业素养目标	1. 终身学习，利用互联网不断学习新知识、新技术，有一定的创新意识； 2. 注重信息的传播和交流，同时树立跨境电子商务行业的法律意识，知法守法，并善于捕捉国家最新出台的相关政策及法规； 3. 有一定的团队合作精神与应变能力			

任务一 中国境内跨境电商政策

任务描述

2020 年 4 月，小白工作所在城市获批成为国家第五批跨境电子商务综合试验区（以下简称“跨境电商综试区”）。通过政策解读，小白了解到跨境电商综试区电子商务贸易活动采用特定的管理模式，采取减免增值税、海关关务简化申报、实现集中纳税、代扣代缴、允许批量转关、创新退换货方面的流程、提供税款担保等诸多政策优惠。小白相信，在这些政策的扶持下，企业的跨境电子商务贸易活动将会更加便利。

相关知识

电子商务进出口在交易方式、货物运输、支付结算等方面与传统贸易方式差异较大。现行管理体制、政策、法规及现有环境条件已无法满足其发展要求，主要问题集中在海关、检验检疫、税务和收付汇等方面。

一、我国促进跨境电商发展的相关政策法规

（一）跨境电商政策发展历程

跨境电商政策和规范的建立是跨境电商发展的重要基础。我国跨境电商政策发展经历了三大阶段（如图 9－1 所示）：政策起步期（2004—2007 年）、政策发展期（2008—2012 年）和政策爆发期（2013 年至今）。2020 年受疫情影响，跨境电商作为推动外贸转型升级、打造新经济增长点的重要突破口，获得了诸多政策支持。

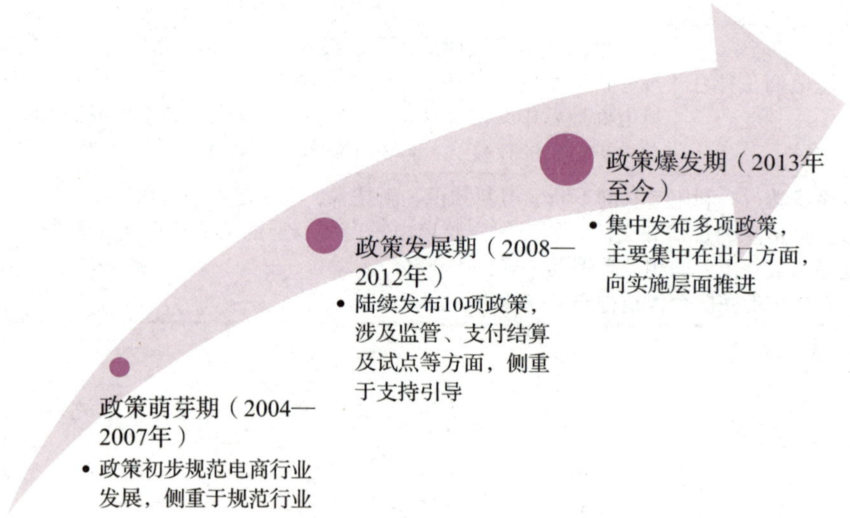

图 9－1　跨境电商政策发展历程

（二）国家层面跨境电商政策汇总及解读

1. 2020 年国家层面跨境电商行业政策汇总

近年来，我国对跨境电商的重视程度日益提高，国家政策支持力度不断加大。2019 年和 2020 年国务院《政府工作报告》中分别提出要改善跨境电商等新业态扶持政策、加快跨境电商等新业态发展。2020 年国家层面有关跨境电商行业政策汇总如表 9－2 所示。

表 9－2　2020 年国家层面有关跨境电商行业政策汇总

发布时间	发布部门	政策名称	重点内容	政策性质
2020 年 5 月	国务院	《关于同意在雄安新区等 46 个城市和地区设立跨境电子商务综合试验区的批复》	同意在雄安新区、大同市、满洲里市、营口市、盘锦市、吉林市、黑河市、常州市、连云港市等 46 个城市和地区设立跨境电子商务综合试验区	支持类

续表

发布时间	发布部门	政策名称	重点内容	政策性质
2020年5月	国家外汇管理局	《关于支持贸易新业态发展的通知》	从事跨境电子商务的企业可将出口货物在境外发生的仓储、物业、税收等费用与出口货款轧差结算。跨境电子商务企业出口至海外仓销售的货物，汇回的实际销售收入可与相应货物的出口报关金额不一致。跨境电子商务企业按现行货物贸易外汇管理规定报送外汇业务报告	支持类
2020年6月	海关总署	《关于开展跨境电子商务企业对企业出口监管试点的公告》	自2020年7月1日起，跨境电商B2B出口货物适用全国通关一体化，也可采用“跨境电商”模式进行转关。首先在北京、天津、南京、杭州、宁波、厦门、郑州、广州、深圳、黄埔海关开展跨境电商B2B出口监管试点，根据试点情况及时在全国海关复制推广，有利于推动外贸企业扩大出口，促进外贸发展	支持类
2020年11月	中国等15方成员	《区域全面经济伙伴关系协定》	RCEP协定的第十二章详细列出了“电子商务”的具体条款，其中第四节为促进跨境电子商务	支持类

2. 扩大跨境电商试点政策解读

自2015年杭州获批中国首个跨境电商综试区以来，我国跨境电商依托综试区建设，在制度创新、管理创新和服务创新等方面积累了大量经验，形成了众多可供国内外借鉴的成熟做法，为跨境电商的高速、高质量发展做出了突出贡献。

2020年1月17日，商务部、发展改革委、财政部、海关总署、税务总局、市场监管总局等六部委联合印发《关于扩大跨境电商零售进口试点的通知》，进一步扩大了跨境电商零售进口试点范围，从原来的37个城市扩大至海南全岛和其他86个城市（地区），覆盖31个省（自治区、直辖市）。2020年4月，国务院决定在全国已有的59个跨境电商综试区的基础上再设46个综试区，跨境电商零售进口试点扩大至86个城市和海南全岛。截至2021年9月，跨境电商综试区城市数量已达165个，具体如表9-3所示。

表9-3 我国跨境电商综试区城市汇总

批次	城市名单
第一批综试区城市	2015年3月，国务院批复设立中国(杭州)跨境电商综试区，杭州成为我国首个跨境电商综试区城市
第二批综试区城市	2016年1月，国务院批复同意在天津市、上海市、重庆市、合肥市、郑州市、广州市、成都市、大连市、宁波市、青岛市、深圳市、苏州市12个城市设立跨境电商综试区
第三批综试区城市	2018年7月，国务院同意在北京市、呼和浩特市、沈阳市、长春市、哈尔滨市、南京市、南昌市、武汉市、长沙市、南宁市、海口市、贵阳市、昆明市、西安市、兰州市、厦门市、唐山市、无锡市、威海市、珠海市、东莞市、义乌市22个城市设立跨境电商综试区

续表

批次	城市名单
第四批综试区城市	2019 年 12 月，国务院批复新增石家庄市、太原市、赤峰市、抚顺市、珲春市、绥芬河市、徐州市、南通市、温州市、绍兴市、芜湖市、福州市、泉州市、赣州市、济南市、烟台市、洛阳市、黄石市、岳阳市、汕头市、佛山市、泸州市、海东市、银川市 24 个跨境电商综试区
第五批综试区城市	2020 年 4 月，国务院同意在雄安新区、大同市、满洲里市、营口市、盘锦市、吉林市、黑河市、常州市、连云港市、淮安市、盐城市、宿迁市、湖州市、嘉兴市、衢州市、台州市、丽水市、安庆市、漳州市、莆田市、龙岩市、九江市、东营市、潍坊市、临沂市、南阳市、宜昌市、湘潭市、郴州市、梅州市、惠州市、中山市、江门市、湛江市、茂名市、肇庆市、崇左市、三亚市、德阳市、绵阳市、遵义市、德宏傣族景颇族自治州、延安市、天水市、西宁市、乌鲁木齐市 46 个城市和地区设立跨境电商综试区
第六批综试区城市	2022 年 1 月，国务院同意在鄂尔多斯市、扬州市、镇江市、泰州市、金华市、舟山市、马鞍山市、宣城市、景德镇市、上饶市、淄博市、日照市、襄阳市、韶关市、汕尾市、河源市、阳江市、清远市、潮州市、揭阳市、云浮市、南充市、眉山市、红河哈尼族彝族自治州、宝鸡市、喀什地区、阿拉山口市等 27 个城市和地区设立跨境电子商务综合试验区
第七批综试区城市	2022 年 11 月，国务院同意在廊坊市、沧州市、运城市、包头市、鞍山市、延吉市、同江市、蚌埠市、南平市、宁德市、萍乡市、新余市、宜春市、吉安市、枣庄市、济宁市、泰安市、德州市、聊城市、滨州市、菏泽市、焦作市、许昌市、衡阳市、株洲市、柳州市、贺州市、宜宾市、达州市、铜仁市、大理白族自治州、拉萨市、伊犁哈萨克自治州等 33 个城市和地区设立跨境电子商务综合试验区

3. 跨境电商减税政策解读

为推动跨境电商贸易的便利化，国家政策不断扩大跨境电商进口商品清单，对跨境电商综试区电商零售出口落实“无票免税”政策，推进出口企业所得税核定征收。

2019 年 7 月 3 日，国务院常务会议部署完善跨境电商等新业态促进政策。会议指出，再增加一批试点城市，要求落实对跨境电商零售出口的“无票免税”政策，出台更加便利企业的所得税核定征收办法。根据《关于跨境电子商务综合试验区零售出口货物税收政策的通知》（财税〔2018〕103 号），对跨境电商综试区出口企业出口未取得有效进货凭证的货物，同时符合一定条件的，试行增值税、消费税免税政策（即“无票免税”政策）。“无票免税”政策简单来说就是从事跨境电子商务的企业在未取得增值税专用发票的情况下，只要同时满足财税〔2018〕103 号文件规定的条件，即可享受免税政策。

二、各省促进跨境电商发展的相关政策法规

除了国家层面的政策，各省市也纷纷响应国家号召，陆续出台相关政策，支持跨境电商行业的发展。各省跨境电商政策汇总及解读如表 9－4 所示。

表 9-4 各省跨境电商政策汇总及解读

地区	发布时间	政策名称	重点内容
浙江	2019 年 12 月	《杭州市人民政府关于加快推进跨境电子商务发展的实施意见》	该文件从跨境电子商务主体培育、品牌培育、人才培育、产业园区建设、仓储物流建设、公共服务建设等六大方面，加大对跨境电子商务新业态的扶持
	2020 年 2 月	《关于积极应对疫情全力支持跨境电商平稳发展的若干意见》	意见提出，要积极支持帮助跨境电商企业打通供应链，精准做好跨境电商企业复工复产用工服务，用好跨境电商财政扶持资金，要切实做好对跨境电商企业的“三服务”工作
广东	2016 年 1 月	《广东电子商务中长期发展规划纲要（2016—2025 年）》	积极参与国家开展的多双边或区域关于电子商务规则的谈判和交流合作，争取在跨境电子商务领域发起和主导进行多边合作，提升参与国际电子商务规则制定的主动权和话语权
	2017 年 8 月	《广东省战略性新兴产业发展“十三五”规划》	重点推进互联网、大数据、云计算、物联网等技术与创业创新、先进制造、现代农业、跨境电子商务等领域深度融合创新，积极培育分享经济新模式
	2020 年 7 月	《中国（梅州）等 7 个跨境电子商务综合试验区实施方案》	设立跨境电子商务综合试验区是党中央、国务院深化改革、扩大开放，加快构建开放型经济新体制的重大战略举措。建设中国（梅州）等 7 个跨境电子商务综合试验区对促进广东省跨境电子商务健康发展和推动贸易高质量发展具有重要意义
湖南	2013 年 11 月	《关于加快跨境电子商务发展的若干政策措施》	鼓励传统外贸企业和商贸流通企业利用跨境电子商务平台开展跨境电商零售进出口业务，每年跨境零售业务额超过 100 万美元、300 万美元、500 万美元的，分别给予 10 万元、20 万元、30 万元的奖励。通过跨境电子商务平台开展进出口业务的企业，每年线上推广费用超过 30 万元，且当年实现线上销售超过 50 万美元的，按第三方电商平台开具支付凭证的 40% 给予补贴，每家企业每年最高不超过 20 万元
福建	2016 年 4 月	《福建省“十三五”商务发展专项规划》	壮大电商经济规模，推进农村电商升级，加快跨境电商发展，引领流通方式变革
	2016 年 11 月	《福建省人民政府办公厅关于加快电子商务发展九条措施的通知》	对在海关特殊监管区或具备海关与检验检疫监管条件的区域设立跨境电子商务集散配送中心和展示交易中心，且场地面积超过 3 000 平方米的跨境电子商务企业，按购买或租用场所（土地）费用 30% 给予补助，单个企业最高不超过 100 万元
	2017 年 1 月	《福建省人民政府办公厅关于印发进一步推进跨境电子商务发展行动方案的通知》	着力打造跨境电子商务贸易生态圈，不断培育跨境电子商务竞争优势，有效提升外贸可持续发展能力

续表

地区	发布时间	政策名称	重点内容
福建	2020 年 2 月	《闽委办（2020）3 号文件第 17 条“鼓励跨境电商企业扩大进出口”实施意见通知》	对利用自营或第三方跨境电商平台开展跨境业务，2020 年首季度纳入海关统计交易额同比增长超过 300 万元的企业，按交易额的 2% 给予不超过 100 万元的物流补助。与同期跨境电商政策按“就高不重复”原则执行

学而思

活动讨论：跨境电商试点城市和非试点城市在政策上有什么区别？

拓展阅读

七大跨境电商进口试点城市发展

2013 年，国家根据《关于实施支持跨境电子商务零售出口有关政策的意见》（国办发〔2013〕89 号），选定了上海、重庆、杭州、宁波、郑州、广州、深圳共 7 个城市作为跨境电商进口服务试点城市。跨境电商城市试点政策实施以来，各跨境电商进口试点城市也逐步探索出了自己的道路，并取得了不错的成绩。

下面我们就通过七大跨境电商进口试点城市来梳理一下国内 2013 年以来跨境电商的发展。

一、上海

上海跨境电商贸易试点的模式为网上直购进口模式、网购保税进口模式。目前，上海已经形成了直邮中国和自贸专区模式，产品类别主要分为：母婴、保健食品、箱包、服装服饰、化妆品等五大类。上海除自贸区外，松江区、嘉定区和普陀区也成为开展跨境电商区域。

二、重庆

重庆是全国唯一具有跨境电商服务四种模式的全业务试点城市。这四种模式分别是：一般进口、保税进口、一般出口和保税出口。2021 年 6 月，重庆西永综合保税区重庆跨境贸易电商公共服务平台上线，跨境电商也成为重庆西永微电子产业园发展现代服务业的重点方向。

三、杭州

杭州跨境电商产业园是目前浙江省唯一集“保税进口”和“直购进口”模式于一体的全业务跨境贸易电商产业园，并且设有跨境一步达。

四、宁波

宁波保税区主要从事跨境进口电商贸易，跨境企业可以在国外批量采购商品，然后通过海运备货到保税区的跨境仓内，消费者通过网络下单，电商企业办理完海关通关手续后就可以将商品以个人物品的形式申报，然后通过快递寄到消费者手中。

五、郑州

郑州是国内唯一一个利用综合保税监管场所进行跨境电商试点的城市。近年来，河南的制造业发展迅猛，贸易需求增加。2014 年前三季度，郑州的电子商务交易金额达到 2 119 亿元，同比增长了 35%。

六、广州

广东作为我国第一外贸大省，跨境电子商务交易金额占全国交易总额的 7/10。广州跨境电商主要有 B2B 和 B2C 两种渠道。

七、深圳

深圳是我国首个电子商务示范城市，靠近香港地区，背靠珠三角，拥有着全方位的口岸基础设施，物流基础雄厚，深圳跨境电商业务占全国总额的 50% 以上。

随着城市试点的不断增加，跨境电商也逐步变得理性。相信跨境电商贸易市场的增加会带动各跨境电商进口试点城市的发展。

资料来源：雨果跨境 . 解读跨境电商综合试验区［EB/OL］.（2022-02-11）［2023-02-13］.https://www.cifnews.com/article/116738.

思而行

实训任务：跨境电商“扩容”下各省跨境电商利好政策

【实训目的】

跨境电商已连续多年被写入政府工作报告，在跨境电商“扩容时代”，了解各省份所出台的跨境电商政策，解读其主要内容，能够分析政策带来的利好点，为更好地开展跨境电子商务打下坚实的基础。

【实训内容】

2022 年，党的二十大报告共提出七项与跨境电商有关的举措，包括规则及标准的建立、营造一流的营商环境、维护多元稳定的经贸关系等，以推动高质量、高水平的对外开放格局。同时，跨境电商作为我国外贸高质量发展的有生力量和重要抓手，相关部门多次出台政策，为跨境电商的发展提质增效。在跨境电商“扩容时代”，各省市先后出台了一系列政策扶持中小型企业复苏，支持跨境电商行业发展。

【实训步骤】

请在网上搜索各省（自治区、直辖市）在跨境电商“扩容”方面的三个相关利好政策，并完成表 9－5。

表 9－5　各省（自治区、直辖市）在跨境电商“扩容”方面的利好政策

省份	发布时间	政策名称	重点内容

【任务评价】

任务评价表如表 9－6 所示。

表 9－6　任务评价表

项目	学习态度（20%）	团队合作情况（20%）	步骤完成情况（50%）	其他表现（10%）	小计（100%）	综合评价
个人评分（20%）						
小组评分（30%）						
教师评分（50%）						
综合得分（100%）						

任务二　跨境电商法律法规

任务描述

近年来，我国跨境电商发展迅猛，随之也产生了一些电商纠纷。小白发现这几年国内市场上的跨境商品真假难辨、流通信息不透明、物流慢、退换货困难等一系列问题困

扰着消费者，每年 3·15 跨境电商纠纷投诉有增无减。小白意识到跨境电商作为一种商业行为，涉及消费服务领域，也涉及知识产权领域，每一个环节都会遇到很多与法律相关的问题，也都离不开法律的监督和约束。健全、完善的跨境电商法律系统能够促进跨境电商的健康发展，促进国内社会经济不断增长，进而让电子商务更好地为人们的生活和生产服务。

相关知识

一、相关跨境电商法律法规

（一）跨境电子商务主体界定

跨境电商的经营主体，就货物进出境的层面而言，包括跨境电商出口和跨境电商进口。关于跨境电子商务出口的经营主体，《关于实施支持跨境电子商务零售出口有关政策意见的通知》（国办发〔2013〕89 号）首次进行了明确的界定，即“经营主体分为三类：一是自建跨境电子商务销售平台的电子商务出口企业；二是利用第三方跨境电子商务平台开展电子商务出口的企业；三是为电子商务出口企业提供交易服务的跨境电子商务第三方平台”。对于跨境电子商务进口的主体，目前并无明确界定，但浙江省人民政府办公厅于 2014 年 4 月出台的《关于印发浙江省跨境电子商务实施方案的通知》（浙政办〔2014〕59 号）将跨境电子商务的经营主体直接界定为国办发〔2013〕89 号文规定的三类主体，不区分出口和进口。

（二）跨境电子商务海关监管模式

国办发〔2013〕89 号文明确提出：“建立电子商务出口新型海关监管模式并进行专项统计，海关对经营主体的出口商品进行集中监管。”海关全力推进跨境贸易电子商务服务试点，积极探索适合跨境电子商务发展的相关政策和监管措施，提出了一般出口、特殊区域出口、直购进口和网购报税等四种新型海关通关监管。

为促进跨境贸易电子商务零售进出口业务发展，方便企业通关，规范海关管理，海关决定增列代码“9610”海关监管方式。该监管方式适用于境内个人或电子商务企业通过电子商务交易平台实现交易，并采用“清单核放、汇总申报”模式办理通关手续的电子商务零售进出口商品。

（三）跨境电子商务检验检疫

国办发〔2013〕89 号文提出：“对电子商务出口企业及其产品实行检验检疫备案或

准入管理，利用第三方检验鉴定机构进行产品质量安全的合格评定。实行全申报制度，以检疫监管为主，一般工业制成品不再实行法检。实施集中申报、集中办理相关检验检疫手续的便利措施。”为进一步落实国办发〔2013〕89号文的要求，推进跨境电商产品检验检疫的便利化，国家质量监督检验检疫总局于2015年5月14日发布《关于进一步发挥检验检疫职能作用促进跨境电子商务发展的意见》（国质检办〔2015〕160号），提出加快构建跨境电子商务检验检疫工作机制，建立跨境电子商务清单管理制度，实施跨境电子商务备案管理。该意见列出了八大禁止以跨境电子商务形式入境的包裹。此外，该意见提出了构建跨境电子商务风险监控体系和质量追溯体系。同时，该意见进一步明确对入境跨境电子商务商品实行全申报管理，对出境跨境电子商务商品实行集中申报、集中办理放行手续，不断完善质量安全监督抽查机制，加大第三方检验鉴定结果采信力度。

（四）跨境电商跨境支付和收付汇制度

国办发〔2013〕89号文提出：“鼓励银行机构和支付机构为跨境电子商务提供支付服务。支付机构办理电子商务外汇资金或人民币资金跨境支付业务，应分别向国家外汇管理局和中国人民银行申请并按照支付机构有关管理政策执行。完善跨境电子支付、清算、结算服务体系，切实加强对银行机构和支付机构跨境支付业务的监管力度。”为了进一步推动跨境电子商务支付的改革，国家外汇管理局于2015年1月20日发布了《支付机构跨境外汇支付业务试点指导意见》（汇发〔2015〕7号），在全国范围内开展支付机构跨境外汇支付业务试点。根据该意见，支付机构办理“贸易外汇收支名录”登记后可试点开办跨境外汇支付业务，同时将跨境规定支付的单笔交易限额由1万美元提高至5万美元。该意见允许支付机构集中办理收付汇和结售汇业务，并按照该意见要求实现完成交易信息的逐笔还原，从而提高支付机构的办理效率，以满足跨境电子商务巨大的支付需求。

二、境外跨境电商法律法规

1996年12月16日，联合国国际贸易法委员会通过了《电子商务示范法》，该法是世界范围内第一个有关电子商务的统一法规。《电子商务示范法》对电子商务的一些基本法律问题作出的规定，有助于填补国际上在电子商务方面的法律空白。虽然它既不是国际条约，也不是国际惯例，仅仅是电子商务的示范法律文本，但却有助于各国完善、健全有关传递和存储信息的现行法规和惯例，并给全球化的电子商务创造统一的、良好的法律环境。

欧盟共同贸易法律法规是由欧盟成员国统一执行的对外贸易政策、海关税收和法律体系。其内容最初仅涉及改变关税税率、缔结关税和贸易协定等。1999年5月欧盟签署生效《阿姆斯特丹条约》，将进出口政策覆盖范围从之前只包括货物贸易拓展到大部分服务贸易；2003 年 2 月签署生效《尼斯条约》，将进出口政策覆盖范围扩展到所有服务贸易以及与贸易相关的知识产权；2009 年 12 月签署生效《里斯本条约》，进一步扩大了欧盟在外商直接投资（FDI）领域贸易政策的权限。

美国是电子商务发展最早的国家，在电子商务及相关方面的法律较为健全，除了早期的《电子资金划拨法》《金融服务现代化法》《统一货币服务法案》外，还建立了《统一电子交易法》《电子签名法》等法律。目前，美国的《全球电子商务政策框架》是跨境电商领域的重要文件，美国政府出台一系列法律和文件，采用鼓励投资、税收减免等措施，营造促进电子商务发展的便利环境。

俄罗斯是最早对电子商务进行立法的国家之一，颁布了一系列法律法规，包括《俄罗斯信息、信息化和信息保护法》《电子商务法》《电子合同法》《俄联邦因特网商务领域主题活动组织的建议》《国家支付系统法》《电子签名法》，以及电子商务税收有关法律等。

新加坡为了推动本国电子商务的发展，在 1998 年颁布了《电子交易法》。该法主要涉及电子签名、电子合同的效力、网络服务提供者的责任等三个与电子商务有关的核心法律问题，明确了电子签名的效力，规定了特定类型的安全电子签名技术及法律意义、使用电子签名者的义务等重要问题。2000 年 8 月新加坡发布了电子商务的税收原则，确认了有关电子商务所得税、货物和劳务税的立场。

日本在跨境贸易方面制定了一系列的法律法规，包括《外汇及对外贸易管理法》《进出口交易法》《贸易保险法》《日本贸易振兴会法》等，根据有关进出口的法律，日本政府还颁布了《输入贸易管理令》和《输出贸易管理令》。

三、我国电子商务法对跨境电商的影响

2018 年 8 月 31 日，十三届全国人大常委会第五次会议表决通过了《中华人民共和国电子商务法》(以下简称《电子商务法》)，于 2019 年 1 月 1 日起施行。这是我国电商领域的首部综合性法律，其出台也被评价为“关乎互联网电商行业格局”。其中，《电子商务法》在第 26 条、第 71 条至第 73 条都提到了跨境电商。

《电子商务法》第 26 条规定：“电子商务经营者从事跨境电子商务，应当遵守进出口监督管理的法律、行政法规和国家有关规定。”这一规定将跨境电子商务经营者纳入该法管辖范围，也规定了跨境电子商务经营者受该法约束的同时，还应当遵守其他法律法规及规定。

《电子商务法》第 71 条规定：“国家促进跨境电子商务发展，建立健全适应跨境电子商务特点的海关、税收、进出境检验检疫、支付结算等管理制度，提高跨境电子商务各

环节便利化水平，支持跨境电子商务平台经营者等为跨境电子商务提供仓储物流、报关、报检等服务。国家支持小型微型企业从事跨境电子商务。”

2018年上半年，国际贸易环境发生较大变化，我国政府出台了多项刺激出口的政策，鼓励对外出口业务，尤其是跨境电商出口业务受到了各级政府的关注；进口方面，国内消费需求持续升级，我国消费者对进口产品的需求处于旺盛状态，我国进出口贸易规模增速明显回升。

《电子商务法》第71条更加印证了国家对促进跨境电子商务发展的支持，并将为跨境电子商务提供仓储物流、报关、报检等服务。虽然现在跨境电商市场竞争与风险并存，跨境电商卖家依然对市场充满信心。

《电子商务法》第72条规定：“国家进出口管理部门应当推进跨境电子商务海关申报、纳税、检验检疫等环节的综合服务和监管体系建设，优化监管流程，推动实现信息共享、监管互认、执法互助，提高跨境电子商务服务和监管效率。跨境电子商务经营者可以凭电子单证向国家进出口管理部门办理有关手续。”

我国跨境电商零售进口政策的调整，可追溯到2016年4月8日起实施的跨境电商零售进口新政（业内称“48新政”），核心为调整关税、正面清单、通关单三项内容：在税收层面，实施跨境电子商务零售进口税收政策；在通关层面，参照进口商品正面清单，需按货物验核通关单，并对化妆品、婴幼儿配方奶粉等商品提出了首次进口许可批件等要求。

《电子商务法》的政策思路十分适应跨境电商进出口发展的现实情况和行业特点。例如，推进跨境电子商务海关申报、纳税、检验检疫等环节的综合服务和监管体系建设，优化监管流程，推动实现信息共享、监管互认、执法互助，提高跨境电子商务服务和监管效率；跨境电子商务经营者可以凭电子单证向国家进出口管理部门办理有关手续。

《电子商务法》第73条规定：“国家推动建立与不同国家、地区之间跨境电子商务的交流合作，参与电子商务国际规则的制定，促进电子签名、电子身份等国际互认。国家推动建立与不同国家、地区之间的跨境电子商务争议解决机制。”

上述条款的规定，提高了跨境电商的监管效率，促进了跨境电商的健康发展。

随着信息技术、互联网技术和跨境物流的不断完善，全球跨境网购消费者对我国优质商品的需求高速增长，跨境电商行业迅速发展。我国的跨境电商卖家不再满足于美国、加拿大等市场，而是纷纷开始拓展东南亚市场、非洲市场以及消费水平高、利润率高且增长潜力巨大的欧洲市场。但对于中国的跨境卖家来说，进入不同国家的市场，在获得机遇的同时，也面临着种种挑战。

国家推动建立与不同国家、地区之间跨境电子商务的交流合作，推动建立与不同国家、地区之间的跨境电子商务争议解决机制。机遇和挑战总是相伴而行的，市场需求的不断增长，加之国家利好政策的支持，中国跨境电商行业定会更加繁荣。

四、知识产权相关的法律法规

跨境电商作为利用电子数据处理技术进行贸易活动的电子化商务运作模式，其核心是数据信息。这些数据信息的内容大多是一连串的文字、图形、声音、影像、计算机程序等作品，在跨越国界的虚拟空间进行交易过程中难免涉及知识产权维权以及平台合规审查的难题。随着跨境电商出口业务在全球贸易中的比重增加，各国及各大电商平台之间的竞争也越发激烈，知识产权保护成为备受关注的问题。

目前，国内跨境电子商务市场有待进一步规范，侵犯知识产权、贩卖假冒伪劣产品等违法行为时有发生，严重影响了境外买家对国内产品的信任。跨境电子商务活动中的交易主要涉及商品的专利、商标、著作权保护等问题。为了保护知识产权，我国相继出台了《专利法》《商标法》《著作权法》等。

拓展阅读

《中华人民共和国电子商务法》解读

《中华人民共和国电子商务法》于2019年1月1日起施行，是我国电商领域首部综合性法律，它明确规定了电子商务各方主体的合法权益，规范了电子商务行为，为网购消费者撑起了法律的“保护伞”。下面从消费者保护角度解读该法的五大亮点。

一、微商、直播销售等经营方式被纳入监管范围

在电商领域，除了专门的购物平台、品牌网店，还出现了许多通过微信、网络直播等形式销售商品、提供服务的经营方式。此类方式多以熟人介绍、真人代购、价格低廉等特点吸引消费者，但是此类经营方式的准入门槛低、无实体店、无营业执照、无人监管，仅通过网络虚拟方式进行交易，缺乏信用保障体系和制约机制。一旦发生消费纠纷，有些商家直接采取删除好友、拉入黑名单、更换账号等方法来逃避法律责任，导致消费者难以维权。因此该法专门对电子商务经营者的范围进行了规定，凡是“通过互联网等信息网络从事销售商品或者提供服务的经营活动的自然人、法人和非法人组织，包括电子商务平台经营者、平台内经营者以及通过自建网站、其他网络服务销售商品或者提供服务的电子商务经营者”，都在该法的监管范围内。其中“其他网络服务”将利用微信朋友圈、网络直播等方式从事商品、服务经营活动的电子商务新形态和涉及的主体纳入其中。从此，微商、直播销售等经营方式正式被纳入管理，此类电商经营者不再因无人监管而为所欲为，消费者的合法权益也得到了更有效的保障。

二、淘宝、微信等个人网店经营者也需依法进行市场主体登记

目前，淘宝、微信等电商平台以其准入门槛低、操作方便等特点受到卖家的青睐，市场上衍生出了近百万的淘宝、微商个人卖家。通过《电子商务法》的设立，大部分个人卖家被列入电子商务经营者的范畴，并明确规定“电子商务经营者应当依法办理市场主体登记”，通过法律方式对大部分电子商务经营者进行注册登记，由国家统一监督，统一管理；除此以外，还有一部分卖家是通过电子商务的方式销售自产的农副产品、家庭手工业产品等个人利用自己的技能从事的，依法无须取得许可的便民劳务活动和零星小额交易活动，作为该法规定的例外情形，无须进行登记。例如在微信朋友圈内销售农家自产土鸡蛋、农户自制手工艺品的个体商户就无须到市场监管部门进行市场主体登记。这样的规定一方面将大部分电子商务经营者纳入监管范畴，大大降低了消费者线上交易难以维权的风险，另一方面又根据实际情况简化程序，减少部分个体商户的经营压力，使电子商务市场的管理合法有序、张弛有度，体现了国家既鼓励发展电子商务新业态，创新商务模式，又严格管理，依法规范电子商务活动，维护市场秩序的立法理念。

三、电商经营者也要如实申报、依法纳税

如上文所说，《电子商务法》的设立将电子商务经营者纳入了法律规范的轨道，作为经营者，在享有市场主体资格的同时也应当依法履行纳税人义务，根据经营情况如实申报纳税。根据法律法规的规定无须办理市场主体登记的电子商务经营者也应当按照相关规定依法履行纳税义务。该法第 11 条明确规定：“电子商务经营者应当依法履行纳税义务，并依法享受税收优惠。依照前条规定不需要办理市场主体登记的电子商务经营者在首次纳税义务发生后，应当依照税收征收管理法律、行政法规的规定申请办理税务登记，并如实申报纳税。”该法通过对电子商务经营者的经营活动和税收缴纳等行为进行全面规范，来保证电子商务活动的健康有序发展，充分保障国家和个人的合法权益。

四、细化知识产权保护，打击“假货”销售

信息技术和物流行业的高速发展使得全球化进程越来越快，许多电商经营者也打着“代购”的旗号制假售假，其中以化妆品、箱包、手表和其他奢侈品的假货现象尤为突出。电子商务的虚拟性给这些假货销售提供了便利条件，许多电商平台以“避风港原则”来回避自己应尽的审查责任，间接地助长了假货销售者的气焰。此次《电子商务法》的法律设定中强调了知识产权保护，明确了知识产权权利人“通知－删除”的权利和平台“删除－公示”的义务。要求电商平台建立知识产权保护规则，在

收到知识产权权利人的侵权通知后应当及时转送平台内经营者，并及时公示通知、声明及处理结果；未及时采取必要措施的，对损害的扩大部分与平台内经营者承担连带责任。为了防止行业内的不正当竞争，该法也做出了“因通知错误造成平台内经营者损害的，依法承担民事责任。恶意发出错误通知，造成平台内经营者损失的，加倍承担赔偿责任”，“平台内经营者接到转送的通知后，可以向电子商务平台经营者提交不存在侵权行为的声明”等规定来保障电商经营者的合法权益。该法通过对知识产权保护的细化规定，从源头对假货销售行为进行了制约和打击。

五、行政处罚力度加大，最高罚款金额可达二百万元

“二百万元”这个数字在《电子商务法》罚则中连续出现了三次，这是监管部门处罚平台经营者的最高罚款金额。在《电子商务法》确立前，执法、监管部门对于电商经营者的线上违法行为的处罚一直是参照线下的《商标法》《广告法》《反不正当竞争法》来进行的，此次《电子商务法》的设立终于弥补了这一法律空白。通过本次立法对电子商务领域中各种违法行为和电商经营者应承担的法律义务的细化规定，其相应的行政处罚力度也有所加强，以此警示从事电子商务的经营者，督促经营者及平台经营者自觉进行规范整改，依照法律规定合法经营。

资料来源：《中华人民共和国电子商务法》解读［EB/OL］.（2022-07-06）［2023-02-06］. https:// swj.bengbu.gov.cn/ztzlan/yasf/9140020.html.

思而行

实训任务：角色扮演——我买到假的化妆品了吗？

【实训目的】

加深对跨境电商相关法律法规的理解，并能够运用相关法律知识解决实际问题。

【实训内容】

小组活动：以小组为单位，熟悉情境，设计案例中刘女士与某网络科技公司代表对话，进行角色扮演并依据相关跨境法律法规做出判决。

案例：2023 年 5 月至 9 月，刘女士陆续在某网络科技公司开设于天猫商城的网店购买了日本进口的洗面奶、防晒霜、粉底、口红等化妆品，总价值 2 300 多元。但她发现，这些从国外进口的预包装护肤品上没有中文标签和中文说明书。刘女士认为这违犯了《化妆品监督管理条例》的规定，于是起诉了销售商进行索赔。

庭审中，刘女士出示了两件未拆封的邮寄包裹，当庭拆包，其中的洗面奶、防晒霜等护肤品没有中文标签。

对此某网络科技公司辩称，原告在产品未开封的情况下，即到法院起诉，说明其知道产品的包装情况仍然购买，对原告的消费者身份持怀疑态度。另外，他们的商品均通过第三方发货，采取国外直邮或保税区直接发货的方式，因此不能保证具有中文标签，但对产品质量可以保证。

【实训步骤】

1. 本案涉及哪些跨境电商法律法规？

____

____

____

2. 角色扮演：设计刘女士与某网络科技公司代表双方的对话，并依据相关法律法规做出判决。

对话：

____

____

____

____

判决及依据：

____

____

____

3. 完成以下答辩：

（1）直邮模式进境的化妆品算是进口化妆品吗？直邮模式进境与一般贸易方式下的进口模式入境有何区别？在监管上应做何种区分？

____

____

____

（2）谁该为中文标签负责？本案应如何处理？

____

____

____

【任务评价】

任务评价表如表 9－7 所示。

表 9－7 任务评价表

项目	学习态度（20%）	团队合作情况（20%）	步骤完成情况（50%）	其他表现（10%）	小计（100%）	综合评价
个人评分（20%）						
小组评分（30%）						
教师评分（50%）						
综合得分（100%）						

行而悟

素养园地

一货难求的“冰墩墩”，亚马逊卖家销售安全吗？

“冰墩墩”是北京 2022 年冬季奥运会吉祥物。该吉祥物以熊猫为原型进行设计创作，将熊猫形象与富有超能量的冰晶外壳相结合，体现了冬季冰雪运动和现代科技特点。

北京冬奥会期间，天猫奥林匹克官方旗舰店显示，“冰墩墩”手办、钥匙扣等衍生品均无现货，需开启预售，而预售时间一到，点击进去便显示“商品已经卖光”。亚马逊欧美日站点、eBay、速卖通等电商平台上，都有“冰墩墩”的衍生品在销售，如图 9－2 所示。

图 9－2 亚马逊销售“冰墩墩”周边商品截图

冬奥会依然在进行中，无论是各国参赛运动员还是外媒记者，都喜欢和“冰墩墩”一起合影，“冰墩墩”在海外同样受到欢迎，一货难求不仅仅表现在国内。一些聪明的跨境电商从业者嗅到了商机，将“冰墩墩”的相关产品上架到了亚马逊或者其他电商平台上。但是，这样销售真的安全吗？

商标专利注册情况：经查询，“冰墩墩”的中文商标、英文商标 BING DWEN DWEN 以及“冰墩墩”的三维标志在中国商标局 45 个大类都已经被注册，申请人为：北京 2022 年冬奥会和冬残奥会组织委员会，提交时间为 2019 年 9 月 16 日，如图 9－3 所示。

专利详情

基本信息　　爱企查

专利名称	北京2022年冬奥会吉祥物		
申请号	201930505820X	申请日期	2019-09-16
公布/公告号	CN305708344S	公布/公告日期	2020-04-14
发明人	曹雪;刘平云;廖向荣;钱磊;万千个;叶梓琪;陈菲仪;谭晓阳;陈子瑜;何格;邢晓虹;牛董;张璐;鲁怡冰	专利申请人	北京2022年冬奥会和冬残奥会组织委员会
专利代理人	-	专利代理机构	-
专利类型	外观设计	主分类号	20-99(12)
住所	北京市石景山区石景山路68号		
法律状态	2020-04-14 授权		
摘要	1.本外观设计产品的名称:北京2022年冬奥会吉祥物。2.本外观设计产品的用途:用于北京2022年冬奥会的吉祥物。3.本外观设计产品的设计要点:卡通人物的形状。4.最能表明本外观设计设计要点的图片或照		

图 9－3　冰墩墩商标专利注册情况

版权方面：依据《奥林匹克标志保护条例》的规定，“冰墩墩”“雪容融”均属于奥林匹克标志，其形象受到著作权法保护，其著作权归属于北京冬奥组委。《保护文学和艺术作品伯尔尼公约》是关于著作权保护的国际条约，1992 年 10 月 15 日中国成为该公约成员。现行公约规定了每个缔约方都应自动保护在伯尔尼联盟所属的其他各国中首先出版的作品和保护其作者是上述其他各国的公民或居民的未出版的作品。因此“冰墩墩”“雪容融”的版权虽然在中国申请，但是在所有缔约方都可以得到保护。

因此销售“冰墩墩”产品，如果没有得到授权，在他国销售是存在非常大的风险的，如果贸然采购去销售，就会造成侵权。

资料来源：多非管理. 一墩难求的冰墩墩，亚马逊卖家销售安全吗？[EB/OL].（2022-02-09）[2022-12-13].https://view.inews.qq.com/k/20220209A02XGM00?web_channel=wap&openApp=false.

项目十

跨境电商平台数据分析

学习目标

- 了解跨境电子商务数据分析的意义、作用和流程；
- 了解跨境电子商务数据化管理的内容；
- 掌握跨境电子商务数据诊断流程；
- 掌握数据选品的方法。

思维导图

- 跨境电商平台数据分析
  - 知识点
    - 跨境电子商务数据分析的意义、作用和流程
    - 跨境电子商务数据化管理的内容
  - 技能点
    - 跨境电子商务数据诊断流程
    - 数据选品的方法

项目导入

跨境电商发展到今天，经历了三个时代的转变：外贸 1.0 时代、外贸 2.0 时代和外贸 3.0 时代。外贸 1.0 时代是传统外贸，以广交会为代表，这个时代拼的是销售能力；外贸 2.0 时代是“互联网 + 外贸”时代，是电商的时代，这个时代拼的是电商平台的应用能力。3.0 时代是跨境贸易，这个时代竞争的核心是数据的应用能力，是由大数据重构的跨境订单贸易，能够实现跨境贸易从销售驱动转向数据驱动。

项目任务书

表 10-1　项目任务书

任务编号	分项任务	职业能力目标	知识目标	参考课时
任务	认识跨境电商平台数据分析	能利用网络工具开展跨境电商数据采集	1. 了解跨境电子商务数据分析的意义、作用和流程； 2. 了解跨境电子商务数据化管理	2
职业素养目标	1. 终身学习，利用互联网不断学习新知识、新技术，有一定的创新意识； 2. 注重信息的传播和交流，同时具有跨境电子商务行业的敏感度，善于捕捉相关行业、企业的最新信息； 3. 有一定的团队合作精神与应变能力			

任务　认识跨境电商平台数据分析

任务描述

小白在跨境电商平台上开始经营店铺，经过一段时间的锻炼，他对店铺运营有了一定认识，并开始了更深入的思考：在店铺运营过程中，如何让店铺的营销费用以及采购费用降低，节约成本，直至最大化地转化为利润？市场、产品、运营、管理等的决策依据从何而来？如何针对不同国家客户的消费频次、规律、数量、金额、季度变化之间的关系，制订精准的营销推广计划。

跨境电商店铺的运营，前端的市场、商品、买家以及后端的供应链，都涉及数据分析。卖家通过数据分析，可以对售前、售中与售后进行有效的引导与管理，从而让卖家掌握机遇，拓展业务。

相关知识

一、跨境电商数据分析的定义

跨境电商数据分析就是跨境电商通过数据分析得到有助于跨境电商发展的相关资料。例如，全球国际站的卖家通过数据分析，能将整个店铺的运营建立在科学分析的基础之上，对各种指标进行定性、定量分析，从而为决策者提供准确、科学的参考依据。

二、跨境电商数据分析的意义、作用和流程

（一）跨境电商数据分析的意义和作用

1. 跨境电商数据分析的意义

跨境电商数据分析的意义在于：发现问题，并且找到问题产生的根源，最终通过切实可行的办法解决存在的问题；基于以往的数据分析，总结发展趋势，为营销决策提供数据支持。

2. 跨境电商数据分析的作用

跨境电商数据分析的作用是：分享线上活动成效，考核相关人员绩效，监控推广的投入产出，发现客服、营销等方面的问题，预测市场未来趋势，帮助改进网站用户体验设计。

数据分析贯穿于产品的整个生命周期，从市场调研到售后服务的各个过程，都需要适当运用数据分析，以提升产品策划的有效性。

（二）跨境电商数据分析的流程

1. 收集数据

在对网站数据进行分析之前，企业首先需要收集和获取数据，尽量获得完整、真实、准确的数据，做好数据的预处理工作，以便量化分析工作的开展。

（1）网站后台的数据：网站用户数据（注册时间、用户性别、所属地域、来访次数、停留时间等）；订单数据（下单时间、订单数量、商品品类、订单金额、订购频次等）；反馈数据（客户评价、退换货、客户投诉等）。

（2）搜索引擎的数据：网站在各个搜索引擎中的收录量；网站在搜索引擎中的更新频率；关键词在搜索引擎中的竞价排名情况；网站取得的搜索引擎信任的权重（谷歌的PR值、搜狗的SR值等）。

（3）统计工具的数据：网站的统计工具很多，这些工具基本都会提供访客来自哪些地域、来自哪些网站、来自哪些搜索词、访客浏览了哪些页面等数据信息，并且网站会根据需要进行广告跟踪。

2. 量化分析

分析不只是对数据的简单统计和描述，而是在数据中发现问题的本质，然后针对确定的主题进行归纳和总结。

常用的分析方法有以下几种：

（1）趋势分析，是指将实际分析的结果与不同时期的报表中的同类指标的历史数据进行比较，从而确定变化趋势和变化规律。具体的分析方法包括定比和环比两种。定比是以某一时期的数据为基数，其他各期的数据均与该基数进行比较；环比是以上一时期的数据为基数，对下一时期的数据与上一时期的数据进行比较。

（2）对比分析，是指对两个相互联系的指标数据进行比较，从数量上展示和说明研究对象规模的大小、水平的高低、速度的快慢，以及各种关系是否协调。在对比分析中，选择合适的对比标准是十分关键的，标准合适，才能作出客观的评价，反之可能得出错误的结论。

（3）关联分析，是指如果两个或多个事物之间存在一定的关联，那么其中一个事物就能够通过其他事物进行预测。它的目的是挖掘隐藏在数据中的相互关系。

（4）因果分析，是指为了确定引起某一现象变化的原因的分析，主要解决“为什么”的问题。因果分析就是在研究对象的先行情况中，把引起它发生变化的原因的现象与其他非原因的现象区分开来，或者是在研究对象的后行情况中，把因它而产生的结果的现象与其他的现象区分开来。

3. 提出方案

对数据量化分析的结果进行汇总、诊断，并提出最终的解决方案。

（1）评估描述。对评估情况进行客观描述，用数据支撑自己的观点。

（2）编制统计图表。运用饼图和条形图对基本情况进行更清晰的描述，运用散点图和折线图表现数据间的因果关系。

（3）提出观点。根据实际情况进行数据分析，提出自己的观点。

4. 优化改进

实施改进措施，及时了解数据相应的变化，不断进行优化和改进。

数据分析是一项长期工作，同时也是一个循序渐进的过程，需要运营人员实时监测网站运行情况，及时发现问题、分析问题并解决问题，这样才能使跨境电商健康、持续地发展。

三、跨境电商数据化管理

数据化管理是指运用分析工具对客观、真实的数据进行科学分析，并将分析结果运用到生产、营运、销售等各个环节中的一种管理方法。

根据管理层次的不同，数据化管理由低到高可分为业务指导管理、运营分析管理、经营策略管理、战略规划管理四个层次，具体如表 10 - 2 所示。

表 10 - 2 数据化管理的四个层次

层次名称	定义	主要内容
业务指导管理	数据分析人员通过数据收集、数据监控、数据追踪等手段来管理业务，通过数据分析、数据挖掘等方式搭建业务管理模型来提升业绩	销售、人力资源、生产、财务、客服等业务单元，其主要的管理模块包括目标及预测管理、利润及费用管理等
营运分析管理	营运分析管理是对人、货、场、财的分析管理	绩效考核管理、库存分析管理、供应链分析管理、客流分析管理、资金分析管理、客户关系管理等
经营策略管理	通过对各经营环节进行对应的数据分析，制定或修改经营策略，是企业策略合理化的保证手段之一	消费者购买行为分析、会员顾客策略、商品定价策略、品牌定位策略、竞争对手策略、资源分配策略等
战略规划管理	通过企业内部和外部数据，制定企业长远规划的过程	宏观经济分析、行业环境分析、经营环境分析、内容资源分析、企业竞争力分析、战略目标规划管理、战略可操作性评估等

根据业务逻辑，数据化管理可分为销售中的数据化管理、商品中的数据化管理、财务中的数据化管理、人事中的数据化管理、生产中的数据化管理、物流中的数据化管理等。

从数据化管理的流程来看，应用是数据化管理的核心。通过数据化管理，企业可以实现量化管理，最大化地提高销售业绩和生产效率，有效地节约企业的各项成本，提高企业管理者决策的速度和正确性。

四、跨境电商数据分析的职能

（一）一般职能

（1）营销：营销的核心是品牌、流量，包含搜索引擎营销（Search Engine Marketing，SEM）、广告（Advertisement，AD）、联盟、新媒体、电子邮件营销（Email Direct Marketing，EDM）、搜索引擎优化（Search Engine Optimization，SEO）等。

（2）运营：运营的核心是网站日常的运维管理，包括网站、商品、资源位、内部活动管理，甚至包括会员、采销、物流等管理。

（3）采购：采购的核心是商品采购，一般以品类划分。

（4）销售：销售的核心是商品销售，一般以品类划分，有时与采购合并。

（5）物流：物流的核心是物流配送，主要是商品的购进、销售。

（6）仓储：仓储的核心是商品库存管理，仓储通常与物流合并成进销存体系。

（7）客服：客服的核心是客户服务和维系，包括客户维系、咨询、服务、关怀。

（二）系统运维

（1）核心是维护数据系统，保证数据系统正常运行。

（2）维护流量系统，保证流量系统的正确部署和实施，并负责数据的收集。

（3）提供系统部署方案，配合技术方案的实施和测试。

（4）提供系统后台和数据报表配置，制订日常发送计划。

（5）对系统进行部署和配置，保证数据的正确输出。

（三）数据架构

（1）核心是数据系统的架构和规划，保证数据的标准化和规范化。

（2）大数据体系规划，支撑大数据的集成、建模、挖掘等。

（3）负责构建公司元数据管理系统和数据质量管理体系。

（4）明确模型的定义和数据标准的定义（词汇、术语、主题域、接口等）。

（5）对重大项目进行评估和审核。

（四）数据管理

（1）核心是数据的存储和维护，保证数据的安全性、可用性。

（2）数据仓库的维护和管理，包括数据仓库的安装、配置、迁移、升级、备份。

（3）数据仓库性能的优化、应急处理，建立数据管理体系和工作机制。

（4）数据仓库开发，构建数据集市和数据底层架构。

（5）数据校验、数据权限管理、日常数据输出。

（五）数据产品

（1）核心是数据产品开发和应用支持。

（2）梳理数据产品需求、优化报表、规划新报表及数据产品。

（3）根据产品需求协调开发资源，保障项目按时上线。

（4）协助数据分析和数据挖掘部门，进行数据模型产品化输出。

（5）在大数据基础上实现逻辑规划，辅助技术开发和测试。

（六）数据分析

（1）核心是提供业务方向的数据分析支持。

（2）业务活动效果评估，如渠道画像、会员活跃度。

（3）业务活动异常分析支持，如分析异常订单、恶意流量、恶意点击等。

（4）建立业务效果标杆管理与预警机制，如流量预测、库存预测等。

（5）业务内在价值的挖掘与提炼，如渠道订单归因、确定用户生命周期。

（6）业务活动规则支持与辅助决策，如营销活动人群规则、广告定向。

（七）数据挖掘

（1）核心是制定面向产品的挖掘规则及为部分业务提供支持。

（2）负责商业智能（Business Intelligence，BI）实施中的数据挖掘模块的算法研究，以及数据块的建立和优化。

（3）负责数据挖掘模块的建立与维护，如关联模块、决策规则模块。

（4）负责个性化推荐模块的算法研究及推荐效果优化。

（5）负责大数据下传统机器学习算法并行化的实现及应用，提出改进方法及思路。

（八）市场战略

（1）核心是提高对行业和竞争对手的认知，增加对公司战略的支持。

（2）根据公司战略，制订中长期发展规划。

（3）根据公司规划，协助各中心制订战略研究规划并进行课题跟踪。

（4）搜集行业信息，捕捉行业发展新机会，为公司管理层提供战略建议。

（5）建立竞争对手档案库，全面掌握竞争对手动态；把握用户脉搏，挖掘用户的新需求和新想法。

延伸阅读

跨境电商数据选品案例

某服装连锁零售品牌经过多年的发展，现于上海、北京、广州、成都、大连等重点城市开设有近百家店铺。2013 年该品牌看好阿里巴巴旗下网购零售平台 B2B 销售模式，注册了天猫旗舰店。该品牌天猫旗舰店每周更新货品两次、每年推出万款新品，致力于让消费者的每一次入店都有眼前一亮的新鲜感。

近两年随着跨境电商外贸的兴起，该品牌也看好国际外贸市场，想迈进跨境电商的行业。那么，该品牌应如何进行数据化分析选择市场？如何选品呢？

一、执行过程

（一）了解选品的重要性

选品的重要性对卖家来说不言而喻。选品思路作为店铺运营策略的一部分，被视为整个运营策略的基础。选对产品对店铺的销售和店铺后期的成长至关重要。

选品的好处可归纳为三个时期：运营前期、运营中期、运营后期。不同时期做好选品能够给店铺整体运营带来不同的好处。

店铺运营前期，产品可以快速地获得买家的青睐，获得速卖通平台的推荐，提高买家下单的概率。店铺运营中期，产品可以快速积累销量，获得买家的好评，从平台获得更多的自然流量，降低推广和采购成本。店铺运营后期，定期上传的优质产品可为店铺增加新的销量入口，为后期店铺营销打好基础，提高店铺产品的竞争力。

（二）数据化选品

速卖通后台“选品专家”模块可为新手卖家提供选品数据支持。具体操作如下：

在“数据纵横”界面点击“选品专家”，可以看到“热卖”和“热搜”数据。卖家可以通过行业、国家、时间三个维度来筛选数据，并可以导出最近30天的原始数据自行处理分析。速卖通后台选品专家界面如图10－1所示。

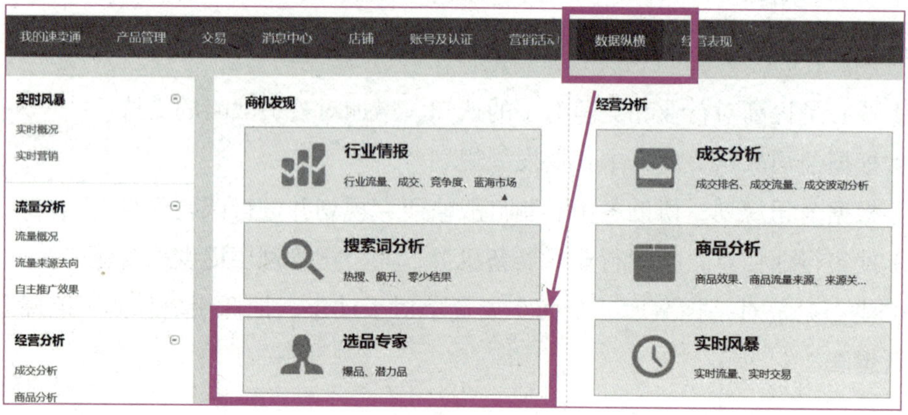

图10－1　速卖通后台选品专家界面

在界面的主区域用一个圆来代表一种产品，圆的大小代表销售热度，圆的颜色深浅代表竞争程度。圆越大，产品越热销；颜色越深，产品的竞争程度越低。热销数据界面如图10－2所示。

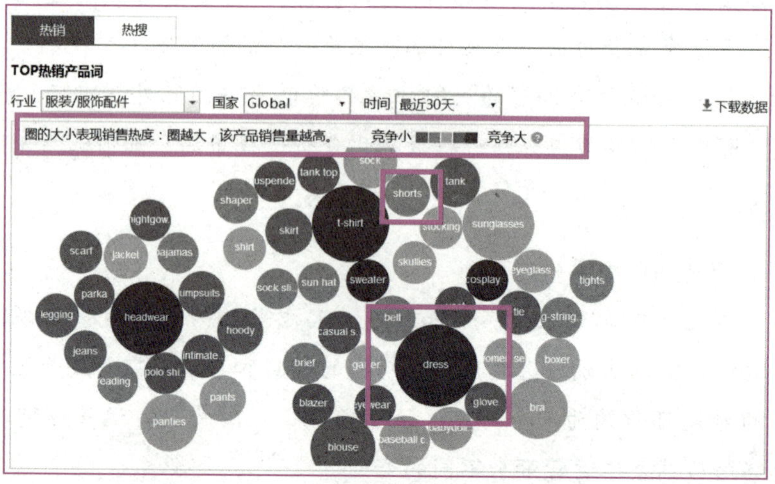

图10－2　热销数据界面

点击代表“dress”的圆，进入热销选项的次级页面——销量详细分析页面。此页面有TOP关联产品和TOP热销属性两个区域。TOP关联产品界面如图10-3所示。

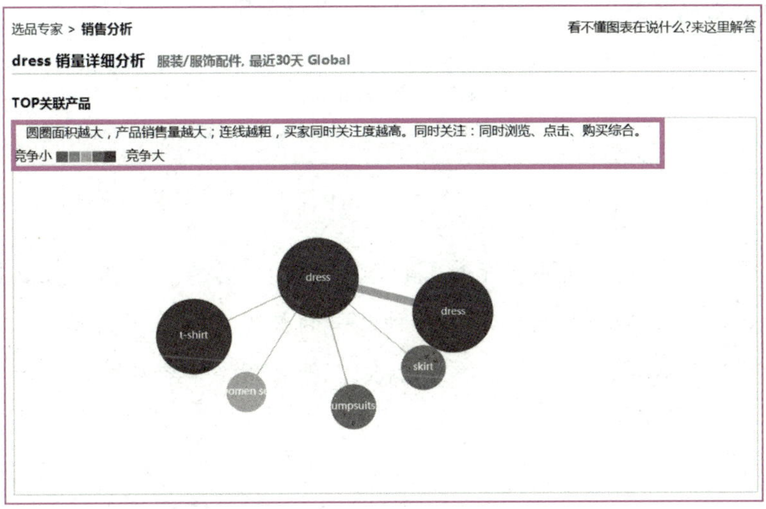

图10-3　TOP关联产品界面

在TOP关联产品中，图的大小和颜色所代表的意思和热销选项界面相同，圆之间的连线的粗细代表了买家的同时关注度，所以其可作为关联产品选品的依据。

在“选品专家”的热搜界面中，可以通过行业、国家、时间三个维度来筛选数据，并可以导出最近30天原始数据进行处理分析。在界面的主区域则用圆来代表产品，圆的大小代表销售热度。TOP热搜产品词界面如图10-4所示。

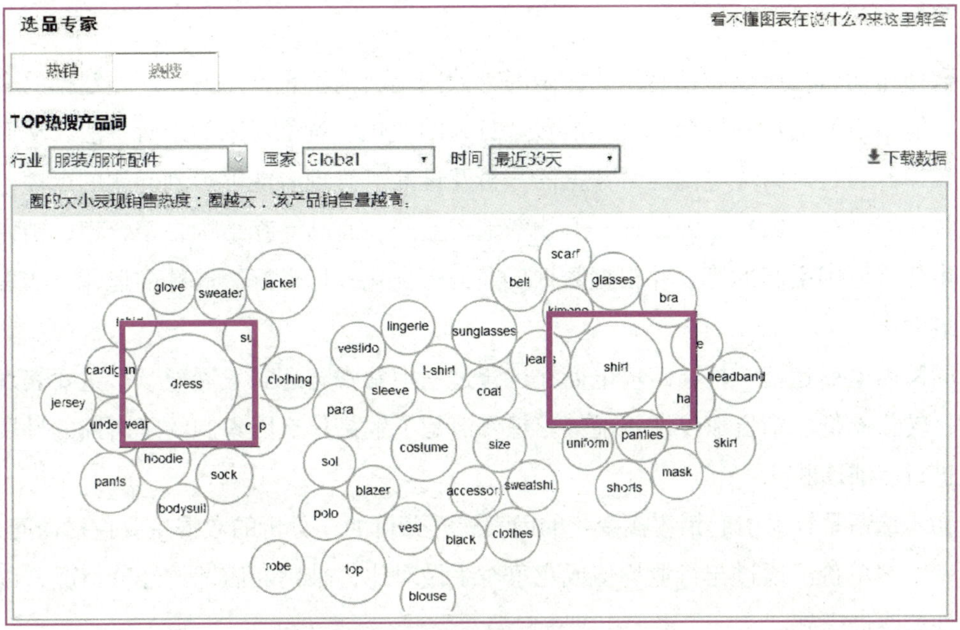

图10-4　TOP热搜产品词界面

该品牌有自己的设计团队，产品系列包括女装、男装、童装及配饰等，为消费者提供不同品类的选择。

资料来源：百度文库．跨境电商数据化选品案例［EB/OL］.（2020-09-21）［2022-12-13］.https://wenku.baidu.com/view/180cfcdf7f1cfad6195f312b3169a4517623e55c.html.

学而思

数据化管理中使用的数据分析工具主要有 Excel、SAS、SPSS、Matlab 等。Excel 通用性强、门槛低、功能强大，深受各种水平的数据分析人员的喜爱。作为一个每天和数据打交道的人员，你必须会使用 Excel，并且还要非常熟练。

思而行

实训任务：跨境电商店铺诊断

【实训目的】

根据跨境电商平台后台数据图表，对行业与竞店进行分析，预测市场趋势，诊断店铺销售额，初步分析存在问题，作出改进决策。

【实训内容】

1. 业务背景

数据化运营之所以越来越重要，是因为数据是由消费者产生的，通过数据的多角度分析，能够更好地理解平台规则、消费者行为的变化、竞争对手的运营手法，从而找到运营规律。通过对跨境电商运营数据的分析及诊断，管理者能够得到问题的反馈，如搜索流量是否增长、ROI 是否提升、退款率是否上升、商品库存结构是否合理、销售额下降是由什么原因引起的等，并根据数据反馈进行优化，以做好全局精准运营，实现运营效益最大化。

同国内电商运营一样，跨境电商在运营过程中常常会遇到发展瓶颈，主要表现在流量小、转化率低、销售额停滞不前等。想要清楚了解是什么因素制约了店铺的发展，就必须进行店铺诊断。

初步诊断是针对引起销售额变化的因素展开分析的，分析的数据主要包括访问人数、转化率、客单价。通过与行业均值或竞争对手做对比，来判断店铺的经营情况，以采取针对性的改进措施。

店铺诊断的基本流程如下：

（1）确定店铺问题出在哪里。

（2）收集店铺数据，分析内在原因。

（3）收集行业和竞争对手数据，分析外在原因。

（4）撰写诊断报告。

（5）提出对策建议。

2. 具体操作流程

对店铺展开初步诊断，根据诊断结果提出对策。

（1）销售额诊断。

销售额诊断即根据店铺销售额的变化趋势，关注销售额的最大值以及总体走向。具体来说，可以与去年同期数据、同行同层平均数进行对比，若发现销售额较去年同期有所下降，而同行同层平均销售额并没有出现单边下跌的情形，那么该店铺在营销方面存在问题。

（2）访问人数诊断。

访问人数诊断即分析店铺访问人数变化趋势。同样和去年同期数据、同行同层平均数进行对比。若较去年同期出现下跌，同时同行同层平均访问人数出现单边下跌，两者的变化趋势基本保持同步，那么可以认为店铺访问人数下降属于行业趋势，而不是店铺经营存在问题。

（3）转化率诊断。

观察分析店铺最近 12 周的转化率变化趋势。若店铺下降幅度较大，而同行同层平均转化率在一定范围内波动且基本保持稳定，同时同行同层转化率的整体水平明显高于该店铺，就可以诊断为该店铺转化率偏低，存在逐级小幅下降趋势，需要改进店铺的内部运营与管理。

（4）客单价诊断。

客单价诊断即观察分析店铺客单价变化趋势。若店铺客单价与同行同层平均数在 12 周内均基本保持均衡，没有出现明显的上升或下降的趋势，但同行同层平均客单价明显高于该店铺的客单价，则说明该店铺在关联营销和客户服务等方面存在问题。因此可以诊断为该店铺客单价整体偏低，需要改善店铺内的关联营销和客户服务。

（5）综合诊断。

根据以上诊断分析结果可得出结论：该店铺销售额出现下降，一方面是行业整体的访问人数下降导致的，另一方面是转化率逐级小幅下跌引起的。

转化率是衡量店铺运营健康与否的重要指标，这也关系到店铺的整体盈利能力。因此，该店铺的当务之急是提高转化率，同时设法提高客单价，这样才能在同行同层的店铺竞争中占据有利地位。

【任务评价】

任务评价表如表 10－3 所示。

表 10－3　任务评价表

项目	学习态度（20%）	团队合作情况（20%）	步骤完成情况（50%）	其他表现（10%）	小计（100%）	综合评价
个人评分（20%）						
小组评分（30%）						
教师评分（50%）						
综合得分（100%）						

行而悟

素养园地

杭州打造跨境电商全球标杆

通过先行先试，杭州成为名副其实的跨境电商“全国第一城”，同时也肩负着为全国跨境电商发展探路的使命。在全球跨境电商峰会上，杭州市商务局相关负责人给出了杭州打造跨境电商全球标杆的答案——“六链融合”。

1. 激发创新链

完善跨境电商进出口退换货机制，推出跨境电商出口退税便利化服务举措，扩大“9710”“9810”出口，着力在跨境电子商务交易、支付、物流、通关、退税、结汇等环节的技术标准、国际规则和信息化建设等方面先行先试。

2. 提升产业链

深入实施跨境电商产业三年倍增计划，积极招引国际一流企业总部或区域总部落地杭州。力争到 2025 年末，杭州跨境电子商务进出口总额达到 250 亿美元以上，培育和集聚年交易额 100 亿美元以上数字贸易龙头平台 30 家以上，培育年交易额 1 000 万美元以上跨境品牌企业 500 家以上。

3. 强化人才链

会同浙江工商大学举办好中国首个跨境电商学院；办好亚马逊全球开店在亚太区唯一培训中心，推进阿里巴巴“G100”、eBay“E青春”、谷歌“十百千”人才培育计划；引进培育跨境电商高层次人才，打造跨境电商人才高地。

4. 优化服务链

实施“e揽全球·杭品出海”专项行动。建设全球跨境电商品牌研究中心等四大中心。建成全国首个“多层结构+智能化”机场国际货站，支持自建、租赁跨境电商保税仓、集货仓，支持市场主体开辟货运航线和物流班列。

5. 畅通金融链

支持在杭跨境支付机构申领全球牌照，推动金融机构直接办理跨境电商收结汇，打造全国跨境电商支付高地。加快投贷联动，引导社会资本成立跨境电商产业基金，联合金融机构成立跨境电商融资产品“杭跨贷”，着力解决中小跨境电商企业“融资难”问题。

6. 升级政策链

制定新版跨境电商政策，培育市场主体，激发内生活力，鼓励跨境电商做大做强；支持企业开拓市场，鼓励专业服务商、独立站、海外仓发展，打造跨境电商全球品牌；加大招强引优，提升园区能级，增强持续发展后劲。

上述六链环环相扣，缺一不可。以跨境电商人才为例，尽管这些年杭州联动“政、企、校、社”育才引才揽才，积极探索和实践跨境电商人才建设的“杭州模式”，但杭州跨境电商人才缺口依然很大，如杭州跨境电商企业独立站每年人才缺口在5 000人以上，跨境电商数据分析人才缺口预估在10 000人以上，在人才链建设中，杭州综试区将把跨境电商高层次人才引育作为重中之重。

未来，杭州跨境电商综试区将更加出彩！

资料来源：浙江自贸．上半年，杭州跨境电商进出口总额同比增加9.26%［EB/OL］.（2022-08-12）［2022-12-13］.https://wenku.baidu.com/view/180cfcdf7f1cfad6195f312b3169a4517623e55c.html.

项目十一

跨境电商创业体验

学习目标

- 了解创业的知识要求；
- 了解创业的能力要求；
- 掌握跨境电商创业的前期准备要素；
- 掌握跨境电商创业的选品策略；
- 掌握跨境电商创业的定价策略。

思维导图

- 跨境电商创业体验
  - 知识点
    - 创业者的能力和素质
    - 跨境电商创业策略
  - 技能点
    - 掌握创业知识的学习途径
    - 掌握跨境电商创业的选品技巧
    - 掌握跨境电商创业的定价技巧

项目导入

在全球经济网络化的高速发展模式下，众多跨境电商平台脱颖而出，呈现了多角度的发展趋势，为全球网民的生活提供了很大的便利。跨境电商也成为一种十分流行的交易方式，市场前景巨大，许多国家都对跨境电商高度重视。我国也对跨境贸易大力支持，并且鼓励在校大学生利用课余时间在这些平台上创业。跨境电商作为新兴的商业模式，它的运营模式简单，投入成本较低，经营的风险不大，是在校大学生创业创收的可靠路径。但是由于跨境电商是一种新兴的商业模式，大学生很难有较全面的经营经验，在实际的操作过程中存在很多不足。大学生在跨境平台上创业前，应当掌握跨境电商的相关知识和常识。

项目任务书

表 11－1　项目任务书

任务编号	分项任务	职业能力目标	知识目标	参考课时
任务一	创业的要求	1. 明晰创业者需要具备的能力要求； 2. 帮助学生理解成功创业者所需具备的素质	1. 熟悉创业者的素质与能力； 2. 掌握创业知识的学习途径	1
任务二	跨境电商创业策略	掌握跨境电商创业运营及操作策略	1. 掌握跨境电商创业的前期准备要素，了解其对创业的重要作用； 2. 掌握跨境电商创业的策略技巧	1～2
职业素养目标	1. 具有社会责任感和社会参与意识； 2. 培养工匠精神、创新思维、全球视野			

任务一　创业的要求

任务描述

在你心目中，一位优秀的创业者是什么样的？用你的方式尽可能地描述他 / 她，可以从性格、能力、知识等多方面进行描述。

相关知识

创业是一个发现和捕捉机会并由此创造出新颖的产品、服务或实现其潜在价值的过程。在知识经济和经济全球化快速发展的今天，选择走自主创业道路面临的既是难得的个人机遇，也是严峻的自我挑战。由于学生没有进入社会，其商业意识、社会经验以及企业管理、财务及营销管理等方面的能力都比较欠缺，容易导致创业失败。因此，学生在创业前应先了解创业所需的基本要求，努力寻找适合自己发展的方向

一、创业知识准备

创业者的知识素质对创业起着举足轻重的作用。在知识大爆炸、竞争日益激烈的今

天，单凭热情、勇气、经验或只有单一专业知识，要想成功创业是很困难的。创业者需要有创造性思维，要作出正确决策，还必须掌握广博的知识，具有一专多能的复合型知识结构。

（一）创业者应具备的相关知识：捕捉机会的实力

创业者应具备多方面、全方位的知识结构，具体来说，可以概括为以下几个方面。

1. 国家关于创业的法律、政策方面的知识

创业者在了解相关政策知识时应注意以下几点：

首先，理性看待创业政策。创业政策是个人创业的助推剂，但不是个人创业的“万能药”，任何人都不能仅仅依靠政策来创业，任何人也不是为了享受政策而创业，这是用好创业政策必须树立的理念。

其次，对症下药，选择合适政策。每个人的创业方向、创业特点各不相同，每项创业政策的适用范围和对象也不同，个人在创业时，要选择适合自己的政策，即要适合自身的创业条件，要适合自身的创业行业，要适合自身的创业类型，要适合自身的创业过程。

最后，发挥政策实际效用。在选择了适合自身的创业政策后，要切实发挥政策的实际效应，使政策的运用能真正降低经营成本，改善经营状况，提升经营能力，对实现企业的发展壮大有实际作用，使企业走上可持续发展的道路。

2. 创业所在领域的专门知识

创业要选择自己擅长的行业，因为在这个行业，创业者往往具有丰富的专业知识。创业者一旦进入一个行业，就必须尽可能多地掌握这个行业的专门知识。只有对本行业的供需状况、市场前景以及从事本行业的专业知识和技能了然于胸，才能避免盲目性和投机性，争取最大的成功概率。在一个自己完全不了解的行业创业或者不具备所从事行业的专业知识，要想获得成功几乎是不可能的。

3. 相关的商业知识

创业在某种程度上也是一种商业活动，因此在创业过程中对相关商业知识的储备也必不可少，其中包括：合法的开业知识，企业战略知识，企业文化知识，公司成立后的基本权利、责任和义务，营销知识，财务知识，服务行业知识以及创办企业的常用名词与重要文件（如章程或协议）。

（二）创业知识的学习途径

只有学习好相关的创业知识，才能提高创业的成功率，创业者可以通过以下几种途

径获得创业知识。

1. 课堂与学校社团

学生时代是人生的黄金时代，是实现自我蜕变、明确人生定位的关键时期。一般来说，学生的自我意识在上大学期间基本觉醒，能找到自己的兴趣和价值所在，从而为自己拟定一个初步的人生规划，这就为以后的成功打下了初步的基础。

就有创业意向的学生来说，上学期间就应为以后的创业做一些初步的准备，积累一些必要的经验。一般来说，一年级时，就应主动接受职业价值观方面的教育，开始了解自己的兴趣、特长和专业背景，为今后选择创业、确定职业目标奠定基础。二、三年级时，通过参加社会实践和实习活动，对专业的社会需求和发展前景深入了解，根据实践中自我适应程度的反馈信息，反思和调整自己的职业取向，初步确定与自己能力相吻合的职业选择。例如，要对个人的创业条件进行分析，准确定位，同时看自己是否具备未来的创业者气质和心理素质，比如承担风险能力、创新能力、决策能力和领导能力。学校社团活动能够锻炼大学生创业者的综合能力，是大学生创业者积累经验必不可少的实践过程。

2. 媒体资讯

一是纸质媒体，人才类、经济类媒体是首要选择。二是网络媒体，管理类、人才类、专业创业类网站是必要选择。此外，通过各地的创业中心、创新服务中心、学生科技园、科技信息中心等，都可以学到创业知识。

3. 与有经验的创业人士广泛交流

找有创业经验的亲戚、朋友、同学、网友、老师交流，获取最直接的创业技巧与经验，或向与你的创业项目有密切联系的商业团体咨询，争取得到他们的支持。

4. 可先就业再创业

刚毕业的大学生，各方面阅历和经验尚缺，到实体企业锻炼几年，待积累一定的知识和经验后再创业较为适宜。先就业再创业的学生的创业项目通常与过去的工作密切相关。在准备创业的过程中，创业者可以利用与企业家交流的机会获得更多来自市场的创业知识。

拓展阅读

智联招聘曾针对毕业生创业问题在网上专门做过一项调查，在回答“你认为什么时候是最佳创业时机”时，65% 的人认为应先在大公司积累经验，30 岁以后考虑创业；21% 的人认为毕业后 1 ～ 2 年就要创业；9% 的人认为创业风险太大，还是要慎重；4% 的人没想清楚；只有 1% 的人无论如何都不考虑创业。

由此可见，当前大学生的创业心态逐步趋于理性，相比在学校积累创业经验而言，在一家公司工作更接近于实战，不失为积累经验的更好选择。

对多数毕业生来说，进入一个大型企业或外资公司是一个不错的选择，因为这样的企业相对来说比较正规，各方面保障措施和制度比较健全。对于准备创业的学生而言，进入一个小公司或许能够得到更好的锻炼。

5. 创业实践

创业实践是学生学习创业知识的最好途径，可分为间接创业实践和直接创业实践两种。

间接创业实践可借助学校举办的某些课程的角色性、情景性模拟来完成。例如积极参加校内外举办的各类学生创业大赛、创业计划书大赛等，对先导企业家成长经历、先导企业经营案例开展系统研究等，也属于间接创业实践的范畴。

直接创业实践可通过课余兼职、求职体验、参与策划、参与市场调查来完成，也可通过举办创意项目活动、创建电商网店、尝试做自由撰稿人等多种方式来完成。

二、创业者必备的素质

1. 创业者必备的心理素质

从成就动机理论出发，对成功创业者特征进行分析可以发现，那些拥有创业心理特征的人员比不具备创业心理特征的人员具有更高的实施创业行为的倾向。概括起来，创业者的自我意识应该自信、自主，情感应该理性、执着，性格应该坚强、果断、勇敢。

2. 与众不同的创新精神

创业是一项创新活动，创新是创业的灵魂，是事业兴旺发达的不竭动力。

3. 敢于冒险的精神与搏击风浪的勇气

创业充满挑战和变数，创业期间会碰到意想不到的困难，创业者必须勇于与这些困难做斗争。一个期待创业的大学生必须还原自己，必须清醒地知道自己是否有强烈的挑战精神，以及是否具备必要的亲和力和领导能力。

4. 切合实际的理性精神

大学生创业充满着未知和变数。所谓创业理性，最基本的要求是准确地自我了解、自我定位和合理的预期。除此之外，还要有对创业点、创业途径、创业方式的准确选择和对创业前景的科学预测。

5. 善于分享的性格特质

就创业者而言，创业活动往往不是个人的行为，而是创业者带领一个团队或者作为团队的一员共同努力的过程。在这个过程中，创业者需要和团队其他成员分享目标、愿望、理念以及利益，只有这样，才能在团队中建立一种支持性的机制，有利于困难的克服和目标的达成。

6. 良好的商业道德

企业只有对顾客、对社会、对员工诚信，顾客、社会和员工才会为企业的发展锦上添花，企业的发展才有土壤。诚信、诚实、诚恳是对创业团队的道德要求。

三、创业者必备的专业能力

专业能力是指对企业中与经营方向密切相关的主要岗位或岗位群所要求的能力，主要包括创办企业中主要职业岗位的必备从业能力、理解和运用与企业经营密切相关的核心技术的能力。大学生创业者在创办企业之初，应该从自己熟悉的行业、自己熟悉的专业中选择项目，从自己熟知的领域入手，这样能够规避“外行”潜在的种种风险，提高创业的成功率。大学生创业者要重视在创业实践过程中获得的职业技能，尤其是与企业经营密切相关的专业技术方面的实践经验，并且不断进行总结归纳，形成自己的创业经营体系。

创业者应具备的专业能力主要体现在以下四个方面：

（1）创办企业中主要职业岗位的必备从业能力。

（2）接受和理解与所办企业经营方向有关的新技术的能力。

（3）把环保、能源、质量、安全、经济等方面的知识和法律法规运用于本行业实际的能力。

（4）分析与决策能力，即通过消费者需求分析、市场定位分析、自我实力分析等，根据自己的财力、业务范围，依据“最适合自己的市场机会就是最好的市场机会”的原则，作出正确决策，以实现自己的创业目标。

学而思

结合实际，谈谈为什么创业者应当具备良好的心理素质及商业道德。

思而行

实训任务：组建最佳创业团队

【实训目的】

通过自我认知清单，学生选择适合自己的创业方式及创业项目，懂得如何应对创业风险，学会团队合作和优劣势互补。

【实训内容】

分析自己的优劣势，思考创业方式及创业项目，完成团队组建任务。

【实训步骤】

1. 每位同学从性格、知识、能力与实践等方面梳理自己在创业方面的优劣势，填入表 11－2 中。

表 11－2　创业优劣势自我分析表

主要素质	优势	劣势
性格方面		
知识方面		
能力方面		
实践方面		

2. 从根据自我分析的结果，思考自己的创业方式与创业项目：

创业方式：____

____

创业项目：____

____

3. 分享自己的创业方式及创业项目，根据创业风险预估，选择合适的成员完成创业团队组建。

组队成员：____

____

团队创业项目及方式：____

____

团队成员分工：____

____

【任务评价】

任务评价表如表 11-3 所示。

表 11-3 任务评价表

项目	学习态度（20%）	团队合作情况（20%）	步骤完成情况（50%）	其他表现（10%）	小计（100%）	综合评价
个人评分（20%）						
小组评分（30%）						
教师评分（50%）						
综合得分（100%）						

任务二 跨境电商创业策略

任务描述

大学三年级学生小黄在某电商平台开设了个人网店，学习了一些经验，现打算在跨境电商平台开一家新店。面对全新的市场环境，小黄应该如何开始她的跨境电商创业之路呢？

相关知识

一、组建创业团队

创业前最重要的任务之一便是联合志同道合的同学或者朋友一起组建一个专业的创业小组，小组各成员根据自己的能力各司其职，精诚合作。

二、注册营业执照

目前绝大多数跨境电商平台在入驻时需要创业者提供营业执照，创业者应提前注册公司营业执照或个体营业执照。公司营业执照较个体营业执照注册门槛高，但可入驻的站点多。Shopee 平台入驻要求如图 11－1 所示。

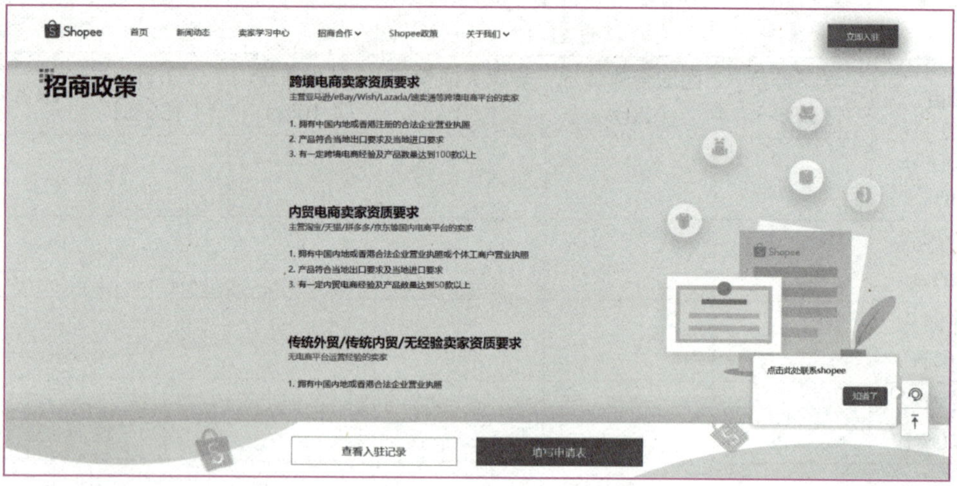

图 11－1　Shopee 平台入驻要求

三、创业选品

（一）谨慎选择创业产品的类型

1. SKU 选品

经济实力较弱的创业者应当尽可能地根据市场行情来选品。先根据站内外数据分析，从热销市场中筛选适合自己并且可以找到稳定货源的商品。这样选出来的商品往往集中在一个一级类目中，由于不同 SKU 的销量也不同，因而可再根据商品属性和消费者喜好做进一步筛选，根据产品材质、特点和售后确定热卖的子类目。

2. 根据产品性质选品

选品时还需要考虑产品的性质是否合适进行跨境销售，体积和重量大、易碎的产品不宜选，如大件家具和玻璃制品，原因是海外物流运费成本高，且容易产生售后问题。

3. 选品后需进一步确定店铺中的三种类型产品

（1）引流款。引流款即为吸引顾客流量，为店铺增加访客量的产品。它的主要作用是以低廉的价格引起消费者的注意以及购买欲望。如同淘宝购物一般，跨境买家往往会被低廉的价格所吸引，产生对该店铺的初步定位——该店铺价格很优惠，进而提升了店铺的整体曝光度。引流款的选品方式可以通过市场上的一些热卖产品进行低价销售。一般情况下，引流款不会获利或获利很少，所以店铺最多只会设定 3 ～ 5 件引流款产品，这样对新创业者成本投入方面的要求就不会太高。

（2）爆款。一般是指市场需求旺盛、销量大的产品，也是搜索排名中权重比较高的产品；通常一个爆款产品就能带动整个店铺其他产品的销量。爆款单量的稳定性，决定了店铺转化率的稳定性。

（3）利润款。利润款是店铺利润的主要来源，它通过产品的高性价比或者长时间积累起来的品牌性，得到消费者的认可。

（二）选择合适的进货方式

在确定好产品类型之后，创业者就可以去当地批发市场或者阿里巴巴线上渠道去寻找货源了。对于绝大多数刚毕业或者还在上学的大学生创业者来说，线下的进货方式需要耗费太多的时间与精力，所以学生创业者最好是先深入调查市场，找到源头生产厂家，直接与源头厂家洽谈进货。

四、定价策略

价格对于消费者来说至关重要，价格影响点击率排名，消费者购物时往往货比三家，产品价格高低是影响销售的关键因素之一。创业者在定价时可采用以下几种定价方法。

（一）成本加成定价法

成本加成定价是指先计算产品的所有成本项，包括生产成本或采购成本、物流运费和平台佣金成本等，然后在此基础上增加一定的利润百分比，就能得到最终价格。

跨境电商产品成本由三部分构成：商品成本、物流运费（国内＋国外邮费）、平台佣金。

物流成本、利润率对定价影响很大，因此在计算产品价格时务必考虑周到。

对于新店铺而言，如果要通过打折活动吸引点击流量，这部分折扣也要提前预留在价格里。

成本加成定价法的计算公式如下：

$$商品价格=\frac{\dfrac{(商品成本+物流成本)\times(1+利润率)}{(1-平台佣金率)\times预留折扣率}}{汇率}$$

注：汇率不可以用当天的汇率，收款时间通常在几星期之后，如果汇率下降的话会导致亏损，所以应根据近期的汇率走势，慎重选择一个安全值。

学而思

例题：

小黄的店铺即将上架一款宠物装，如图 11－2 所示。

成本价：28 元 / 件。

利润率：40%。

预留折扣率：80%。

平台佣金率：5%。

美元汇率：1 USD= 6 CNY。

运费：12 元。

请计算这款连衣裙的上架商品价格（美元）。

图 11－2　小黄店铺的宠物装

解析：

商品价格计算如下：

$$商品价格=\frac{\dfrac{(28+12)\times(1+40\%)}{(1-5\%)\times 80\%}}{6}=12.28（美元）$$

（二）竞争定价法

竞争定价法是指以竞争对手的价格为依据，低于对方定价，以增加自身竞争力的定价方法。这种方法通常在竞争程度较高的产品或购物平台内进行。

操作方式：搜索出产品的类目，看看同一类目下的产品定价范围，一般来讲排序在前三页的产品最畅销，这些价格最具有参考价值。

拓展阅读

在平台中，输入“Dog Shirts”，如图 11－3 所示，按销量排序，销售最好的产品定价基本在 1～6 美元，因此根据我们的产品情况，价格定在 1～5 美元是合理的。如果一件产品定到 10 美元左右，那就很难卖出去了。

图 11－3　平台最佳销量

不过，资金有限的创业者使用这种策略很难长期维持，因为较低的价格意味着较低的利润，而销量增加所附带的产品运费及售后服务，会给小型卖家带来较大负担。

（三）招徕定价法

因海外运费成本较高，跨境电商平台上的消费者进店消费时往往不止购买一种商品，这样即使其中一种商品不能使卖家盈利，但还是有其他商品能够为卖家带来利润。利用这一特点，卖家可以为某种商品设置较低的价格，从而将消费者引入店铺。

当然，如果买家只购买低价的商品的话，就不能为店铺带来多少利润，所以还应该设置满减之类的促销活动，促使买家继续购买其他商品，也可定期发放优惠券吸引买家二次回店消费。

拓展阅读

跨境电商平台 Shopee 对新加坡、菲律宾、越南、泰国等多国市场近 4 万名消费者进行调研，发现东南亚网购偏好可分为精打细算、边逛边买、追求便利、赏金猎人、品牌忠粉五大网购消费者类型。在参与调研的近 4 万名消费者中，精打细算型消费者占比最高；在越南市场上，高达 70% 的边逛边买型消费者都有过冲动购买的经历；追求便利型消费者大多年龄偏长，购物目的性明确，送货上门是他们选择网购的首要理由；赏金猎人型消费者热衷于研究平台内各种各样的折扣工具与购买规则；品牌忠粉型消费者热衷于购买心仪品牌的商品，并期望能够获得对应品牌的专享优惠和会员积分。

（四）尾数定价法

尾数定价法是指卖家针对消费者的求廉心理，在定价时有意定一个与整数有一定差额的价格。这是一种具有强烈刺激作用的心理定价策略，这种策略多适用于中低档商品。心理学研究表明，价格尾数的微小差别，能够明显影响消费者的购买行为。尾数定价法会给消费者这样一种心理感觉：该商品的价格是经过精确计算的最低价格。如图 11－4 所示，这款产品定价 9.98 元与定价 10 元虽仅相差 0.02 元，但消费者的感觉是前者要便宜很多，从而更容易为消费者所接受。

图 11－4　尾数定价法

拓展阅读

一家市场调研公司的调查结果显示：同样的商品，定价 0.99 元比定价 1 元多卖 62.7%，定价 1.99 元比定价 2 元多卖 117%，定价 2.99 元比定价 3 元多卖 63%。

思而行

实训任务：选择适合创业的跨境电商平台

【实训目的】

以小组为单位，到各大跨境电商平台了解其入驻要求，选择适合本小组创业的平台。

【实训内容】

填写完成表 11 - 4。

表 11 - 4 各大主流跨境电商平台入驻要求

跨境电商平台	入驻资质要求	是否适合本小组创业

【实训步骤】

（1）到各大主流跨境电商平台了解其对新店入驻的要求。

（2）分析各大主流跨境电商平台是否适合本小组创业。

【任务评价】

任务评价表如表 11 - 5 所示。

表 11 - 5 任务评价表

项目	学习态度（20%）	团队合作情况（20%）	步骤完成情况（50%）	其他表现（10%）	小计（100%）	综合评价
小组评分（40%）						
教师评分（60%）						
综合得分（100%）						

行而悟

素养园地

成功需要脚踏实地

小周去日本留学两年，其间他特意留心观察日本人的生活。他发现很多日本年轻人都是独居户，而且大部分会养一只小宠物。小周觉得这是一个很好的创业项目。

回国后，小周加入日本跨境电商平台，开设了几家店铺，经过两年的努力，成立了自己的小公司，事业越做越大。

谈及为何选择进入日本市场时，小周表示：日本互联网普及率高达90%，很多老年人也是网购一族，而且日本人的消费能力也比较强，物价高，利润空间大。此外，日本电商市场开放得比较晚，竞争程度远远比不上欧美市场。

小周还表示：自己在日本生活两年，比较了解日本人的生活习惯。日本几乎每个月都有节假日，在节假日期间，日本人会大量购物。7月和12月是日本人网购的高峰期，这两个月，日本公司会给员工发奖金。总体来说，日本电商市场销售旺季多，卖家少，竞争小，运输成本低，消费习惯好把握。

日本孤独经济盛行，年轻人成年以后大部分人都会独居。日本人特别喜欢养猫，对猫的花费每月在1 500元人民币左右。

小周选好产品之后，便结合日本人的使用习惯和消费特点，对产品进行针对性改进，并且进行了本土化的包装。通过不断对店铺、产品进行优化，他的店铺逐渐迎来了爆单潮。

小周说："跨境电商创业要成功，必须做好充分的准备，如事先认真细心地对目标市场进行调研分析、学习电商平台的规则、了解当地消费者的文化特点和消费习惯。创业过程中我也遇到过挫折，曾经想过退出，但最终我还是坚持了下来。所有的努力都不会白费，你走的每一步都是成为你到达成功终点的阶梯。"

参考文献

[1] 曲丽娜.跨境电子商务视域下国际物流供应链管理模式分析[J].商展经济，2021(20).

[2] 马述忠，潘钢健.从跨境电子商务到全球数字贸易：新冠肺炎疫情全球大流行下的再审视[J].湖北大学学报(哲学社会科学版)，2020，47(05).

[3] 刘瑶.跨境电商运营实务[M].北京：人民邮电出版社，2021.

[4] 崔敏.跨境电子商务概论[M].西安：西安电子科技大学出版社，2021.

[5] 孙韬.跨境电商与国际物流：机遇、模式及运作[M].北京：电子工业出版社，2020.